中国商业原生态实战案例

高手身影

王明夫 | 李向群 ——— 主编

HOW IS
THE BUSINESS GOING
WITH CHINA

2

高手心诀：产业为本、战略为势、创新为魂、金融为器

和君咨询20周年精选20个案例，本土实战、原汁原味

22位大咖联袂推荐

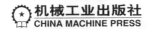
机械工业出版社
CHINA MACHINE PRESS

《高手身影：中国商业原生态实战案例》长销十几年后，和君咨询再度推出《高手身影2：中国商业原生态实践案例》，以飨读者。作为原汁原味的中国本土企业案例集，本书收录了和君咨询的实战咨询案例，这些案例所覆盖的客户、行业和区域代表了中国商业原生态的各个层面、各种类型。本书对这些案例进行了剖析，包括背景、流程、知识、经验、数据分析、运作模式、解决方案和总结启示。本书适合企业家、管理者、创业者、咨询师、分析师、投资人、管理学者、政府经济官员以及商学院的老师和学生阅读。

图书在版编目（CIP）数据

高手身影：中国商业原生态实战案例. 2／王明夫，李向群主编. —北京：机械工业出版社，2021.3（2025.1重印）
ISBN 978-7-111-67805-2

Ⅰ.①高… Ⅱ.①王… ②李… Ⅲ.①商业经济-经济发展-研究-中国 Ⅳ.①F722.9

中国版本图书馆CIP数据核字（2021）第050760号

机械工业出版社（北京市百万庄大街22号　邮政编码100037）
策划编辑：胡嘉兴　　　　　　责任编辑：胡嘉兴　刘怡丹　戴思杨
责任校对：李　伟　　　　　　责任印制：李　昂
北京联兴盛业印刷股份有限公司印刷
2025年1月第1版第6次印刷
180mm×250mm・21.75印张・1插页・346千字
标准书号：ISBN 978-7-111-67805-2
定价：88.00元

电话服务　　　　　　　　　　网络服务
客服电话：010-88361066　　　机　工　官　网：www.cmpbook.com
　　　　　010-88379833　　　机　工　官　博：weibo.com/cmp1952
　　　　　010-68326294　　　金　　书　　网：www.golden-book.com
封底无防伪标均为盗版　　　　机工教育服务网：www.cmpedu.com

推荐语

我和王明夫认识多年，不时读到他的观点和看法，请他来给建发集团的领导干部讲过课，后来建发集团又聘请和君咨询做管理咨询，和君咨询表现出有眼界、有思想、有专业的特点。和君咨询的案例集，值得一读。

——厦门建发集团有限公司党委书记、董事长　黄文洲

和君咨询的"产业为本、战略为势、创新为魂、金融为器"十六字诀，精辟独到，对中国纸业投资有限公司的启发和影响深远。中国纸业投资有限公司下辖多家上市公司，产业经营与资本经营良性互动，方能可持续发展。和君咨询的案例集，值得一读。

——中国纸业投资有限公司党委书记、董事长　黄欣

和优秀的企业一起，结成命运共同体，未来可以久远。和君同行，助您成功！

——徐州工程机械集团有限公司党委书记、董事长　邱成

江苏省信用再担保集团资产超200亿元，再担保业务规模近8000亿元，企业快速发展的过程中，需要专业咨询机构的服务。我们与和君咨询合作了两个项目，其专业水平、服务质量、项目效果都很不错，提供了超值服务。和君咨询的案例集，值得一读。

——江苏省信用再担保集团有限公司党委书记、董事长　瞿为民

陕西煤业化工集团在产业转型升级和资本业务方面跟和君咨询合作多年，和君咨询团队的专业水平、敬业精神和职业操守，很不错。和君咨询的案例集，值得一读。

——陕西煤业化工集团有限责任公司党委书记、董事长　杨照乾

山东高速集团跟和君咨询合作多年，在咨询、培训、资本业务方面的合作，都见到了效果。和君咨询的案例集，值得一读。

——山东高速集团党委书记、董事长　周勇

从 2015 年开始，和君咨询为绝味食品做管理咨询，年复一年直至现在，效果挺好。和君咨询的案例集，值得阅读。

——绝味食品董事长　戴文军

自 2008 年以来，和君咨询主导了益客食品集团的战略规划、股权治理结构设计、股权激励方案、私募融资，以及担任长期的战略发展顾问。在和君咨询团队十年如一日的指导下，公司稳健而高速地发展，从最初的年收入几亿元到今天的过百亿元。更重要的是，和君咨询从一开始给予公司的系统设计和指导，保证了公司能够获得资本市场的高度认可。和君把他们近二十年的专业能力及服务企业的经验以案例的形式分享给读者，我相信企业家们在读过此书之后，会有豁然开朗的感觉！和君咨询陪伴益客从几亿元到过百亿元，以今天上市为新的起点，益客未来的目标是从百亿元到千亿元，我们需要和君咨询继续陪伴。

——益客食品集团董事长　田立余

和君咨询是亚洲最大规模的管理咨询机构之一，和用友结成战略合作伙伴关系，共同服务中国企业做数字化转型和升级，创造一个又一个好案例。

——用友网络董事长、中国产业互联网发展联盟执行理事长　王文京

和君咨询的团队为传化集团做咨询，表现出很好的专业水平和实操能力。我到和君小镇跟王明夫董事长深叙，在国势、战略、产业、组织、人才、科技创新、资本运作等多个维度碰撞思想、产生共鸣。和君咨询的案例集，值得一读。

——全国工商联副主席、浙江传化集团董事长　徐冠巨

和君有办学的梦想，以咨询业务参与企业的实践，提炼和总结出案例，用于和君商学院的教学，让很多名校才俊受到教益，形成了良好的口碑。和君咨询的案例集，值得阅读。

——新东方教育科技集团董事长　俞敏洪

和君咨询是怡亚通的战略伙伴，双方紧密合作，共同推动供应链助力中国产业。作为中国最顶尖的咨询公司之一，和君咨询致力于为企业创造真正的价值。和君的思想，和君的理念，和君的案例，都非常值得研究学习和归纳吸收。

——怡亚通供应链股份有限公司董事长、深圳市企业家协会副会长　周国辉

和君咨询为宗申产业集团提供管理咨询服务，已经持续十年了，连续做了十几个项目，表现出良好的专业水平和敬业精神。和君咨询的案例集，值得一读。

——宗申产业集团董事长、改革开放40年百名杰出企业家之一　左宗申

王明夫是我的多年好友，和君咨询是华熙集团的多年伙伴，和君咨询的案例结集出版，我要推荐给华熙集团的管理干部阅读、学习。

——华熙集团董事长、福布斯亚洲商界影响力女性榜企业家　赵燕

和君咨询秉持"区域+行业+专业"的综合服务理念，陪跑和成就诸多产业领袖，见利见效的案例颇丰。这部案例集仅是一个缩影，精选了部分中国企业的最佳实践，值得一读！

——和君咨询董事长　王丰

我创办和君咨询已经二十年了，经手的案例很多，关于企业的经营和管理，我的思考和支招，一直秉持"十六字诀"：产业为本、战略为势、创新为魂、金融为器。本书的案例，是"十六字诀"在具体企业里的应用。

——和君集团董事长、和君小镇创建人、和君职业学院董事长　王明夫

代序 Preface

王明夫董事长就确保客户满意度致全体和君人书

全体和君同仁：

为客户创造价值、确保客户满意，是我们的生命线。对此，我们不能有丝毫含糊和动摇，不能有任何投机取巧、非分之想。在这个问题上，我们必须做成色十足的老实人、厚道人，做堂堂正正、坦坦荡荡的和君人。谁要是坏了我们的这个生命线，我们不但要用公司纪律严肃处理他/她，还要通过文化生态的力量把这样的人过滤出去，确保全体和君人始终走在为客户创造价值的正道正业上。

风雨二十年，艰难咨询路，在创造客户价值上，我们和我们的客户一起摔了很多跟头、交了很多学费，有过很多经验和教训。下列几条，希望全体和君同仁务必记取，身体力行，为了个人的职业尊严和事业前途，亦为了和君公司的使命愿景和基业长青。

一、端正职业态度，追求职业人品

从事任何职业，第一要创造收入和利润，第二要赢得尊严和荣誉。缺其一者，不可为之。我们从事咨询职业，必须确立两个基本而朴素的认识和态度：

第一，确保客户满意是我们的最大利益所在。通过客户满意度赢得续单率、赢得回头率、赢得客户为我们介绍上下游企业和当地客户，这是综合开发成本最低、成单率最高的业务来源，也是可持续发展的业务来源。重视每一个项目、服务好每一个客户、赢得每一次口碑，何愁没有客户来源？只要做到客户满意，我们必将生意滚滚。

第二，为客户创造价值是我们赢得职业尊严和荣誉的唯一来源。舍此，我们凭什么问心无愧地收取客户的费用、心安理得地接受客户的敬重？如果我们不能为客户创造价值、不能为客户解决问题，那么我们收费的理据何在、公道何在？天地之间有杆秤，我们创造多少价值，就会赢得多少尊严和荣誉。

要让项目做得好，首先必须人品好。有什么样的人品就能做出什么样的事品；有什么样的文化就能造就什么样的人品。对一个咨询公司来说，专业能力的具备固然重要，但更重要的还是应有催人向善的文化。和君必须秉持信念、坚持不懈地造就一种正道正业、催人向善的企业文化，以文化的力量，唤起人们心中的美丽天使翩翩起舞，促动英雄主义的雄狮威风凛凛。

二、慎重选择客户，调节好客户预期

身处当下的时代，首先我们必须有清醒的意识：并不是所有企业都值得服务；并不是愿意付费的企业就值得我们为之服务。我们必须选择那些愿意付费的客户，但付费永远不应该成为我们选择客户的核心依据。

和君人应该有很强烈、很明确的客户选择意识。承接项目最好能够秉持三条标准：第一，只接诚恳待我、讲究公道、懂得欣赏的客户。有的人态度不诚恳，漫天提要求，付费很小气，总想自己少付费、让人多做事，我们怎么做他都永远不满意。有的人理解和接受能力较弱，我们怎么做他都欣赏不了、认同不了。有的人不尊重咨询师，把咨询师当作随便使唤的工具。这样的人就不应该是我们的客户。

第二，只承接自己做得了的项目，明确自己的工作边界。不要为了签单而轻诺轻许、大包大揽；严禁连蒙带哄、忽悠客户。推介我们自己的能力和服务，要实事求是。客户不切实际的期望、对咨询服务的误解，我们要及时打消，要帮助客户对咨询服务树立正确的认识、建立合理的预期。

第三，只承接能调动工作热情的项目。签单的时候要确保合适的性价比，让咨询师能够得到合适的工作报酬，这是调动一线人员工作热情的基础条件。但我们不能止于此，和君咨询倡导与客户结伴成长，发现和服务真正有成长前途的企业。我们应该优选那些有产业梦想又作风实干的企业，优选那些有志向、有前途的企业。与企业一起造梦，和客户共奔事业。

三、学会利用和君平台，调动全公司的力量为客户服务

首先，充分利用和君的知识管理平台。每接一个客户，先登录知识管理中

心，查阅和君历史上的类似客户名单，研读和君历史上的类似案例，查阅行业资料，钻研最佳实践，将和君全员全经营历史所积累的经验、知识和信息，用于服务现客户。

其次，遵守同事关系道德，积极融入"熟人组织"，学会在全公司范围内求助于同事。每接一个客户，请通过和君 IT 系统查知哪些同事（或外部专家顾问）具备相应的项目经验和行业认识，与他们取得联系，征询他们对现项目的意见，必要的时候与他们进行项目讨论。

再次，学会在全公司范围内召集项目讨论会或组织项目攻关小组，针对项目背景，实现人才、知识和经验的跨团队、跨部门、跨专业的交汇和碰撞，激发全新灵感、突破项目瓶颈、打开项目思路。

通过上述方式，对每一个客户的服务，都不仅仅是一个项目小组在服务，而是二十年历史积累、千人咨询师队伍的共同结晶。

为此，我们也希望每个和君人都能自觉地投身到知识数据库和"熟人组织"的建设中去，为知识管理做贡献，为同事做贡献，全员自觉响应同仁的要求。人人贡献一点点，人人献出一点爱，和君将变成全员自动地彼此响应、相互帮助的友善组织。

四、遵守公司的机制与操守，执行《项目管理指南》

和君在经营上抓的 KPI 就一个指标，即客户满意度。和君的文化选择和机制设计，都是围绕客户满意度来展开的，最终都直接或间接指向一个共同的目标：为客户创造价值。遵守和君的机制和文化，必定指向客户满意度。

举例来说：（1）收入分配机制：项目收入的分配向生产环节做了最大程度的倾斜，以确保项目人员对项目愿意付出足够的投入，同时获得相应的报酬。（2）结案机制：所有项目的收入，都在财务上先押款20%。项目结案必须有客户正式签署的满意函，然后才解除押款。客户不签署满意函，项目不予结案。（3）组织机制：和君的合伙人必须亲自带团队，按专业化的原则定位自己的业务领域、提升自己团队的专业能力。在这个机制下，谈单人和做单人基本上是同一个团队，让合伙人参与到项目的做单过程中，有效地防止了谈单人和做单人"两张皮"的分割现象。（4）和君在员工培训、知识管理、同事关系、企业文化、职业纪律等方面，进行着持续的努力，不遗余力地推动员工专业能力和职业道德的不断进步,从能力和操守两方面来保证客户满意度的提高。

和君咨询是第一家推出完整的《项目管理指南》的本土咨询公司,且每一年度都对其进行修订,确保了这份指南的与时俱进和持续优化。这份指南来之不易,是全体和君人经验的总结、汗水的结晶。对每一个项目来说,它是作业标准和指路明灯,也是释疑解惑的导师和宝典。执行《项目管理指南》,对提高作业效率、提高客户满意度具有重大意义。

五、坚持三度修炼,练就过硬的专业功夫

我们是吃专业饭的,专业水平是硬道理。我们必须凭借过硬的专业本领来为客户解决问题、开阔视野、提升思想和经营境界。我们和君人,需要懂得为人处世、学会人情练达、讲究礼尚往来和买卖公平,在商言商、和光同尘。但无论如何,我们不能离开专业本领而以商务应酬和人际周旋为能事。

安守职业道德,练就过硬的专业功夫,应该成为我们的立身之本。在此过程中,全体和君人都要秉持人生如莲的成功理念,进行持续不断的三度修炼。

人生如莲:人生就像是睡莲,成功是浅浅地浮在水面上的那朵花,而决定其美丽绽放的是水面下那些看不见的根和本。莲花初绽,动人心魄,观者如云,岂知绚烂芳华的背后是长久的寂寞等待。

三度修炼:态度决定命运、气度决定格局、底蕴的厚度决定事业的高度。人之态度、气度、厚度,犹如莲之根本;三度修炼,日积月累,功到自然成。

六、忘掉钱,点燃激情,传递爱,追求境界

我们以咨询为生,做咨询,必须收钱。谈单子、报价格,必须讲究性价比。但是,一旦签单了,最好就把钱的事忘掉,要全情投入项目创作过程中去。

一个好的咨询项目,应该是激情涌动的一场创作。要能点燃我们自己团队成员的激情,而且还要能点燃客户的激情,让慵懒变得勤奋、让逃避变得投入、让散淡将就变得精益求精、让平庸懈怠变得积极进取,燃烧起客我双方的事业心和卓越心,追求更高、更强、更远。咨询师对自己的项目,甚至是对项目所牵连的客户事业、和君事业,应该有爱,一如一个母亲对新生儿的爱,一个艺术家对自己杰出作品的爱。

我们希望,和君人把每一个项目都当作作品来做,俨然像王国维笔下的大家

之作:"大家之作,其言情也必沁人心脾,其写景也必豁人耳目。其辞脱口而出,无矫揉妆束之态。以其所见者真、所知者深也。"因为所见者真、所知者深,所以,虽然咨询项目结束已久,但你永远在那里,只要回头看,就一定能够看得到。这是一种境界,我们和君人应该追求这样的职业境界。

各位和君同仁:和君品牌何以清立于世、基业长青,咨询人何以受人尊敬、事业发达,根源唯在客户满意。

如果你我他都一起来做到上述六条,我们为客户创造价值的正道正业迟早将变成一股伟大的事业洪流,客户、生意、人才必将滚滚而来、源远流长。

我们一直在努力,我们永远要努力!

目录
Contents

推荐语
代　序　王明夫董事长就确保客户满意度致全体和君人书

战略与发展篇

第一章　特大型央企的千亿元发展战略
　　　　——华侨城集团 // 002

第二章　民企从创业到百亿元规模的成长之路
　　　　——益客集团 // 014

园区与小镇篇

第三章　产业园区的升级和经营之道
　　　　——东升博展 // 030

第四章　产业规划与招商引资
　　　　——江南药镇 // 045

资本与产融互动篇

第五章　市值管理的理念与实操
　　　　——某上市公司的实操案例 // 062

第六章　赋能式投资的理念与实操
　　　　——某制造业上市公司的实操案例 // 073

第七章　政府产业引导基金的发展思路和管理模式
　　　　——重庆市产业引导基金 // 090

组织管理篇

第八章　上市公司的组织变革和管理提升
——首创股份 // 108

第九章　央企集团的管理创新
——中国环保集团 // 125

运营管理篇

第十章　家族企业的成长和突破
——力丰集团 // 146

第十一章　民营医院"民营公管"模式的创建与管理
——玲珑英诚医院 // 166

品牌建设篇

第十二章　特大型央企的品牌战略
——中国中车 // 184

第十三章　区域公用品牌全生命周期的规划与实施
——齐鲁粮油 // 203

第十四章　全国性消费品名企的品牌文化建设
——习酒 // 218

营销突破篇

第十五章　从100亿元到600亿元的工业品营销革命
——海科化工 // 238

第十六章　农产品的品牌营销
——一颗红心鸡蛋 // 251

第十七章　移动互联时代的社区化营销
——五粮液邯郸永不分梨酒业 // 263

文化与人才篇

第十八章　制造业地方国企集团的企业文化建设
——陕鼓集团 // 278

第十九章　全国性著名公司的企业文化建设
　　　　——华润雪花啤酒 // 293

第二十章　上市公司人才培养体系设计与运营
　　　　——新开普 // 312

附　录

附录1　和君原创思想 ECIRM 模型：
　　　如何思考中国企业的战略问题 // 324

附录2　和君原创思想 FLA 模型：
　　　解读产融互动的完美范例 // 327

战略与发展篇

十亿、百亿、千亿元规模,企业该如何一步步迈过?和君"十六字诀"曰:产业为本,战略为势,创意为魂,金融为器。且看一家央企如何把握国家战略和时代脉搏,推动集团发展格局升维与产业结构升级,两年营收翻番,最终实现跨越千亿元目标;且看一家民企如何通过对产业发展规律的洞察并结合经营模式创新,实现十年高速成长、从十亿元规模跨越至百亿元规模,最终成为细分行业领袖。

第一章
特大型央企的千亿元发展战略
——华侨城集团

作者：王绍凯

华侨城集团有限公司（简称：华侨城），是国务院国资委直属的大型中央企业（简称：央企），华侨城在1985年诞生于深圳，是国家首批文化产业示范基地、中国文化企业30强、中国旅游集团20强。大家耳熟能详的康佳集团就是华侨城旗下的子公司。华侨城连续8年获得国务院国资委年度经营业绩考核A级评价；2018年实现营业收入1104亿元，较上一年度增长38%；利润总额突破200亿元，净利润为158亿元，较上一年度增长19%；资产总额为4440亿元，较上一年度增长38%；负债率控制在69%以内，各项主要经营指标实现高质量稳定增长，效益位列所有央企前20名，收入和利润增速位列所有央企前10名。

从1989年建成中国首座主题公园"锦绣中华"至今，华侨城不断创新旅游产品，从静态微缩、互动体验、生态度假、都市娱乐，到今天的特色小镇和美丽乡村建设，华侨城实现了产品从单一到混合形式的转变，强化了集群优势。目前，华侨城在全国运营和管理景区60余家，累计接待游客量超过5亿，年接待游客量突破1亿，是全球主题公园集团四强，排名紧随三大巨头迪士尼、梅林娱乐和环球影城之后，持续多年位居亚洲第一。

这样一家大型央企，其战略应该怎么做？发展路线应该怎么设计？又应该如何管理？在任何咨询师面前，这恐怕都是一个不太好解决的棘手问题。自2016年起，和君咨询有幸为华侨城及其旗下的华侨城股份、康佳集团、云南世博等各级企业提供了数十个管理咨询项目服务，涵盖战略规划、组织管控、绩效薪酬体系、企业文化、流程制度优化等专业模块，为华侨城取得今日的成就添砖加瓦。

接下来请跟随我们的步伐，来回顾和君咨询为华侨城提供战略规划咨询的心路历程吧！

一、华侨城"旅游+地产"创业模式的辉煌、瓶颈和破局

1. 创业伊始即引领时代潮流的华侨城

1985年8月28日,经国务院批准,由国务院侨务办公室和国务院特区办公室以(85)侨秘会字002号文发出了开发建设深圳特区沙河华侨城的通知,建设具有工业、商业贸易、旅游、房地产、文化艺术设施的外向型开发区——深圳特区华侨城,作为新时期侨务工作的窗口和基地。

自此,华侨城在我国改革开放的前沿阵地——深圳,经历了开拓创业(1985—1995年)、产业整合(1996—2001年)、走向全国(2002—2014年)、创新图变和改革突围(2015年至今)的发展历程,用自身的茁壮成长满足人们的美好生活需求,让美好生活不只体现在物质生活中,更体现在精神生活与文化生活中,把人们对美好生活的向往作为奋斗目标,陪伴祖国走过改革开放的40年。

2. "旅游+地产"模式的开创与成效

华侨城被广为人知的项目,就是其打造的欢乐谷等一系列主题公园。主题公园可以说是华侨城的立身之本,但主题公园具有不可移动的特征,一次性投入金额很大,营运成本较高,收益比较平稳,成长性不高。因此,靠主题公园的收益滚动发展,速度非常缓慢。

鉴于此,华侨城秉持"先规划后建设"的发展原则,采用构筑产业链条、实现关联协同的方式,充分发挥主题公园的"旅游乘数效应",即"旅游+地产"的发展模式:一方面,通过关联房地产项目开发获得收益,用房地产运营的快速回报,支撑主题公园的长期投资;另一方面,运用文化旅游业的主题化包装手法,对房地产产品进行包装产生品牌增值,最终获得超越单纯房地产产品的超额收益。

2000年,华侨城第一个"旅游+地产"的高端项目——波托菲诺小镇初步建成。此后十余年,在各地华侨城的架构里,"旅游+地产"的模式成为标配,规划、建设、运营愈发成熟,逐渐成为市场及行业关注的焦点,"旅游+地产"模式成为中国新型城镇化建设的典型样本。通过这一商业模式,华侨城奠定了中

国主题公园的龙头地位，并且在一、二线城市获取了大量低成本的土地资源。

2009年9月12日，上海欢乐谷建成开业，这标志着华侨城的"旅游＋地产"战略布局在全国正式完成。同年11月11日，华侨城也迎来了其发展史上具有深远意义的事件——主营业务板块整体上市。

这一年，华侨城地产收入突破百亿元大关，位居房地产行业第18名，并且连续4年作为唯一的亚洲企业，跻身世界旅游景区集团前8强。

3. 行业、市场与竞争格局的变化致使"旅游＋地产"模式遭遇瓶颈

在"旅游＋地产"模式带动下，华侨城稳居亚洲旅游地产品牌发展前列。但随着时代和市场的变化与发展，这一模式的瓶颈开始显现，成为华侨城进一步扩张和发展的阻碍。

在房地产行业大幅增长的背景下，多数同时代起步的房地产开发商，如万达、万科、碧桂园等纷纷跻身千亿元俱乐部。但以"旅游＋地产"模式为主的华侨城，自2009年销售额突破150亿元大关后，业绩一直在200亿元以下徘徊，直到2016年才突破200亿元关口，排名下滑至52位，在地产行业中处于边缘化境地。

2017年年中，华侨城在全国15个城市项目储备货值高达5121亿元，储备土地面积超过4000万平方米，而且这些项目多数位于一、二线城市，其中上海和深圳占比超过三分之二。一、二线城市巨量的资源储备与相对不足的销售额之间形成了巨大的反差。

而这种差异存在的根源，就来自于"旅游＋地产"这一模式自身。文旅项目进入回报期通常需要3～5年的时间，在这期间，项目的开发建设投入需要大量资金，每年光利息费用就是一笔不小的开支。大部分文旅项目都是通过房地产销售来收回成本，虽然短期内实现了现金回正，但与没有文旅重资产包袱的常规房地产企业相比，这种模式在周转率、可用资金等各个方面显然都处于劣势。同时，文旅项目往往又有其特定属性，与高周转、高标准化的房地产项目不一样，个性化很强。一方面，做文旅项目，地产的"输血"是项目存活的关键；另一方面，文旅项目的特性又决定了整个项目无法满足常规房地产项目的要求，矛盾就这样产生了。

想要摆脱"旅游＋地产"模式发展战略的制约，并且取得跨越式发展，华

侨城不仅需要提高周转能力，同时必须在原有基础上进一步拓展业务发展模式，为自身发展注入新的动力。

2014年2月，国资委宣布华侨城领导班子调整决定：由段先念同志接任华侨城集团公司总经理、党委副书记、党委常委职务。

华侨城新一轮战略升级转型的破局大幕，悄然拉开！

二、华侨城的未来与和君的思考

2015年年底，经过激烈竞争，和君咨询最终成功中标华侨城集团与华侨城股份的战略规划项目。获得华侨城高度认同的关键因素，源于和君对华侨城未来发展的若干重大思考与构想逻辑，这也是项目组后续出具解决方案的基础。

思考1：世界格局——东升西落，秩序重构，中国正处在200年来的最好时期

2015年年底，新的一年即将开启。对于中国经济下一步的发展态势，社会各界此时弥漫着复杂焦虑的情绪，"产能过剩""新常态""L型经济"等概念是那段时间的流行语，甚至不少经济界和企业界人士对未来中国经济开始抱有悲观情绪。

而恰在当时，和君咨询站在长周期、大历史观视角，与众不同地提出：世界格局"东升西落"的大势不会改变，中国重返世界之巅将成为人类文明的重大事件！中国正处在200年来的最好时期！

纵观今天的世界诸国，鲜有如中国般拥有强烈的发展欲望和巨大动能的国家。身为央企的华侨城，更应站在国家大战略的高度和视角去思考自身的定位和使命。

在这样的宏大立意之下，进一步的战略假设就是：若中国未来经济实力登顶，那么对于企业而言，中国第一就应该是世界第一。

那么，华侨城能否按照世界第一的目标以终为始地来思考自身的战略问题？甚至更大胆的假设是：在前述大势下，目前全球领先的那几家企业，命运最终只有两个——被中国企业超越，或被中国企业收购。请问，这家企业会是谁？

思考2："产业升级——"文化"不应只作为华侨城旅游产业的附属特色，相反，"文化"应该最大化升格为华侨城的底色主业

第一，随着中华民族的全面复兴，中华文化将重回世界文化主流地位，中国人的生活方式将获得越来越多国家的推崇和效仿，正如穆罕默德所言："学问虽

远在中国，亦当求之。"对中国传统文化精髓的挖掘、重塑和时代感提炼，使之成为新的价值观，并通过商业的手段向全球传播，将成为中国文化战略的主脉——身为央企的华侨城自然应当成为这一战略的主要承担者之一，与国家软实力战略实现最强共振。

第二，文化将成为推动社会体系升级与重塑的关键抓手。在文化升级这个命题上，商业与公益可实现完美的统一。

第三，和君咨询认为，文化产业将成为所有第三产业的"基干产业"。正如电子、化工、机床等基础工业作为第二产业的"基干产业"一样，文化产业将成为支撑未来中国服务业不断迈向高端的基础力量之一。小到开个餐馆、卖件服装，大到建个小镇、经营城市，文化元素乃至文化 IP 都将成为提升价值和盈利空间的"法宝"。

综合上述分析，和君咨询建议：文化应成为华侨城的底色产业，而旅游是实现文化价值的具体方式之一，城镇化是实现文化价值的载体之一。

如果更进一步，通过"文化+"战略的延伸，将华侨城的文化优势投射到互联网、娱乐休闲、影视动漫、数字出版等领域，那么华侨城的产业生态和战略纵深将在更高产业格局上实现全面拓展！

思考3：科技浪潮——科技创新与科技革命正成为推动世界迈入全新时代的根本性力量

在新技术浪潮冲击下（互联网时代的来临也源于技术创新驱动），一系列传统行业和商业模式面临全新竞争、彻底改造或全面颠覆的局面。

当下，文化旅游行业的发展动力正在由资源要素驱动转向科技创新驱动。人工智能、VR、AR、物联网、大数据、模块化建筑技术以及大健康技术等新技术的应用可以催生新的商业模式，促进产业效率提升。VR、AR 技术将会成为旅游景区、购物中心、博物馆、主题公园的基本配置，虚拟景区平台等模式对传统旅游景区将造成冲击。随着"80后、90后"中产阶级和年轻群体成为新消费主力，这种消费趋势将迅速成为现实——未来已来！

作为一家总部位于深圳的央企，华侨城应该时刻走在时代前沿，积极关注新科技的发展，并将文旅与科技的全面融合提升至集团战略的高度来构建和推动，建设具有华侨城特色的"互联网时代梦工场"，运用科技手段批量制造文化 IP 与文化内容。华侨城旗下的电子板块——康佳集团，作为国内领先的电子信息企业,更应该成为科技创新和应用的急先锋。

从更长远来看,科技力量将会重塑一个全新的华侨城——创想开启美好生活!

思考 4:产融互动——重构华侨城立体的金融资本能力,以融助产,全面推进新时期集团战略升级与转型

华侨城自 2009 年实现整体上市之后,旗下的所有资产都各归其位,基于所属的上市公司实现专业化发展,做强、做优。而华侨城总部则弱化为一个控股平台和扮演与国务院国资委对接的行政性机构,部门设置也处于极简状态。

而接下来,伴随华侨城顶层产业的升级转型变革需要,总部势必要全面升级和重构,产业并购和新业务投资功能成为重中之重。基于这样的发展趋势预测,华侨城应重新思考多层次资本能力体系的建设,并将其纳入整个集团战略。

具体而言,和君咨询提出了以下三条建议。

第一,统筹发展金融业,致力于成为"全牌照金融"平台、"文化金融"创新平台和"战略新兴产业"投资平台,构建证券、银行、保险、信托等金融体系,为文化、旅游、新型城镇化、电子产业提供有力的资本支持。

第二,依托全球范围内发达成熟的资本市场和资金市场,发挥重要的跨境投融资平台作用。

第三,设立战略性产业基金、创投基金等投资平台,并最终在集团层面构建出"基金+上市公司+项目"产融互动的"FLA 模式",以产促融,以融助产,从战略高度探索"华侨城特色的产融互动模式"(见图 1-1)。

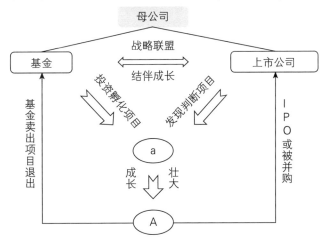

图 1-1 和君咨询"FLA 模式"在项目中的应用

三、华侨城的战略构建与推进：中国文化产业领跑者、中国新型城镇化引领者、中国全域旅游示范者

若前期核心思路扎实，战略的构建就会顺利很多。经过与客户的深度探讨，项目组最终形成了华侨城顶层的战略规划，核心内容如下：

进入新时代，华侨城紧跟新型城镇化道路，在"创新、协调、绿色、开放、共享"五大发展理念的指导下，以"文化＋旅游＋城镇化"和"旅游＋互联网＋金融"的创新发展模式，支持康佳集团积极推进"科技＋产业＋城镇化"的战略落地，围绕"中国文化产业领跑者、中国新型城镇化引领者、中国全域旅游示范者"的战略定位，通过产业"文化化"和文化"产业化"，基于当前主业，形成文化产业、旅游产业、新型城镇化、电子产业及相关业务投资五大发展方向，探索"文化＋"模式，从战略、体制、技术、产品、商业模式等维度全面创新，形成特色发展之路，实现跨越式发展。

华侨城中长期发展战略解析

中国文化产业领跑者：文化产业的发展，根植于国民文化生活需求。随着我国经济发展进入新常态，文化产业正在成为推动经济转型发展的重要力量，对于提升经济发展质量、拓展产业发展空间、促进消费结构升级发挥着重要意义和作用。华侨城与时代并肩，积极投身文化产业建设，提升公共文化水平，提振中国文化自信。华侨城通过对文化主题景区、文化主题酒店、文化艺术、文化演艺、文化创意产业、文化科技、文化节庆及相关产品制造等诸多领域的经营，引领中国文化产业跨越发展。

中国新型城镇化引领者：华侨城紧随新型城镇化道路，结合三十余年"造城"经验，提出"文化＋旅游＋城镇化"创新发展模式，在全国开拓布局，探索城镇化建设的新路径、新标准，倡导可持续发展的"土地伦理观"，支持"100个美丽乡村"计划，通过向传统城镇导入"文化＋""旅游＋""科技＋"相关产业，带动当地经济转型升级，为中国城市化进程提供新的实践范本。同时，在遵循"可持续发展的土地伦理观"、坚持"以人为本"开发理念的基础上，坚持产业引领，尊重、保护和融入当地历史文化，构建"望得见山、看得见

水、记得住乡愁、留得住文脉、城乡居民共同富裕"的美丽图景。通过文旅及科技产业向城镇持续赋能,更好地满足人们对美好生活的向往。

中国全域旅游示范者:华侨城现阶段的全域旅游重点布局在云南和海南,旨在立足得天独厚的旅游资源,开发全域旅游。通过景区赋能管理、并购和兵团作战模式,形成众多景区搭建的市场化平台。

1. 深耕"文化+旅游+城镇化"的发展模式

"文化+旅游+城镇化"的发展模式是对华侨城过去的"旅游+地产"模式内涵的进一步丰富。其核心是通过土地一级开发和二级开发相结合、房产经营和地产经营相结合、独立开发和合作开发相结合等创新手段,发挥华侨城以文化和旅游"造城"的优势,采取政府、村镇、企业、民间社会资本等多方合作共享的模式,搭建新型开放的城镇化成片综合开发平台。华侨城通过科学的策划、管理和资本手段,以开放合作、利益共享的众筹方式,引入以关键人才为核心的专业团队,提升智力支持能力,推进生态环境、现代农业、文化和旅游观光、现代产业培育、城镇综合治理等公共产品和服务的要素聚集、整合和完善,构建"文化+""旅游+""互联网+"等新型产业生态集群。自此,以文化为核心纽带的商业模式构建起文化产业、新型城镇化、全域旅游三大战略,成为未来华侨城在新型城镇化领域"攻城略地"的主要武器。

改善基础设施容易,打造业态却并不简单。华侨城在战略落地过程中,经历了细致和扎实的创新突破过程。

以成都安仁古镇为例,华侨城将全国各地知名小吃和华侨城旗下酒店等引入安仁古镇,但在那里没有持有任何一间物业,都是采取合作模式改造原有建筑。这种合作不仅涉及物业租赁、改造、运营,也涉及小镇内商家经营层面的合作。

合作形式包括:第一,华侨城把物业租下来统一升级后,引进新业态和新的商户;第二,帮助老商户升级物业和业态——"出钱帮商户改造、装修,并且对接品牌"。当然,这种服务不是免费的,这些商家、商户需要和华侨城共同分享经营流水。现在,华侨城帮助商家、商户出装修费、推广费,从其经营流水中抽成10%~15%。未来该模式成熟以后,对餐饮商家、商户,最高可以抽成30%的经营流水。

按照华侨城的设想,前期主要通过重新规划、改造、挖掘文化内涵等措施打造安仁古镇整体形象和知名度，这些运作不仅能提升整个区域的价值，也为后期进一步开发建设创造了更大的想象空间。未来安仁古镇配套成熟后，华侨城不排除会开发可销售或持有经营性物业，增加营收渠道。

在安仁古镇的建设中，华侨城通过梳理和串联项目已有的旅游资源，树立起意义更为深远的全新文旅 IP，在一地同时呈现公馆实境体验剧、"非遗大课堂""微特博物馆"等多个业态角色。华侨城在安仁古镇的项目不修围墙、不卖门票，通过多元产业融合，最终目标是实现产业结构变化带来的人口结构变化，让原住民回流、新居民迁徙。

总之，要实现"文化＋旅游＋城镇化"发展模式下新型城镇化的可持续发展，绝非局限于一城一池的基础设施建设，而是培育一种生态，要携手各方资源，实现地区产业经济和人口结构的整体调整与优化，建设完整的自循环产业生态，包括旅游、商业综合体、酒店、城市基础建设等，形成完整配套，以文旅为主链，贯穿起整个生态，从而提升区块价值，实现城镇产业生态的自我造血。

华侨城董事长段先念先生就曾诠释过极致的共享新境界：

"要舍得把最好的资源和品牌拿出来和别人合作，让渡一部分资源或权益，吸引更多的资源、人才加入。华侨城最大的优势是做平台，而不是做产品，华侨城要做的是'机场'，而不是'航空公司'。"

按照这个思路，华侨城与万科、碧桂园、恒大、中铁、保利、旭辉、金茂、绿城、华润置地、招商蛇口、融创、华夏幸福、平安不动产等企业搭建战略联盟，与巅峰智业、深大智能、王府井集团等各类企业合作，还与 22 家国内外知名策划、规划、景观、建筑设计团队组建了华侨城规划策划联盟，搭建了产业高端智库。通过整合跨界资源，以一二级联动、股权合作等多种方式，与大型专业房地产企业联合开发城镇化项目，推动多方合作走向纵深，丰富产业构成，增强核心竞争力。

2018 年，华侨城获评"2018 中国特色小镇投资运营商年度品牌影响力 Top50 第一名"的荣誉称号，旗下的成都安仁古镇、深圳甘坑新镇、成都黄龙溪古镇均位列该项评选的前十名。

2. 创新"旅游＋互联网＋金融"的补偿模式

华侨城在"文化＋旅游＋城镇化"发展模式的基础上，通过"旅游＋互联网+金融"模式,构建证券、银行、保险、信托等金融体系,广泛连接市场要素和资本要素；以互联网手段提升公共服务效率,扩大市场半径,进而实现互联网、金融与市场之间的深度融合。同时,华侨城将与主业无关、占用资产较大、回报周期较长、盈利较差的资产逐步出售,而在全国主要旅游目的地大力布局文化旅游、城镇化和美丽乡村项目。

一卖一买之间,华侨城不仅甩掉了包袱,增强了现金流,同时整个集团业务更加聚焦和清晰。根据资料显示,2018年华侨城在文化旅游产业的投资达到1400亿元,其中文化旅游综合类项目占比超过70%。华侨城通过资本运营,战略性入股同程旅游、马蜂窝、盛大游戏等互联网企业,实现旅游与互联网的协同,其他签约项目也均与文化旅游城镇化主业相关,文旅项目遍布全国60多个主要城市。

"旅游+互联网+金融"模式落地的主力实施平台,由华侨城旅游投资管理有限公司来承担。该公司业务范围涵盖旅游管理经验输出、旅游金融、全域旅游E卡通发行等,大力培育全域旅游共生产业链,打造"省心、省时、省钱"旅游消费新范式,让旅游真正融入居民生活和城市发展。依托华侨城的管理输出优势,目前旅游投资公司已托管19家全国5A级景区。

3. 构建五大产业格局

在"文化+旅游+城镇化"和"旅游+互联网+金融"创新发展模式的主线引导下,通过构建文化产业、旅游产业、新型城镇化、相关业务投资、电子产业五大核心产业,华侨城真正实现了集团发展模式、产业组合、产融互动、耦合协同、商业模式等全方位系统性升级与创新。

文化产业板块,定位为"中国文化产业领导者"。华侨城将自身经验、模式、产品和人才进行平台化整合,与行业同分享、齐进步。构建"文化引领、管理输出、模式创新"轻资产发展模式的新商业模式,打造国内最专业的旅游资本平台,借助资本市场实现集约化、规模化发展,为消费者提供更好的出游体验和服务。不断促进文化旅游资源在更大范围内的优化配置,以产生更大的经济效益、社会效益和文化效益。

旅游产业板块,定位为"中国全域旅游示范者"。在新战略引领下,华侨城以旅游业为纽带,对区域内的资源进行全面整合提升,这也正是对国家全域旅游战略的积极响应。除了总部深圳，华侨城在中国旅游资源最丰富的区域如云南、海南、陕西、四川、山西、北京、河北等地，广泛布局全域旅游新业务，串珠成链，培育产业新动能，激发产业新活力。

新型城镇化板块，定位为"中国新型城镇化领跑者"。新型城镇化是中国经济增长的重要引擎和扩大内需的最大潜力。华侨城紧随新型城镇化道路，结合三十余年"造城"经验，提出"文化＋旅游＋城镇化"创新发展模式，全国开拓布局，探索城镇化建设的新路径、新标准，致力于为人们打造"望得见山、看得见水、记得住乡愁"的美丽图景。

电子产业板块，则提出"以匠心致初心，创想优质生活"。华侨城旗下的康佳集团是中国改革开放后诞生的第一家中外合资电子企业，如今已经发展成为中国乃至国际知名的企业品牌，现有总资产近两百亿元、净资产近四十亿元。面向未来，康佳集团正以崭新的形象，以创新为动力，以市场为导向，向现代化的高科技企业目标前进，努力打造一个世界级的中国品牌。

相关业务投资板块，华侨城通过"旅游＋互联网＋金融"模式，紧紧围绕主营业务，广泛连接市场要素和资本要素；引入民间资本，放大华侨城以国有资本为主体的功能，让资本成就"实业为民"的伟大福祉。

四、战略落地实施效果：迈入千亿元大关，稳健发展壮大

2016 年开始战略升级转型以来，在新发展战略和组织模式的驱动下，华侨城在接下来的 3 年里，总资产、营业收入、净利润都实现了大幅增长，集团在 2018 年的收入更是迈入千亿元大关。而更难得的是，华侨城整体负债率并没有明显上升，实现了在平衡财务风险的前提下，通过变革获得进一步发展壮大的基础，朝着具有全球竞争力的世界一流企业稳健迈进（见表 1-1）。

表 1-1 华侨城集团有限公司 2016-2018 年主要经营指标

项目	2016 年	2017 年	2018 年
总资产	1740.7 亿元	3223.8 亿元	4440 亿元
营业收入	542.6 亿元	801.1 亿元	1103.5 亿元
净利润	74.3 亿元	133.2 亿元	158.3 亿元
资产负债率	68%	67%	69%

在大力推动"文化+旅游+城镇化""旅游+互联网+金融"创新发展模式、承接新型城镇化建设、积极推进全域旅游发展外，华侨城也把扶贫攻坚作为一项重要任务，聚焦精准、深度发力，充分结合自身在文化旅游产业方面的优势，以文化旅游带动乡村振兴为重要抓手，在发展文旅主业的同时，也探索出了"文化+美丽乡村""产业扶贫+乡村振兴"等扶贫新路子，助力贫困地区人民实现对美好生活的向往。而华侨城每一个项目，前期都会对当地教育、医疗、交通、景区管理等基础设施进行改善。

五、和君同行，共谱华章

与华侨城多年来的深度咨询合作，对于和君而言有着重大而深远的意义。作为一家国内领先的大型专业咨询机构，客户的成功就是和君的成功。华侨城的成功无疑将在和君使命达成的征途上留下浓墨重彩的一笔！

华侨城以"文化"而立，文化在所有"和君人"心中也恰恰占有着至尚至情的精神地位。和君多年来对自身企业文化的孜孜求索与美好向往，正浓缩于远在江西赣南秀美山川中的和君教育小镇之上，那是寄托了和君 20 年历史和未来百年宏远理想的圣地。正因如此，我们对于华侨城的事业多了一层深刻的理解与共鸣。

2017 年 2 月，和君集团董事长王明夫先生受华侨城之邀赴深圳华侨城总部授课。期间，王明夫先生与段先念董事长一见如故，相谈甚欢，似早有神交。而其背后，或许正是两位文化筑梦人在灵魂深处的共振与相惜。

愿和君同行，创想不辍，继续携手开启更加美好的生活！

第二章
民企从创业到百亿元规模的成长之路
——益客集团

作者：唐尧、黄前松、刘志强

江苏益客集团主要经营肉鸡、肉鸭的养殖、饲料、屠宰与销售、熟食加工、连锁零售等全产业链业务，以屠宰加工板块为主，每年屠宰加工肉鸡、肉鸭5亿多只，加工规模位居行业第二。产品形态主要是禽肉冻品、冰鲜品、熟食等深加工品，还有500多家连锁零售店。核心客户包括肯德基、麦当劳、绝味、周黑鸭、双汇等。截至目前，公司的年销售收入150多亿元，员工1万多人。

从2008年开始，由和君集团多个团队项目组服务益客集团，先后帮助益客集团制定战略、建立公司治理体系、规范组织及人力资源机制、实施管理团队股权激励、引进战略投资者、提升运营管理。经过十余年时间发展，益客集团（简称：益客）从年营收10多亿元增长到150多亿元，成为行业内第二大的禽肉食品加工企业。益客集团战略、资本、管理顾问综合服务项目是和君的代表案例之一，集中体现了和君的综合资源与能力。

一、项目来源与合作缘起

2008年年初，在清华大学一个企业资本运作总裁班上，黄前松老师（时任和君咨询项目经理，现任和君资本合伙人）应邀讲授《资本运作与企业成长》一课。班上有60多个企业家学员，在课间休息期间，益客的创始人、董事长田立余先生找到黄前松老师，提出一个问题："有人想投资我们，但是我们不知道公司到底值多少钱？因为我们公司没有什么资产。"

课后，田总与黄老师深度交流，讲了其创业历史，这是一个传奇般的创业故事。田总是农牧畜禽行业的老兵，创业之前有十余年畜牧行业从业经历，1997年进入山东六和集团，一步步做到事业部高管，积累了丰富的经验和对行业的洞察。2004年左右，田总从山东六和集团辞职，带着19个人创业。当时没有资金，开车沿着高速公路走到哪算哪，见到有屠宰加工厂就去谈托管合作。托管运营这个模式，当时在行业里是新生事物。禽肉屠宰加工行业每年规模2000亿元，年增速10%左右，但是进入门槛很低，全行业大概有3万家企业做屠宰加工，极度分散，行业混战，屠宰加工企业平均净利率只有1%。按照田总的话说，1只鸡分割100多块，割错一刀就不挣钱。所以，行业对工业化屠宰加工的效率、管理要求很高。同时周期性也非常明显，与禽肉周期相关，2~3年波动一次。看似进入门槛低，很多人干，但行业一波动，运营效率便跟不上，企业就要赔钱了。

结合这一行业特点，田总带着"十九罗汉"创立益客，采取的做法就是托管运营。寻找行业里不挣钱的屠宰厂，益客派出4个人就可以实现托管（总经理、生产经理、原料经理和财务经理），一般帮助企业在6个月内扭亏为盈，行业平均净利率为1%，益客团队能做到1.5%，甚至2%，利润5∶5分成，甚至益客分成更多。同时要求4个人带着4个副手，4年后必须要培养出能托管新工厂的团队，实现团队复制。益客的模式是典型的"管理输出＋轻资产运营"模式，这一模式在今天或许已经不新鲜了，但当时，益客无疑是行业托管模式的探索者，同时也是创业缺乏资金的无奈之举。

2005年，益客在山东区域托管4个工厂，创业第一年就获得了几百万元利润。从第一年开始，田总就花重金把全体高管送到清华大学去培训学习。显然，这是一种远见和胸怀，尤其在农牧行业从业人员普遍素质不高的背景下。可以说，从诞生之日起，益客的格局就与众不同，重视知识、重视人才，在人力资本的投资上不遗余力。

时间回到2008年，田总在清华大学总裁班上遇到和君咨询的黄老师的时候，已经托管了8个工厂，年营业收入达到10多亿元，每年有逾千万元利润。在深谈中，田总提出了他的困惑："我们公司到底值多少钱？公司一直是轻资产模式，只有人，没有资产。如果别人给我公司投500万元，是占10%还是20%的股份？面向未来，公司应该怎么做？"

聊完后，和君咨询黄前松立刻敏锐地意识到，这是一家有独特竞争力的公司，创始人具备卓越的战略眼光和管理素质。尽管当时我们还不知道3G Capital，但认为这家公司在农业领域有核心能力，模式非常独特（类似于3G

Capital 并购整合运营的模式),初步判断值得合作,很有价值。随后便进一步邀请田总来和君集团深入交流,并邀请田总来听和君集团董事长王明夫先生的讲课,和君组建项目组,前往益客进行了初步调研。经过沟通、签约,和君项目组进场,为益客制定战略发展纲要,这是和君给益客做的第一个咨询项目,先尝试一下合作,合作时间为两个月。

二、十年合作历程

第一步:制定公司战略,确定发展路线,以终为始出发(2008—2009年)

进入益客公司后,按照和君"ECIRM"战略模型,从时间与空间两个维度、五个要素进行战略诊断。彼时的益客尚处于创业的初级阶段,通过调研,和君发现公司面临着诸多问题与瓶颈:第一,行业非常传统,农牧行业在资本的眼里毫无"性感"之处,从业者大多数知识水平较低,对优秀高端人才的吸引力有限;第二,益客自身刚刚起步,在行业内规模尚小,仅从事屠宰加工,产业板块单一,利润率薄,周期波动风险大;第三,公司处于国内禽肉企业最密集的山东区域,在产业链上下游同时面临激烈的市场竞争和挤压,下游与同行企业比拼价格刺刀见红,上游与同行企业争夺原材料(商品养殖毛鸡),面临的政策环境日益趋紧;第四,与大多数创业的中小企业一样,公司治理与内部管理存在诸多不规范之处,资金匮乏,发展方向迷茫。

初看起来,这就是一家在白热化竞争行业里面普普通通的创业企业,尽管目前发展情况还不错,但仅仅是刚起步阶段,似乎看不到发展的前景,项目组的情绪一度受到打击,陷入低迷。面对这种情况,和君项目组想到了和君的战略十六字诀,因此决定首先以产业为本,要对产业进行系统的研究分析,判断产业是否值得干。

1. 产业发展空间

禽肉食品行业2001年突破1000亿元的市场规模,到2008年行业增长到1700亿元,每年增速在10%左右,并将在相当长一段时间内保持稳定增长。

禽肉是肉类食品的一种,除禽肉外中国人餐桌上常见的还有猪肉、牛羊肉等。根据研究,中国的人均肉类消费处于较低水平,随着生活水平提高,整个肉类的消费规模未来将会增长 1 倍以上，而在其中，禽肉尤其是鸡肉消费在肉类消费的比例也将至少增长 1 倍。主要有两个原因：第一，肉鸡、肉鸭的养殖更节省粮食，从料肉比看，同样饲料产出的禽肉是猪肉量的两倍；第二，禽肉具有"一高三低"（高蛋白质、低脂肪、低热量、低胆固醇）的营养特点，优于猪肉，是亚洲人的理想白肉。基于经济与实用性考虑，我们认为禽肉食品行业规模至少有 4 倍的增长空间，规模可增长到 7000 亿元。因此，大海行大船，大行业能出大公司，达到 10% 的市场占有率就意味着能够成为一家年营收近千亿元的大公司。

2. 产业格局与趋势

一个行业的发展，通常要经历初创、规模化（快速成长）、集聚整合和平衡联盟四个阶段，直至最终衰退。在 2008 年的时点，我们判断禽肉屠宰加工行业处于规模化发展阶段，未到洗牌阶段。这个行业高度分散，整个行业日屠宰总量约 2000 万只，约有 3 万家屠宰企业，但大企业少，行业内日宰杀量在 6 万只以上的只有 20 家左右，行业前三名企业的市场份额总和不到 10%，最大的企业山东六和集团仅占 7% 左右的市场份额。极度分散的市场结构造成了产业发展的混乱和无序，而在美国市场，前三名企业的市场份额总和已达到 50%。因此，我们预计行业未来会加速整合，走向集中化。未来一个企业的终局是整合别人或被别人整合，但最惨的是连被别人整合的价值都没有。因此，摆在益客面前的战略选择为：是做小而美的企业将来被整合，还是做大做强去整合别人？

我们判断益客天然具备整合他人的能力，因为公司采取托管运营的模式，具备管理输出的能力，创始团队能力突出，对人才非常重视。在行业内调研的时候，我们注意到益客的创始团队成员的年龄大多在 30 多岁，但同行企业高管团队成员的年龄多为 50 多岁，所以判断益客更有前途。

综合来看，我们结合美国市场的结构，以及参考国内牛奶等其他行业最终完成行业整合的经验，判断未来禽肉屠宰加工行业必然会进入集聚整合阶段，集中化的趋势是不可避免的，产业整合集中空间很大，益客非常有优势。

3. 分析产业链条

禽肉食品行业链条非常长，包括种禽、商品禽养殖、饲料、屠宰加工、调理品熟食、终端销售等环节。越靠近上游种禽与养殖环节，利润率越高，但周期波动大,行业、公司规模都较小,不能形成规模化优势,难以做成产业王者;中游饲料、屠宰初加工环节规模大,但产业附加值低,利润率低,处于产业链的底端;下游食品深加工和终端品牌环节与消费市场最为接近,体量大,利润率高,周期波动较小,抗市场风险能力强。整个产业链的价值分布从上游、中游到下游,大致是成"微笑曲线"形态。这样看起来,益客所处的产业环节位置对其十分不利。

但是,在研究了全球产业地图和国际产业巨头如丹麦科王、美国泰森以后,我们发现,国外同行企业,在其产业协会及强势规则的引导下(丹麦的产业协会甚至有立法权)进行稳定的一体化协同,进而可以专注于自身环节并不断深化和壮大。而在中国行业生态下,整体产业链上下游处于无序和相互激烈博弈的动荡状态,各环节周期波动幅度非常大,单纯做一个环节,将很难做大做强,更难实现良性的产业发展,成为产业王者;只有从饲料环节或屠宰加工环节出发,打通全产业链的公司,才可能成为大公司;而由于屠宰加工是从农牧产品到消费食品的关键转换环节,属于大规模工业化生产方式,同时屠宰加工比饲料环节离消费端更近,因此从屠宰加工环节出发,打通全产业链,将更有可能成为大公司和产业王者。益客的核心主业与能力就是屠宰加工,具备了打通全产业链的潜力。

4. 产业竞争要害

禽肉企业发展壮大主要分两种模式:一种是纵向带横向,主要做产业价值链的配套,实现产业链各个环节的运营协同,追求整个链条的配称和配比,关键是做到产业链的均衡协同,提升结构效率,这一模式的典型企业是大成食品、福建圣农;另一种是横向带纵向,占据着一个环节的位置,主要做运营效率,横向扩大规模,再带动其他相关环节的发展,关键是实现单环节运营效率的最大化,这一模式的典型企业是山东六和集团(以饲料环节为主,拓展到屠宰和其他环节)、益客(占据屠宰加工行业,将来再向两端延伸)。

经过系统的行业分析,我们基本明确了:禽肉食品行业规模巨大,未来至少可达到7000亿元市场规模,大行业能出千亿级的大公司;行业目前尚处于规模化快速成长阶段,未来势必走向集聚整合阶段;从屠宰加工环节出发打通全产业链,有可能成就行业王者。

项目组一扫之前的低迷之感，仿佛看到了一家未来的农牧食品行业的王者企业。摆在益客面前的问题是：面向未来，益客的模式是否可持续？如何升级？如何能够在激烈的行业竞争中脱颖而出？

和君"ECIRM"战略模型（见图2-1）将企业根据核心要素的不同，分成四类：资源型企业、管理型企业、资本型企业和产业型企业，每一种企业都有其独特的发展逻辑。益客总体上属于一家优秀的管理型企业，拥有业内出色的企业家和高管团队。根据"ECIRM"模型的相邻短板原理，从长远看，益客发展的短板在于资源和资本要素的先天不足，尤其是资本。因而益客的战略发展核心是以管理优势拉动资源和资本，打造产业型公司。

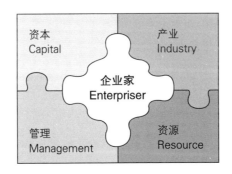

图2-1 和君咨询"ECIRM"战略模型

基于此，项目组提出了益客发展的总体战略构想：总体战略方向是谋求产业地位，完成从管理型公司到产业型公司的升级换代，总体战略目标是五年实现销售收入60亿元，十年实现销售收入300亿元。这一战略目标的提出在当时显得十分大胆，当时益客仅有10多亿元的销售收入，迈入百亿元规模对益客而言是一个十分有挑战性的目标。几年以后，益客的高管私下告诉我们，他们当时都不相信能做到，"根本不敢想"。但是和君提出300亿元的战略目标是有依据的，要成为产业王者，就要以终为始来推理。

第一，按照行业年均增速10%，五年以后也就是2013年，行业可达到3000亿元市场规模，假设益客的市场份额达到2%左右，能达到60亿元销售规模。这一目标益客在五年后也确实做到了。

第二，假设行业后续五年增速有所减缓，按照行业增长叠加产业集中的趋势，十年以后行业规模保守可达到4000亿元，而益客通过在江苏、安徽等地区新建产能实施扩张，同时在山东尚有大量的工厂可供托管，这样使得市场份额再翻两番达到8%，十年后收入即可突破300亿元。

第三，看向更远的将来，益客必将走向资本市场，将在未来的产业集聚化阶段中承担整合者的使命，携管理和资本优势展开并购扩张。同时在养殖、渠道销售、连锁零售、物流、信息、金融等多个方面拓展。未来行业迈向7000亿元规模的时候，在行业前三名企业达到50%份额的市场集中度下，益客至少能达到10%~15%的市场份额，进入行业前三，销售规模将有可能站上1000亿元的台阶。

尽管到现在，益客离我们当年定下的十年目标仍有很大的距离，但不得不说，按照当时提出的目标，益客走在了快速发展、成为行业王者的征途上。在益客的销售规模突破100亿元时，田总亲自提出了益客下一个阶段迈向"双千亿"（销售额1000亿元，市值1000亿元）目标的宏伟蓝图。此时的益客，对于千亿元目标已经是"敢想"而且"能做"了。

根据我们提出的总体战略构想，项目组规划了益客的三条主要战略举措。

战略一：经营模式选择。

其一是产业竞争模式。益客的劣势是资本实力弱（养殖1亿只鸡，需要投资10~20亿元），注定了其无法投入大量资金进行产业链的配套经营，只能在某一个点上发力，以点带面，逐步形成自身的高效率和规模经济。基于自身的优势和企业基因，一旦在某一个产业环节上做强做大，便可占据产业链牢不可破的地位，形成对上下游的控制，并借此向上下游延伸，做自己的终端产品。因此益客只能选择在屠宰加工环节上发力，横向扩张带动纵向配套，做强单点效率，形成产业地位。

其二是业务经营模式（见图2-2）。用好益客的管理优势，整体坚持"输出管理效率+轻资产运营"的核心模式，不求所有，但求所用，不求控股资产，但求合作。我们在山东地区考察畜禽业，发现养殖场普遍很低端，不能够满足未来环保和食品安全的要求，那么面向未来，谁能大规模提供高标准养殖场为益客所用呢？我们的判断是，一是打通外部资本渠道，二是政府。一方面益客在山东区域内仍然坚持以托管、合作方式为主，展开产业渗透；另一方面更重要的是去寻找新的产业根据地，由地方政府提供大规模养殖场，带动社会资本投入，探索并展开"益客+固定资产投资人+政府"的新经营模式。益客要引入战略投资者，在资本强势和政策强势的双重力量下，展开区域滚动复制扩张，形成区域垄断格局，即打造产业根据地，这是对益客经营模式的升维。

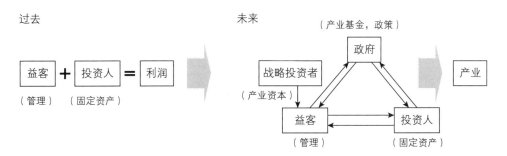

图 2-2 益客业务经营模式

战略二：打造江苏北部（简称：苏北）产业根据地。

益客应该在哪里建立产业根据地呢？我们研究了中国禽肉产业分布情况，发现了其中的"玉米带"规律。中国从东北到西南有一个绵长分布的玉米种植带，东北、华北、西南三大主产区，由于运输成本的影响，养殖基地都会建在离玉米生产地较近的地方，而所有屠宰加工厂都会靠近养殖基地，经济半径大概约60公里。益客当时主要在山东中部及山东西南地区，这一区域禽肉企业分布密集，对屠宰原料（毛鸡毛鸭）的争夺十分激烈，达到白热化程度，对手的原料收购价每斤多一角钱就可能吸引养殖户卖给对手。没有稳定的供应就不能形成产销协同，因此需要寻找有稳定屠宰原料供应的地方。

我们在市场调研的时候，发现了位于江苏北部、紧邻山东南部的宿迁，这一地区是一块产业宝地。首先，其自然禀赋适合养殖，在玉米带范围内，温度适宜，养殖基础薄弱，还处于产业空白状态。其次，禽肉消费的主要市场在长三角、珠三角地区，宿迁位于玉米原料与长三角市场的交界带，离江苏南部（简称：苏南）、长三角地区近，按测算每吨禽肉可节省200元的物流费用，基本等于2%的毛利空间。然后，未来东北的粮食原料可以走水路从营口港到连云港，其成本几乎是陆路运输价格的一半不到，具有很高的原料成本优势。最后，营商环境好，长期以来，整个江苏的经济形势是，苏南工业及服务业都很发达，远超苏北的经济发展，苏北以农业为主，却一直没有迎来大的发展。因此江苏省里就把苏南干部调往苏北，希望把苏北的经济也发展起来。因此，当地干部提出打造4个百亿级产业，但当地自身没有产业基础，急需发展支柱产业与龙头企业。因此我们为益客提出了"南下苏北建立根据地，伺机发展苏北皖东，最后反向整合山东"的区域战略发展思想，进而建议益客积极进入苏北建立产业根据地，从战略上确定宿迁为益客的根据地,在宿迁市宿豫区、沭阳县及徐州市新沂、邳州等地打造"苏北产业根据地",形成产业集群。

带着这样的产业认知和战略构想,田总找到宿迁市宿豫区政府汇报,讲述益客的300亿元目标与发展模式,提出把益客总部迁入宿迁市的想法,在当地打造100亿元产值的畜禽食品产业,并为此提出希望政府进行工厂、土地、养殖场等产业配套。听完整体战略构想,宿迁市宿豫区政府当即与益客达成战略合作,并在养殖配套、基地建设、土地划拨等方面给予了迅速而有力的支持,益客的产业根据地一举成功建立。

益客进入苏北时,因为当地没有养殖产业基础,同行企业都觉得很奇怪,认为益客在自寻死路。后来政府牵头,动员各种力量建了上百个高标准养殖场,为益客提供养殖配套。益客在当地建立了壁垒,包括政府的支持与信任,其他企业再想进入已经失去优势。这是和君在做很多项目时运用的投行思维:无中生有,虚实相生。

战略三:横向带纵向,逐步走向全产业链。

借鉴和君历史上为正虹饲料做的咨询(案例见《高手身影:中国商业原生态实战案例》一书),得出基本判断,要实现农业产业化,必须依托农业龙头企业,并在当地政府的帮助下,打通第一、二、三产业,从一产种植养殖,到二产屠宰加工,到三产品牌与零售,形成"原材料-食品-消费品"的全链条。当时的产业状况(见图2-3)是,上游规模化养殖程度低、技术水平差、设施落后、缺乏信息、风险很高;在苗料药环节和商品禽养殖环节,都存在中间商,攫取了产业环节的高额利润,转移市场风险给农户,造成生产波动;在中游屠宰加工环节,以初级加工为主,缺乏深加工,生产规模小,效率低、产品同质、打价格战;在下游销售环节以批市渠道分销为主、产品附加值低、缺乏终端品牌,无法满足消费者对食品安全和品质的需求。纵观整个产业链,缺乏产业组织者和主导者。走向未来,要实现农业产业化,必须对产业链条实施彻底改造。在上游推动规模化养殖,企业自建或采用"企业+合作社+大户"模式,为养殖提供全方位服务,替代掉中间商;同时,实施农业循环经济模式,利用粪便做有机肥或沼气发电,种植绿色果蔬实现种养循环;在屠宰加工环节要实施大规模集中屠宰,提高企业规模,提升规模效益,保证均衡生产提高效率,从粗加工不断向精细加工延伸;在流通环节要改善渠道结构,直达终端,塑造品牌,提升产品附加值。通过这些布局,最终形成龙头企业主导下的纵向一体化、封闭的全产业链条(见图2-4),这才是行业内企业实现转型升级、走向农业现代化的必由之路。

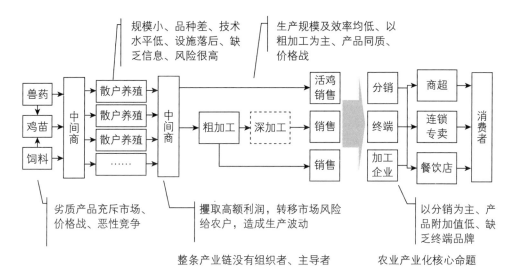

图2-3 产业链状况

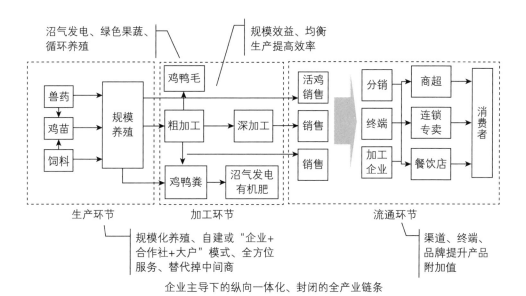

图2-4 产业链模式

因此,我们建议益客要在做大屠宰加工环节的基础上,横向带动纵向布局,往两端延伸做全产业链。但由于全产业链布局需要重金投入,尤其是上游种禽、商品禽养殖,所以要逐步推进。除了上游养殖,益客也积极往下游探索,布局终端连锁店，准备了5年时间才开始，到目前已经经营了500家鸭熟食连锁店，经营情况良好。

整个战略咨询时长约两个月，核心价值体现在两点：一是帮助益客团队完成了关于公司战略发展的系统思考，树立愿景，统一思想，明确路径；二是调整益客的战略布局，明确经营模式，清晰产业链布局方向，迅速行动建立起产业根据地。三大战略的构想和实施步步见利见效，将在未来走出系统格局。尤其是打造产业根据地这一战略对益客后来的发展起到了至关重要的作用，各级领导来宿迁市都会去参观益客，逐步形成了"山东有六和，江苏有益客；苏南有雨润，苏北有益客"的定位与格局，把益客公司的战略上升为宿迁市的战略，争取到地方政府的全力支持。和君总结，在中国做农业企业，需要在某一个区域或者产业进行深度扎根，要有很强的地头力、执行力，才能做成大公司。

第二步：优化公司治理，搭建上市主体（2009-2010年）

完成战略规划以后，益客另一个关键问题凸显出来：当时的公司治理存在很多隐患，以自然人投资和托管运营形成了大量的经营实体，但缺乏规范的上市主体，没有统一的平台对接资本市场。

为此，和君为益客启动了"公司治理与股权重组"的项目。这次项目，一是站在公司价值立场，优化股东股权结构和公司治理。和君通过上百个实操案例的经验总结，在创业阶段，控股权与经营权必须统一，股权要向经营团队集中；二是为益客搭建上市主体，形成三层股权架构，将田总以及创始人团队一共20人的股权统一整合，共同成立益客农牧投资集团公司，将原自然人直接持股的各个经营实体统一整合至拟上市主体之下，集团公司控股拟上市主体，形成"集团公司－拟上市主体－经营实体"三层架构。拟上市主体未来逐步稀释股份进行股权激励，引入战略投资者，逐步走向资本市场。

通过这次项目，为益客建立了规范的公司治理体系，帮助公司树立起基本的资本经营意识，为下一步推动上市奠定了基础。

第三步：进行股权激励，打造事业共同体（2011年）

到2011年，益客创业已有7年，发展势能逐步起来，内部人才涌现，在总部各个部门、各事业部、子公司形成了一批优秀中层骨干，外部高级人才也不断加入公司，产生了对这一批优秀人才进行股权激励的需求。和君再次组建股权项目组，为益客设计了首次股权激励计划，"对岗不对人"，激励范围覆盖原创始团队在内的几十名管理人员和中层骨干。从股权机制安排上，实现了核心团队利益共同体、事业共同体和命运共同体的转化，为公司事业的持续发展奠定了机制及团队基础。

第四步：进行私募融资，实现重大跃迁（2012年）

全产业链布局和规模扩张都需要引入外部资金。2012年，和君再次主导，为益客实施第一轮私募股权融资，引进战略投资者，从启动融资到完成9000多万元资金到账，其间跨越春节，一共仅用了4个月时间。

这一次融资为益客的事业发展提供了非常重要的保障和助力，通过实际融资成果，回答了文章开头田总所提出的"益客到底值多少钱"的问题。首先，完成引进战略投资者，给了企业极大的背书，使益客获得在资本市场的"入场券"。领投方是一家实力雄厚的国企背景的农业产业投资基金，和君资本作为战略性股东跟投，另外有两家小型基金跟投，股东结构较为理想。其次，充分实现了资本市场对益客公司价值的认可。通过和君所做的工作，益客的价值得到了私募股权市场众多投资人的认可，包括财务投资人、产业投资人都高度认可益客的价值，并实现了估值溢价。当时，某对标上市公司的估值是上年净利润的8倍市盈率，我们最后引进的投资人给予益客的估值为当年预估净利润的12倍市盈率。之所以实现了这样的效果，一是益客本身的价值和成长潜力巨大；二是和君咨询与和君资本的背书，和君资本跟投大大增强了其他机构的信心；三是基于产业终局思维的公司估值模型。通过产业研究，我们提出行业数千亿元规模，未来一定会有整合，益客是其中整合能力最强的企业之一，投资持有5~10年肯定大幅增值。这一估值逻辑得到了投资人的认可。最后，本次融资及时为益客提供了资金，同时带动银行资金的进入，极大程度保障了益客因规模扩张而产生的资金需求。值得一提的是，在益客完成融资成功几个月后，行业突发速生鸡事件，对产业内的公司带来巨大冲击，整个行业进入长达两年多的低谷，而益客正是凭借充裕的资金保障和自身扎实的经营能力，得以顺利度过行业寒冬。

第五步：提供长期服务，助力做大做强（2012-2018年）

此后，和君为益客提供了持续的咨询和管理顾问服务，助力益客不断做大做强。

2012年管理提升咨询：协助益客提升内部管理，对高管人员进行能力素质测评，同时对集团组织架构、流程、薪酬、绩效等组织及人力资源基础进行了系统梳理和基础设计。后续，益客董事长田总进入和君商学企业总裁班学习。

2013年产业园区规划咨询：协助益客制定山东新泰产业园区规划，布局食品深加工、羽绒产业链，打造现代化核心产业基地，向地方政府汇报以争取资源和政策支持，最终地方政府对园区建设和产业链发展给予了大力支持。

2015年第二轮股权融资与新三板上市辅导：协助益客开展第二轮股权融资工作，同时协助益客筛选券商进行新三板挂牌，推动益客下属企业众客食品于2016年登陆新三板。但2015年由于市场环境不好，融资工作被迫暂停，后来在2017年公司自己推进顺利并完成第二轮融资，引进券商龙头中信证券、中央企业贫困地区产业投资基金、广州越秀下属基金共同进行了投资，股东结构大大优化。

2018年长期管理顾问服务：尝试为益客构建适应行业未来竞争与发展的经营运营管理系统，推进益客企业的整体精益转型。

和君与益客的十年合作小结

和君与益客十年五步合作，最终走下来看核心价值主要体现在三个方面：一是战略，帮助益客完成战略思考，树立愿景，统一思想，调整战略布局，并迅速占据苏北地区，建立起事业根据地；二是公司治理，帮助益客建立规范的股权架构与公司治理，为持续发展奠定了事业基础；三是在行业周期下行的关键时刻，帮助益客对接资本市场，引进战略投资者，并完成第一轮融资，客观上对益客度过行业危机起到了重要作用的同时，使得公司的资本价值得到了极大提升。目前，益客已经处在IPO的申报过程中。

在持续合作的过程中，和君团队与益客团队相互信任、相互影响、相互成就、相伴成长，双方建立起了深厚的友谊。和君成为益客的股东、深度战略伙伴，益客也帮助和君深化了行业认识，并帮助和君获取行业资源，推荐引进各种项目。

益客团队是个优秀的团队。在团队努力奋斗下，经过十余年时间，益客集团销售额从10多亿元增长到150多亿元，增长十几倍。产业链布局完整，销售市场拓展到全国二十余个省份，"益客""众客"品牌在禽肉行业成为知名品牌，熟食连锁"爱鸭"在山东及长三角地区布局500余家，形成了较高的区域品牌影响力。益客集团已成为行业成长最快的大型农牧食品集团之一，同时成为世界第二大肉鸭供应企业，中国肉禽供应企业前三名，被行业称为"益客奇迹"。

三、项目思考与启示

1. 利用和君的战略思想和综合能力，可以为企业提供优质的专业服务。

益客集团综合咨询案例是和君的代表作，服务内容涵盖战略、投行、股权、资本、组织、人力、商学教育等，集中体现了和君的战略思想和综合能力。如和君"ECIRM"战略模型（企业家、资本、产业、资源、管理五要素），和君战略十六字心诀（产业为本，战略为势，创新为魂，金融为器），和君"管理咨询+投资银行"的双重服务能力以及"咨询+资本+商学""一体两翼"综合服务模式等，益客的发展模式也符合和君推崇的3G Capital投资赋能运营模式。

2. 利用和君各专业团队的优势，可以为企业提供长期服务。

益客咨询项目的成功，是一群和君人集体长期坚持"为客户创造实实在在价值"职业操守和兢兢业业勤奋工作的成果，是众多和君团队热情互助、竭诚协作、相互成就的成果。在十年的服务过程中，由多个不同专业领域的和君项目团队正式为益客提供咨询服务。另外，还有大量的和君专家顾问提供了各种专业支持，参与人数多达数十人。正是这些和君人共同的努力，完成了这一持续十年的服务，为益客创造了价值，实现了较好的效果。

3. 和君将会不断进步，持续为各行业内的龙头企业客户提供专业服务。

在益客实现百亿元营收之时，益客田总找到了最早的和君项目负责人黄前松老师交流，提出益客下一阶段"双千亿"的目标，有生之年要把益客做到千亿元收入、千亿元市值，再次询问应该如何做。这是和君咨询的下一个命题：和君陪伴益客走过十年，实现了十亿元到百亿元的跨越，下一个十年能否继续为益客服务？和君是否有能力继续服务一群已经成长为行业龙头甚至世界级龙头的历史客户？面对这样的命题，和君有着海纳百川的胸怀与担当，走向未来，我们将会继续学习、不断进步，与客户共同成长，持续服务于世界级客户。

园区与小镇篇

园区、小镇的建设,遍地开花,却为何出现招商难、运营难的问题? 产业载体的健康发展必须坚持"产业为本",跳出园区看园区,跳出小镇看小镇,以产业思维和投行视角,重塑产业要素,优化产业结构,提升产业效率,推动产业升级,创造产业价值。 东升博展和江南药镇的案例,一个是针对园区运营商的管理咨询,一个是解决特色小镇产业规划与招商引资的问题,化解难题、促进发展有高招。

第三章
产业园区的升级和经营之道
——东升博展

作者：彭锐

2012年，我国的GDP增长率仍然高达7.9%，大多数人都没有意识到中国经济正在进入"新常态"。彼时，距离国家第一次提出发展战略性新兴产业以及创业板开板才不过三年，新三板刚刚开始面向中关村、张江等园区扩大试点范围，"互联网+""双创"这些提法还未出现，科创板和"高质量发展"的概念也还在酝酿中。国内的孵化器叫得上名的只有创新工场等有限的几家，不少人还分不清高新区和科技园的区别。

就在这个时候，一个叫东升博展的企业，向和君咨询发出了战略规划和组织管控的咨询意向。东升博展是一家通过改造北京北五环外的乡镇工业区来建设科技园区的集体企业，而战略与组织的咨询方向是一个传统而典型的"咨询老三样"项目。但谁也没有想到，客户在三年后成为科技园区的行业标杆，成为中央党校和国家行政学院定点学习考察基地，"东升模式"登上了《中国建设报》的头版头条，获得了《北京日报》的专题报道。

此后七年间，东升博展与和君形成了持续的合作关系。就在撰写本案例的时候，东升博展、招商蛇口和和君咨询三家企业刚好签署完战略合作协议，三强联手共同开拓科技园区的投资运营业务，推动行业更好地发展。

一、问题与快速发展并存的东升博展

东升博展的全称是东升博展股份经济合作社，是2009年由北京市海淀区东升镇的电焊机厂、铁芯厂、知春物业、锅炉厂、博展科技等20多家企业进行重组后形成。重组后，东升博展获得了多个乡镇企业的厂房和场地，在北京市"退二进三"（二产退出，发展第三产业）的战略部署下，开始旧厂改造，发展科技园区，并快速建立了市场化的产业园区投资运营团队，各项新业务迅速起步。

在快速发展的同时，东升博展也充满了各种问题。

1. 历史遗留问题多，包袱沉重

作为北京集体经济改革的试点，东升博展股份社的股份由镇里的集体资产以及镇属企业农民员工量化入股形成。这种模式让东升博展获得了相关乡镇工业企业的土地、厂房，但同时也承担了解决这些企业职工包括退休职工的生计问题。除了解决问题外，还要保证每年给800多合作社个人股东的分红，这使股份社背负了沉重的人员包袱和财务包袱。

2. 业务转型创新难度大，业务能力薄弱

历史遗留问题加上人员安置的需要，东升博展的业务组成十分繁杂，包括了园区开发、园区运营（主要是招商）、物业管理、酒店管理、产业孵化及加速服务、餐饮（含咖啡厅）、环卫绿化、超市、培训、工业生产等十几个业务板块。核心团队是从物业管理和办公楼运营转型而来，面对当时在整个国内都属于探索型业务的科技园区开发和运营，无论是过往经验，还是团队专业能力，都显得力不从心。

3. 资金压力大，盈利模式不清晰

东升博展原有的传统工业生产已经处于萎缩清理状态，但新的科技园区要投入大量资金进行厂房改造和环境整治，再考虑到每年的股东分红硬性任务，整个企业的现金流支出压力很大，而现金流入主要靠楼宇和已投入使用的园区租金。在这种艰难的境地下，新园区开发只能减缓开发节奏并严格控制现金流支出。此外，除了传统的租金收取，东升博展寄予厚望的科技园区板块，又找不到清晰的盈利模式。

4. 管理基础差，能力参差不齐

企业员工包括股东员工（基本为原工业企业职工）、社招职工和乡镇任命等多种类型。原企业职工大部分年龄偏大，知识结构老化，新业务的专业能力欠缺，但是由于其特殊身份，实际收入反而高于社招职工。同工不同酬、能力收入

倒挂等现象，对企业内部的管理效率提升、人力资源管理和企业文化建设造成了很大的负面影响。除此之外，东升博展在组织管理、流程制度、成本控制、绩效管理等方面还存在很多问题。

总体来说，东升博展的问题可以分为两类：一类是由于历史和政策原因造成的，短期内难以解决，只能通过发展，在奔跑中调整姿态；另一类问题的解决则要以完成企业的顶层设计——业务赛道选择和业务模式设计为前提。所有问题的解决最终都指向一个方向，因此，我们将本次咨询的重点任务和核心命题确定为公司的战略选择。

二、选赛道、定方向

作为一家基于集体资产特别是土地资产立身的企业，按照和君的"ECIRM"模型，东升博展是一家资源型企业，很容易根据其资源能力来进行战略选择。

东升博展的资源能力优势主要体现在东升镇的地头力以及其拥有的不动产资产，且在系统内具备相对领先的写字楼运营经验和物业管理经验。东升镇位于北京市海淀区，地域狭长，南近西直门北抵西三旗，高校云集的学院路在其辖区内，清华大学、北京大学、人民大学及中科院多个研究所也在镇域内或与其紧邻，科技创新氛围浓厚。可以说东升镇整个镇域都位于中关村核心区，区域内的楼宇办公价值潜力巨大，且不少都属于遗留下来的集体资产。

很显然，东升博展可以进一步加强自身的办公楼运营和物业管理能力，凭借资源优势获取更多的楼宇经营管理权，把东升镇的区域优势和产业优势转化为楼宇经济，把企业的发展前景与东升镇未来的发展潜力紧紧绑定起来。然而这个看起来很容易实施的方向却被项目组很快否定了，因为这一战略选择可以使企业在一定时间内轻松滋润地生存，但却会让东升博展错失镇外广阔的市场空间，只能困于一隅，没有长远的未来。

项目组转向基于产业的战略选择思路上来。按照和君的"ECIRM"模型，资源型公司应该按照"资源-产业-资本-管理"的战略逻辑和成长路径来发展，从企业的现有业务出发，寻找未来的产业机会。根据这个思路，项目组很快锁定了两个可供选择的产业赛道。

1. "退二进三"的城市更新

随着中国城市化进程的深入，一、二线城市开始从"摊大饼"式的粗放扩张式发展向"精装修"般的精细化集约式发展转变，主要表现为以下几个方面。

（1）从城市的发展方式来看，城市新增建设面积开始严控，存量空间的改造开始成为城市发展的新热点。

（2）从城市的功能布局来看，城市中心的土地成本显著提升，客观上要求其产业结构、功能结构进行升级，很多城市提出了"腾笼换鸟、退二进三"的发展策略，包括大量传统制造业在内的一些低附加值企业纷纷搬离城区。

（3）从提升城市吸引力角度来看，为了解决城市快速发展带来的高密度、拥堵、污染、配套设施分布不均和设施老化等"大城市病"，建设更宜居宜业的美丽城市，以棚改、城中村改造、旧厂改造为主体的城市更新也迫在眉睫。

2016年以后，国内的城市更新类地产基金发展迅猛，很多地产企业纷纷将城市更新作为未来业务发展的增长点。总之，城市更新已经成为中国城市化下半场最热门的产业赛道。

东升博展正在滚动投资开发的东升科技园便属于北京整体"退二进三"背景下的老旧工业区改造项目，整个园区不仅保留了烟囱、部分工业设备等工业元素，很多楼宇也都是经由老厂房、老宿舍楼改造建设而来。刚投入使用的高端精品酒店——东升凯莱酒店，就是在两个工厂老宿舍楼基础上改扩建而来，这个项目还获得了全国城市更新的设计大奖。东升博展有机会把东升科技园打造成为北京城市更新的标杆项目，进而在全国进行复制，通过较低价格获得优质城市的待改造项目，在完成城市更新价值提升后再销售退出获取收益。

2. 基于科技园区展开业务

从全球范围来看，世界各国建立的科技园区名称各异，包括科学园、科技园、研究园、工业园、产业园等。虽然叫法不同，但这些高科技园区都是所在地区或国家的创新基地，在产业内涵上具有共同特征，都以发展高技术、开拓高科技产业、振兴科教和经济发展为基本目标。

以电子计算机、原子能、航天空间技术为标志的第三次科学技术革命迅猛发展，知识密集型的"朝阳工业"取代劳动密集型的"夕阳工业"，企业对产业空间的需求从生产空间向办公空间和创意空间转变，追求更加自然舒适、更加富有创新活力的科技园区建设开始兴起。以美国硅谷、日本筑波科学城为代表的科技园区首先在发达国家产生，到了20世纪90年代，科技园区开始在中国、印度等发展中国家蓬勃发展。

科教兴国也成了我国的国家战略。2010年10月10日，国务院发布《国务院关于加快培育和发展战略性新兴产业的决定》，提出到2015年，战略性新兴产业增加值占国内生产总值的比重力争达到8%左右，到2020年，力争达到15%左右的目标。天使、VC、和PE等投资机构投资规模大增，创业板战略性新兴产业企业占比高达近九成，这些都预示着高科技产业正在成为中国经济发展的生力军，而围绕高科技产业和企业的服务业同样具有巨大的发展前景。东升博展的资产均位于中国高校密集区和创新产业区——中关村核心区域，可谓占尽地利。

这两个赛道的商业逻辑是不一样的。城市更新业务的核心价值是提升资产价值，并以此获利，本质上是地产逻辑，或者说是资产管理逻辑。高科技园区业务逻辑还不是很清晰，表面上看似乎属于产业地产的一种。但从国际经验看，由于可以开发高科技园区的区域有限，虽然经营良好的高科技园区资产价值不菲，但园区的难点更偏重于对高科技企业的吸引和服务，其核心价值是提升企业价值或产业价值，是典型的服务业，只是在国内盈利模式并不清晰。

在进行赛道选择时，东升博展毫不犹豫地选择了后者。对东升博展而言，城市更新业务短期来看可能更容易走通，但纯靠买卖地产，业务总有尽头。而高科技园区业务虽然眼前困难重重，但一旦找到突破口，则可以形成长期可持续发展的模式，且东升博展四周有众多科技资源环抱，未来的创新空间具备相当大的想象力。就这样，东升博展选择了一条相对艰难的路，企业的愿景确定为"中国领先的高科技企业服务商"。

接下来的问题是：科技园区业务应该如何展开？

三、解决未来发展的四个关键问题

科技园区的关键成功要素，我们认为主要包括以下四个方面。

第一，园区所在区域的人才、技术基础条件；

第二，政策条件；

第三，金融支持；

第四，园区服务。

前三项均为外部条件，与园区选址有关，也与政府等相关部门的支持有关，只有园区服务是可以通过企业自身的努力迅速实现的。做好第四项，有利于争取更好的政策条件和金融支持，把第二项和第三项补起来，至于第一项，正是东升博展所在区域的优势。因此，相对于国内当时很多科技园区纠结于园区的产业规划、空间规划、建筑形态、招商等环节，我们认为，对于园区的开发运营商来说，最重要的是做好服务，服务才是园区的核心业务。一切以做好服务为引领，规划和招商这类问题便可以迎刃而解了。于是，东升博展科技园区的核心问题转换为服务业务如何展开。

任何服务都只能基于客户定位才能有效展开，开展服务业务首先要回答"服务谁"，这是服务业务展开的第一个关键问题。

东升博展现有业务中的物业管理和园区招商服务对象都是不动产资产。在园区的价值链条中，不动产扮演载体角色，属于基础设施，并不是价值链的核心构成。园区中有价值的服务对象是谁？显而易见是高科技企业。不仅仅是科技园区，传统的开发区、高新区一般也都会把企业作为最重要的服务对象。

然而，高科技企业所属产业都是知识密集型产业，高素质的人才在其中起着决定性作用，在这些产业中遵循"先有人才圈，后有创新圈，最终才能形成企业和产业圈"的规律，所以人是科技园区最有价值的服务对象。

此外，高科技园区的主导产业大部分是战略性新兴产业，相对于传统产业具有以下特征。

第一，行业周期一般处于幼稚期或成长期，企业风险普遍较大；

第二，以中小企业为主，研发创新能力较强，其他能力相对较弱；

第三，业务和商业模式多呈现"跨界"的特征；

第四，企业员工普遍呈现高学历且年轻化的特点。

这些特征表明，高科技企业所处产业不成熟，自身也有很多能力缺陷，在产业方面也必然存在很多服务需求，以提高产业效率，解决产业的共性痛点。

通过以上分析，我们给客户确定了四大服务对象：ToB（服务企业）、ToC

（服务企业员工）、ToI（服务产业）和ToG（服务政府），服务难度依次提高，核心还是要服务好企业和人才。我们建议东升博展的服务体系尽快从资产服务上升到企业服务，并在五年内重点打造ToC的服务体系，在此基础上逐步提升产业服务能力。做好前三项服务，对政府的服务自然也就水到渠成了。

解决了"服务谁"的问题，第二个关键问题又摆在了大家面前——"服务什么"。对于搭建什么样的服务体系以满足服务对象的需求，并不能简单通过分析得出，而需要翔实的数据，因此项目组在东升科技园对入园企业和个人进行了详细的市场调研。调研发现在配套服务方面，园区企业和员工对园区内部的生活商务配套的满意度不高，还有明显的提升空间。在专业的企业服务方面，园区企业对政策、人才和技术交流都有非常强烈的需求。而且不同规模的企业在企业服务需求方面体现了不同的特征，需要不同的服务体系。

这份调研获得了客户的高度重视，并立即成为客户完善优化服务体系、改进和提升服务质量的指南。在我们的建议下，客户每年都会进行服务满意度调查和园区企业需求调查，这些调研正是在当年调查问卷的基础上不断迭代完善形成的。

根据调研的结果，东升博展开始了一系列服务动作。

在ToC端，东升博展在东升科技园先后开发了两条商业街，商业街的业态也在不断优化，书店、健身房、精品艺术酒店、特色餐饮、水果店、便利店、培训中心等陆续开业；推出集门禁、停车、园区消费于一体的博展卡，便利、实惠。在ToB端，根据企业的发展阶段，东升博展建立了预孵、孵化、加速、成熟四个阶段的针对性服务体系。

在和君的梳理下，东升博展确立了基础服务（包括物业服务、生活配套服务和高端商务服务）和科技服务（包括人才、技术、资本、政策、市场五大平台，选址、交流、资讯、中介四大公共服务，创新服务和特色服务）两大服务体系。

解决了前两个关键问题，接下来的关键问题就是"如何盈利"了，也就是盈利模式问题，这个问题也是最为复杂的问题。由于东升科技园是集体建设用地，不能进行销售，而且国内大量的案例都表明，销售型的园区，由于控制权的问题，很多服务往往难以展开。与东升科技园相隔不远的另一个信息产业基地，虽然起点很高，位置更佳，但由于缺乏服务，发展乏善可陈。因此，一旦选择了走高科技企业服务的道路，传统地产的产权销售盈利模式就必须放在一边。然而依靠服务如何盈利呢？此时并无成功案例可循，更何况，相对于巨大的重资产投入，即使能够获得服务收益，恐怕也是杯水车薪。总之，这一问题的解决显然不会那么轻松。

为此，我们为客户设计了七种模式，其中五种重资产模式（见图3-1）和两种轻资产模式，供客户选择。

	园区投资	园区开发	园区运营
园区金融模式	东升博展作为GP，发起园区投资基金	委托开发或合作开发	自营并强化科技企业投资业务
科技地产模式	自己投资或发起园区投资基金投资	自主开发，园区物业大比例销售	服务主要外包，对科技企业进行投资
产业整合模式	自己投资或发起园区投资基金投资	委托开发或合作开发	有选择性地培育和孵化投资科技企业
全产业链模式	自主投资	自行开发建设	自主负责园区运营及服务
资产管理模式（准REITs）	东升博展作为GP，发起园区投资基金	委托开发	自主负责园区运营及服务
园区运营模式	不介入	不介入	园区运营服务为核心能力，并对外输出
平台模式	东升博展作为GP，发起园区投资基金	委托开发或合作开发	构建科技园区开放式服务平台

图3-1 和君设计的七种盈利模式

虽然东升博展当前操盘的东升科技园是重资产项目，但是为了专注于服务体系建设，通过反复讨论，大家最终彻底放弃了地产逻辑，选择了轻资产模式，并制定了两步走策略：前期以现有项目为主，做实园区运营模式；后期逐步将服务体系建设成开放平台，向平台模式过渡。

针对园区运营模式和未来的平台模式，我们为客户设计了四大盈利模式。

第一，地产收益，包括现有重资产的租金收益和未来以产业能力协助地产商低价拿地获取的收益；

第二，服务收益，除了基础的物业费、招商佣金、运营托管费、基础企业服务收益等以外，还包括了直营的生活服务、商务服务收益（如园区商业街收入分成、直营的酒店、瓜果蔬菜店收入等）和未来服务平台的平台收益；

第三，产业投资收益，利用VC、PE等资本模式投资于优质产业，通过资本运作最终获取收益；

第四，科技地产 REITs（房地产信托投资基金）收益，主要是针对自持的重资产和未来托管的园区，学习商业地产领域的凯德，采用"PE + REITs"的模式获取相应的资产管理收益。

在实际运作过程中，除了第四项收益受制于政策限制未能落地外，其他三项收益模式都如期实现。我们在给客户的财务指标建议中提出了在 2018 年服务性收益达到总收入一半的目标，这一目标在 2018 年也顺利完成了。

业务层面的问题已一一解决了，最后就是支撑性命题了，这也是最后一个关键问题：构建什么样的组织形式以支撑未来业务？毕竟构想再好，也需要匹配的组织模式来落地。

服务业务是一项竞争性很强的纯市场化业务，服务质量和效果取决于人员素质和中后台的支撑，组织设计必须与这一业务性质相匹配。东升博展特殊的企业性质和历史成因导致企业原有组织形式和机制体制与现有业务格格不入，且变革难度高于一般企业。高科技企业服务在中国是非常创新的业务，在发展过程中存在着大量试错的可能，这对组织的弹性又提出了更高的要求。

考虑到企业现有业务还存在大量园区开发等非未来发展方向的业务，将来业务要从运营模式向平台模式过渡，再结合上述现实难题，东升博展的组织设计只能在适应当前形势与发展需求的同时，不断动态调整。管理是慢变量，从客户自身特点出发，组织的调整也必须平衡"度"和"时"。

为此，我们为客户制定了"3 + 1"个阶段的组织方案。其中前三个阶段重点是在向平台化转型前逐步发育和规范总部职能，根据业务战略做实各业务事业部，并在事业部层面将机制束缚的不利影响降到最低。设计三个阶段把组织变革的周期拉长做细，小步快跑，就是为了降低组织变革难度，提高组织对业务创新的适应能力。最后一个阶段则是平台化转型。

从最终的实施效果看，客户比我们预想还要快地经过了前三个阶段，并在 2015 年年底继续与和君合作，开始进行平台化改造，实现几乎全员到一线参与服务的目标。

这一次平台化改造，东升博展建立了项目平台加专业子公司的组织模式，并且将总部职能部门都转型为专业子公司，成为东升博展生态中服务体系的一员。例如，人力资源部成为人力资源服务公司，既接受东升博展的服务外包，也服务于园区客户；类似的情况还有，品牌营销部成为一个品牌营销服务公司，财务部成为一个财务服务公司，品质部成为一个安全管理、品质管理和第三方服务满意度调查公司等。这一轮的平台化改造，为东升博展的可持续发展，注入了更强的动力。

总之，经过多年合作，基于客户"中国领先的高科技企业服务商"的愿景，我们协助其完成了对园区服务对象、服务体系和盈利模式3大命题的破题，并通过相应的组织模式变革以对业务转型进行有力支撑（见图3-2）。

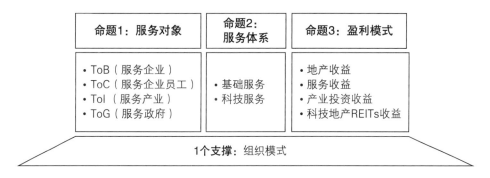

图3-2　东升博展"3大命题+1个支撑"

四、客户的迅速发展与持续合作

在我们的服务过程中，东升博展及其投资运营的东升科技园快速发展。2012年当年，园区凭借出色的经营赢得了中关村管委会的认可，主动将其列入中关村体系，园区更名为中关村东升科技园，同时规划了后续的二期和三期。2014年园区一期滚动开发完毕并迅速招满。2018年年底，园区企业数量从不到100家增长到近300家，当年在不到30万平方米的办公面积上实现产值235亿元和税收28亿元，单位面积产值和税收在中关村各园区中均名列前茅。

不但原有园区发展顺利，2017年，东升博展接管镇里其他股份社的天地临枫科技园，将其更名为东升国际科技园并进行改造。2018年4月，东升国际科技园满招开园，此前三年未能盘活的老园区彻底改换样貌。东升国际科技园园区10万平方米，产业聚焦在医疗健康、人工智能、新能源新材料等产业方向，目前有企业40余家，以中大型企业为主。园区内设有孵化器三个，盖茨基金会、清华大学和北京市政府在园区内合建了全球健康药物研发中心，清华大学与挪威BI商学院（欧洲第三大商学院）在园区内共同建立了科技创新创业教育与研究中心。此外，其各业务板块相继在浙江、四川、陕西等地通过管理输出的方式管理园区、孵化器和园区商业多处。

在业务升级方面，如我们最初设想的那样，东升博展近年来陆续在智慧农业、智能硬件、VR产业和生物医药产业领域提升产业服务能力，建立产业服务专业机构。随着产业服务能力的提升，产融互动体系逐步成形。近年来，由东升博展发起和参与的多支产业基金运转顺利，并有多家被投企业已经或正在登陆科创板。

东升博展运营的园区，除了2009年开始滚动推向市场的东升科技园一期，几乎都没有设置专门的营销和招商部门，但是招商速度和效果都非常好。例如，2018年开业的国际科学园，一家大数据领域、准独角兽公司特别想进驻，结果去晚了，它们甚至提出愿意低价开放自己的股权给东升博展，但最终也未能如愿入园。

东升博展为什么能够做到这样？其在规划阶段就开始做产业生态和服务体系的设计，并且让产业服务前置，与产业招商同步进行，通过服务来创建产业生态，通过服务来营造垂直产业朋友圈，最终在租金较高、成本无优势的情况下仍然成功实现了对目标客户的吸引。

通过与东升博展的长期合作，和君咨询全程参与和见证了这一发展历程。七年来，和君咨询为东升博展提供了战略规划、商业模式设计、组织管控、战略运营实施、绩效管理及人才测评、部门市场化改革等多项咨询服务，并为其部分子公司提供战略规划等咨询服务。作为东升博展产业服务矩阵的重要组成部分，我们还参与了其多个新拓园区的产业规划、服务体系设计工作。在整个过程中，我们不仅保持了对园区业务的大量一手感知，验证或证伪了我们的很多认识，而且与东升博展一同面对了中国园区发展最前沿、最本质、最具挑战的一系列问题。

五、总结与启示

1. 高质量发展时代需要高质量的产业园区

我国已经从"高强度要素驱动"的经济发展模式转向"创新驱动"的开放

性自主经济发展模式，从传统的高速发展时代走向高质量发展的科创时代。作为科技创新和高科技产业的载体，包括经开区、高新区、保税区、产业新城、产业综合体在内的"泛产业园区"是我国新经济发展壮大、传统产业升级的主战场。可以说，园区强则产业强，产业强则区域强，区域强则国家强。面对新技术、新产业、新业态、新模式的挑战，产业园区从规划建设到招商运营，可提升空间巨大。提升园区的服务能力，营造更加有利于产业和企业发展的园区环境是推动中国经济、社会健康发展的重要抓手，也是各地政府发展本地产业、推动产城融合的重要任务。从这个意义上看，研究提升园区质量的方法和工具，通过综合服务帮助园区提质增效意义重大。

2. 产城融合时代，产业园区发展已经发生巨大变化

产城融合时代，产业园区的发展已经发生了巨大的变化，总体表现为以下四个方面。

（1）城市之变

随着中国的城市化从粗放型的"摊大饼"时代转向高质量的发展时代，知识密集型的生产性服务业已成为城市竞争力的关键，高价值产业区从城郊转向城市中心，新一代科技园区正是在这个背景下快速发展起来的。

（2）产业之变

互联网等信息科技带动了新一轮的产业变革，"互联网+实体经济"成为时代浪潮，传统产业链正在面临新价值链的重构。东升科技园这样位于全国核心创新区的科技园区，将成为科技创新和战略整合的聚集地，形成产业的大脑；在三、四线城市的腹地建立科技园区缺乏条件，适合建设以大规模制造和原材料获取为特征的产业聚集区，这构成了产业的手脚；而在二线城市和区域中心城市，以生产性服务业为主的集聚将构建出产业躯干，链接产业大脑和产业手脚，也可以被称作产业路由器。

（3）空间之变

后工业时代产业的关键要素不是机器而是知识型员工，园区空间必须以人为本，符合生产、生活、生态相结合的"三生有幸"原则。东升科技园在一个不到30万平方米的园区里配置两条特色商业街，改造运营一个规模不大但很有特色的精品酒店，修建了大量公园绿地和运动场地，就是为了打造适应高素质人才的工作场、创业场、社交场和休闲场。园区的规划不能只是厂房、写字楼，必须根据人的需求置入更加复合的功能空间。

（4）服务之变

随着园区开发的大量涌现，硬件建设呈现过剩的趋势，软性服务日益成为园区制胜的关键。东升科技园通过加强对人的服务在中关村诸园区中脱颖而出，近年来又通过与政产学研和投资机构合作建立产业级服务平台，而国内大部分园区的服务还停留在基本服务层次，园区服务体系升级势在必行。

3. 传统的产业园区招商方式正在被产业生态招商所取代

过去三十多年，传统招商逻辑包含两条：一条是基于产业梯度转移理论，沿海发达城市面向发达国家，中西部相对落后地区则承接发达地区的产业转移；另一条是依托产业强劲的发展势能，吸引优秀企业在当地新建工厂和公司。然而，随着全球经济陷入低增长高动荡、中国经济进入新常态，这两条逻辑均已失效。

对于第一条，几十年的高速发展使中国在技术、人才、资本和成本等方面与国外先进水平的差距大幅度缩小，再加上发达国家在一些关键技术领域的保护，中国当前能从发达国家获得的产业转移大幅缩水。国内欠发达地区由于成本上升、环保新政等限制，在梯度转移方面与东南亚国家相比并无明显优势。

对于第二条，面对严峻的去产能形势，企业新设工厂和分、子公司的需求也同样大幅缩水。过去依靠优惠政策和低廉土地降成本的招商方式收效越来越差，还产生了许多"钻空子"的投机企业，地方政府债务不断推高。未来的招商重点应该是营造市场、人才、资金和成本等多方面都能赋能企业的产业生态环境，筑巢引凤、招智引才。

4. 新形势下的园区咨询方向

一般来说，除了园区开发运营企业的管理咨询外，园区咨询需求主要集中在园区定位或产业规划和开发策略这几个领域。但是从实际效果看，大量方案因为缺乏落地性而最后束之高阁。

东升博展的前期项目定位和产业规划很少请第三方咨询，但却高度重视前期阶段与产业方的沟通交流，一切从后续的落地实际需要来设计方案，并在操作过程中根据实际情况不断迭代优化。

常规的前期策划咨询不能产生良好效果的原因何在？在长期服务东升博展及参与相关咨询的经历中，我们发现主要原因有以下两条。

（1）传统的园区前期策划方法论和内容框架已经不能适应当前市场的需要

传统的园区策划主要包含两个内容：产业规划和基于建设需要的项目功能策划。对于产业规划，过去我们主要以传统的产业门类为基础，研究细分产业和产业链，设计园区的产业体系。显然，在产业过剩、技术创新推动产业升级换代的背景下，传统供给视角的产业分类方法正在被需求视角的产业分类体系替代，传统静态的产业门类分析方法完全过时。基于建设需要的项目功能策划，决定园区成败的因素越来越从硬件因素向软性服务因素转变。仅仅解决建什么，在哪里建的方案显然不足以指导园区的未来发展。

（2）传统的园区前期策划对园区业务痛点的解决作用有限

当前园区业务面临的最大痛点是招商和运营盈利。诚然，良好的顶层设计可以对招商和运营有一定的指导作用，然而面对前述园区发展环境和发展模式的巨变，大部分园区开发运营企业在经验、能力上都存在巨大的差距。咨询方案如果只解决项目主题概念和发展方向问题，客户仍然不知道具体怎么执行落地，特别是生态招商、产业服务这些新的园区运作手法，即使像东升博展这样的标杆企业也处于探索阶段。

面对现实，园区咨询何为正确方向？在与东升博展的长期合作，包括联合服务于其他园区企业的过程中，我们有以下几项深刻的感受。

首先，园区前期策划必须重置产业规划的方法论，基于产业环节、产业生态来进行产业规划；

其次，要将预招商纳入前期研究，可以说目标招商客户和相关服务企业对园区策划方案的接受度是判断方案是否科学的唯一标准；

再次，要在前期研究中增加产业服务体系板块，提供产业服务体系从设计到实施的完整解决方案，并延长服务周期，在后方案阶段深度指导客户把产业服务前置与产业招商同步推进，将客户"扶上马送一程"；

最后，要与合作伙伴一起为客户园区导入企业资源、运营服务资源，帮助客户园区在行业内发声，提高其在政府、行业的影响力。

2019年5月，国务院发布了《关于推进国家级经济技术开发区创新提升打造改革开放新高地的意见》，鼓励优化开发建设主体和运营主体管理机制，支持符合条件的开发建设主体IPO，实施先进制造业集群培育行动和现代服务业优化升级行动。在中国经济进入高质量发展阶段，高质量园区的发展潜力巨大，机会与挑战并存，我们衷心地祝愿所有的园区都能早日找到自己的定位与目标，在这个新的时代中大放异彩！

第四章
产业规划与招商引资
——江南药镇

作者：史万奎

位于杭州市西湖区的云栖小镇，是依托阿里巴巴和转塘科技经济园区两大平台，打造的一个以云生态为主导的产业小镇，已成为阿里云开发者大会的永久会址。正是在云栖小镇的示范作用带领下，特色小镇这个词逐步进入人们的视野。2016年7月1日，国家发改委、财政部、住建部等三部委，联合发文在全国范围内推进特色小镇的培育工作。2016年10月14日，住建部公布了首批127个特色小镇名单，轰轰烈烈的特色小镇建设热潮拉开了序幕。然而数年之后，各地小镇建设呈现出千差万别的景象：有些小镇天然具备良好的资源禀赋或者其他优势，投资踊跃，建设热火朝天；但也有一些小镇，资源禀赋不足，产业底子薄弱，特色要素缺乏，吸引力明显不足。"没有梧桐树，难引金凤凰"，特色小镇的建设，呈现出"冰火两重天"的景象。江南药镇的规划项目，就诞生在这样的大背景下。

一、项目背景及咨询命题

江南药镇，是浙江省首批建设的37个特色小镇之一，位于金华市磐安县，是特色小镇建设热潮中的一个典型案例。江南药镇的自然禀赋在特色小镇中具有相当的优势：首先，地理位置优越，小镇恰好位于经济发达的浙江省的正中心——磐安县新渥镇，诸永高速出口距离小镇不到5公里；其次，该地可考证有上千年的药材种植传统，是著名的中药材"磐五味"品牌组合的主产区，小镇中心的"浙八味药材市场"，有数百家药材经营商户集聚于此，年药材经营额接近20亿元，"药镇"一词名副其实；再次，江南药镇的原始森林生态良好，森林覆盖率高达75.4%，山势婉转连绵，随时可欣赏到白云青山洒、群鸟绘蓝天的水墨画卷。

依托于上述优势资源，磐安县政府下大决心要把江南药镇做成经典特色小镇，提出了打造"药材天地、医疗高地、养生福地、旅游胜地"的概念和目标。

然而在经济发达的浙江省，在外界看来资源富集、概念美好的江南药镇，只能勉强算个"凤尾"，对投资的吸引力明显欠缺：首先，这里是浙江省的"经济欠发达地区"，距其最近的机场在义乌市或杭州市，从机场到小镇要耗时数小时，附近的高铁站则还在规划建设中，距离通车需要几年时间，投资建设远远等不起这个时间；其次，这里山虽青翠、但其势温和，水流潺潺、却不经小镇，旅游吸引力很低，多条旅游线路旁经小镇，旅游大巴往来穿梭，对江南药镇却是过而不留；再次，"磐五味、浙八味"系列药材品牌虽然尚在，但供应优势名存实亡，就剩浙贝母等一两味药材在行业中还算有点优势。整个江南药镇全部药材勉强达到20亿元的经营额，在全国各区域药材市场中完全排不上号。

在这种残酷的现实下，具有号召力的大型企业显然不会前来入驻。一众小型企业和商户将可建设地块分割得七七八八，留白引凤的大面积区域都在药材市场集聚区以外，找一片数百亩级别的连片建设用地已不容易。大型商场、学校、医院、住宿、餐饮等设备设施严重不足，外来人员在这里的生活体验很差。

尽管面临诸多挑战与困难，但磐安县政府却仍然坚持长远发展的战略眼光，拒绝实施简单、粗暴的房地产模式，希望将江南药镇建设成为可持续发展的、以产业为核心的特色小镇。

目标宏大，但基础条件有限，对投资商要求标准又比较高，招商之难可想而知。因此，每年江南药镇接待投资考察团数百拨，招待费也花了不少，最终落地的投资却都层次不高、额度不大，距离人们对小镇发展的期望落差巨大。

在磐安县委、县政府"举全县之力建设江南药镇"的决心之下，怎样才能将小镇长远可持续发展的理念落地？如何吸引优秀的投资商与小镇同命运、共呼吸？发展规划和招商引资落地成为地方政府的两大心病，在这种背景下，磐安县政府决定，邀请咨询公司来帮助解决这些基本命题。

二、入场破冰

2017年6月初，带着解决江南药镇发展问题的美好愿望，磐安县政府主要领导带队来访和君咨询位于北京的总部。和君咨询董事长王丰博士领队与磐安县考察团，就全国特色小镇建设存在的共性问题进行了深度交流。

双方一致认为，江南药镇必须以产业为重心，用产业拉动旅游，以实现产业与文旅的相互驱动。植入中药科技、中药教育、中药养生、中药国际化等高端产业资源后，江南药镇的科技与品牌位势将大幅提升，可以吸引大型企业投资入驻，随后即可顺理成章地再推进中药文化、中药产业、中药民生，最终实现政府的宏愿，成为名实相称、经典传承的特色小镇。

中药特色，科技引领，产业、文旅互动，大型企业投资……江南药镇的发展逻辑与其他地区类似的小镇并无本质不同。但如何在江南药镇自身的大方向、大逻辑之下，舍弃定见，使之转化为投资商战略，才是解决问题的着力点和关键所在。

放大事业格局，以投资商意愿为核心，去重新评估和修订顶层设计，舍己从人，链接投资商战略意愿，让投资商产生强烈的投资意愿，才是解决问题的路径——这是和君咨询服务了大量特色小镇后的经验之谈。

初次沟通交流，双方都留下了美好的印象。随后，和君咨询凭借强大的专业能力和优质的服务能力，顺利成为磐安县政府江南药镇咨询项目的合作方，咨询内容包括设计以经济为主线的江南药镇发展规划，并在规定的服务期内，确保数亿元的招商引资签约成果。

确定合作后，项目组正式进驻江南药镇，但项目却并未一帆风顺。磐安县政府有一部分领导对咨询预期充满忧虑，担心花了咨询费，不能达成相应效果，咨询费"打了水漂"。

"我们干了十几年都干不成的事儿，咨询公司几个月就能干成？"这种怀疑想法慢慢地在部分领导之间蔓延，对咨询这件事的支持态度模糊不已。关键时刻，前来和君咨询考察的团队人员一致力挺咨询，安抚项目组安心开展工作。然而项目组心中非常清楚，最终能否打消大家心中的顾虑，关键还是在于能否快速拿出解决的方案，能否达成项目的预期目标！

就在这时候，机会来了。每年的9月19日前后，江南药镇都要举行一年一度的"浙八味药材市场博览会"，博览会期间会组织一个小型论坛。政府部门为了做好论坛，承担了论坛的全部费用，但会议效果通常并不理想，缺乏重量级的人物参与，更谈不上影响力。

项目组进入小镇的第四周，博览会的组织工作按照惯例又要启动了。江南药镇建设指挥部领导杨主任很开明，特意就此事邀请项目组一起洽谈，希望项目组对本年度药材博览会论坛的开办方面给点建议——"有没有更好的办法？"

论坛只要"有料"，就可以收取赞助费和参会费，起码会实现零成本召开，并可以吸引全国各大媒体的主动报道，对招商的帮助是显而易见的。"有料"是关键，项目组顿时心里有了谱，这不正是提升项目组影响力、打消大家顾虑的好机会吗？于是，项目组试探性地跟杨主任说："要不，我们来提一个方案给你们参考如何？"

这是当天上午 11:50 左右发生的事，杨主任问："何时交稿？"项目组干脆地回答："下午下班前！"

午餐期间，项目组便开始了策划创意。经研讨，大家拟定了论坛主题——"第四次工业革命浪潮与中药材产业包容性发展新机遇"。匆忙吃了几口午饭，大家立即投入紧张的执笔撰稿阶段。

当天下午三点钟，一份长达十余页的完整策划案打印稿，工工整整地交到了江南药镇领导手中。领导们一边阅读策划案，项目组一边汇报策划案的逻辑：针对当前药材行业面临的散小乱差局面，用极具引领意义的话题，指明药材产业发展方向；用高端主题邀请高端嘉宾；用高端嘉宾和主题的思想碰撞吸引权威媒体报道、吸引与会人员；用论坛前后报道制造影响力；用论坛影响力提升江南药镇位势；将本次江南药镇论坛作为起点确定下来，年年举办，并可以考虑跨区域举办江南药镇论坛，打造医药行业的小镇"达沃斯论坛"。

有了影响力预期，自然会吸引中药相关企业赞助，政府部门也不用每年为论坛预算发愁，赞助费用抵用会议预算甚至或可有盈余。咨询项目组自然可以借助本次活动，为未来实施招商奠定基础，可谓一举多得。

在总体目标的指导之下，主题为"第四次工业革命浪潮与中药材产业包容性发展新机遇"的论坛设定了七个子命题，分别是：

"借势第四次工业革命浪潮实现中药材产业弯道超车"；

"包容性发展理念下的中国宏观发展政策导向"；

"大盘山野生中药材自然保护区及江南药镇的发展使命"；

"中药制药行业如何适应现行医改政策的需要"；

"智能科技与道地药材融合创新，做精品中药配方颗粒"；

"我国中药材产业的战略机遇与发展空间";

"区块链技术应用于中药材溯源与资产数据化交易"。

这七个子命题内容重视"江南药镇、中药材、道地性、新技术应用、环境、机遇、前瞻性、包容性"等概念，其核心是"发展问题"，内在联系是大环境下"产业、小镇、企业"发展的协同性。话题聚焦于当前中药行业普遍关切、又尚未被其他相似的论坛所关注的热点话题，彼此勾连，互为论证，总成系统，在企业及小镇如何利用科技的力量、与国家中医药战略协同、省级区位经济及产业转型升级、实现超常规发展等方面的战略战术上，具有导航意义。

从接受命题、到思考立意、到拿出完整策划案、到方案解读，一系列动作在短短三个多小时内完成，且思想超拔，具有落地性，江南药镇指挥部领导对项目组的看法立刻发生了变化。方案当天便汇报给了县委县政府，获得县委县政府的初步肯定。第二天，为了检查方案的可行性，他们拿着这份方案，找了两家中药企业尝试洽谈合作。其中一家企业领导看到策划案后当即表态："这个方案好，我们赞助10万元，能在论坛上给我们一个发言机会吗？"

好方案会说话！

2017年9月20日，论坛在江南药镇隆重召开。因为论坛主题思想高度和落地性兼备，顺利得到了国家级中医药科研机构、协会、院校、机关领导、行业龙头企业CEO等就各子命题登台演讲的承诺。而后，重磅话题加重磅演讲嘉宾，两大内容重磅叠拼，对新闻界构成了强大吸引力。会前有关论坛的新闻，被新浪网、搜狐网、中央电视台早间新闻、凤凰卫视以及行业各权威媒体纷纷主动、广泛报道。会前报道也再次吸引了更多的媒体和来自全国各地的中药行业专家和企业家报名参会，打造了"深山论坛彩旗飘，嘉宾千里齐聚会"的隆重场景。

因为论坛的精心设计，会后各媒体的新闻报道，向社会传递了精准的信息：中药材产业发展要点在于回归本质，出路在于"精品、道地性、原生态、科技、包容性"的融合，而发动机和策源地在相关条件天然具备的"江南药镇"。江南药镇在中药产业、中药文旅、中药景观、中药养生等方面的产业位势和要素吸引力，因为论坛内容的传播，在互联网上的背书基本形成。此时，在互联网上检索"江南药镇＋中药"，与咨询项目组进入之前相比，信息数量和质量都有了天壤之别。这一点非常重要，对于想了解江南药镇的人，尤其是有投资想法的人，会形成无形而有针对性的鼓励。

成功召开"江南药镇论坛"并不是咨询项目组的终极目标。项目组的目标是"江南药镇发展策略规划"和"招商引资",是帮助江南药镇引进行业头部企业投资建设,使发展策略落地。基于这个目标,回头看上述江南药镇论坛的策划和运作,都暗合了咨询项目组的"四因营销主义"方法论。在"四因营销主义"方法论的大框架下,形成了"论坛、发展策略和招商引资行动计划"三位一体的假设系统,并在论坛的设计上,便已经悄然地进行着招商引资的布局和铺垫。

"四因营销主义"方法论包括"结果导向的因果逻辑认识"和"执行方法"两大相互勾连的层面内容,并形成了上述"四因营销主义与践行魔鬼三角"模型(见图4-1)。在类似江南药镇发展策略规划和推动客方接受主方诉求的营销类项目上,"四因营销主义"方法论属于咨询项目组常用的解决问题的导航工具。

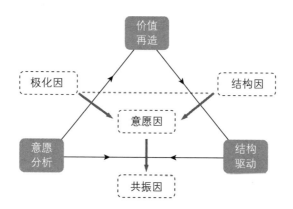

图4-1 "四因营销主义与践行魔鬼三角"模型

正如图4-1模型所示,虚线所示的4个要素,是以"意愿因"为中心的,所谓意愿因,即唯有有效激发客方的强烈意愿,才是赢得客方投入的前提。比如江南药镇论坛要为招商引资预热,就要将媒介传播作为要点。媒介传播如何能不用成本而具效果?论坛嘉宾的社会影响力和论坛主题便是关键。如何邀请到重量级论坛嘉宾?最终关键点必须锁定在论坛主题的创意上。如此倒推,可以找到调动一系列客方(包括论坛嘉宾、媒介、投资商等)强烈参与意愿的根本动因,核心要素在于论坛的主题是什么。于是,对论坛主题进行思想高度和客方价值的创新便是要点。在有限的时间内,项目组对论坛的主题价值不断再造,反复打磨,使之具有足够的吸引力,便是模型中的"极化因"。极化是对价值提升标准的要求，也是动作；极化过程，犹如打磨玉石成明器，务必让司空见惯的要素转化至"足具吸引力"；极化所瞄准的，必须是标的有关的客方"价值"，即"这事儿对它非常重要"。因此，极化过程，就是"再造客户价值"的过程。

江南药镇论坛主题的价值极化，首先瞄准的是嘉宾价值，以吸引到重磅嘉宾；而重磅嘉宾和论坛主题的价值极化，瞄准的是新闻价值，以吸引新闻媒体；重磅嘉宾、论坛主题和新闻媒体三者的价值极化，瞄准的目标是投资商。就短期来说，极化目标最终要为投资商到江南药镇投资发展的价值做足铺垫，这才是咨询项目组赋予本次论坛的真实意义。

因此，江南药镇论坛的一系列组合动作，旨在激发投资方的投资意愿。"四因营销主义"将"意愿"当作策略组合所共同瞄准的靶心，放在模型的中心位置，表达的是让客方达到某种特定认知，这种特定的认知正是我方所预期的"它应该拥有"。简而言之，它因此认为：我们到这里投资发展十分必要。

还有什么比客方强烈地想干主方期望的事儿更接近主方的目标呢？能够激发客方意愿的事（意愿因），必须具有独特性、超乎寻常或不可替代，而且不能是寻常的、司空见惯的要素。因此，需要极化这件事的客方价值（极化因）；针对客方的认知常识，需要将组合信息用结构化的方式，从不同方向、不同路线，有节奏地传递到客方的认知空间（结构因），足以形成客方对此事的综合认知；客方认知并相信，是需要环境氛围配合的，建立客方决策的群体共识或环境协同背景就显得非常必要（共振因）。

江南药镇论坛的七个子命题，通过新闻报道和各种形式的专题传播，在互联网等投资商常用信息检索地，呈现出与客方某些战略协同的信息氛围，龙已画就，尚未点睛，招商引资的点睛之笔已做足了背书。

"四因"是咨询项目组解决问题的认知逻辑，模型中的"魔鬼三角"则是行动指南。在招商过程中，项目组则活用"魔鬼三角"，深度分析目标客方的投资意愿（意愿分析），有针对性地帮助客方进行投资江南药镇项目的价值塑造（价值再造），然后运用结构化的方式，多线路投递我方为客方设计的"价值"到客方的心智空间（结构驱动），如此循环，直到彻底激发客方的投资意愿。简单来说：通过我们对客方的分析研究（意愿分析），找到它投资建设江南药镇对它的重大意义（价值再造），并将这些令人欲罢不能的理由有效地通过结构化的方法传递给它（结构驱动）。

下文的招商引资过程，可以深度领会"四因营销主义"逻辑框架下"践行魔鬼三角"的奥妙。

三、决战于策略

热热闹闹的论坛开起来了，政府部门与项目组最困难的初始磨合期总算是告一段落。然而项目组的目标并不是举办一个热闹的论坛。咨询的目标是为江南药镇梳理出短、中、长期发展思路。但是，不管怎样的产业定位、目标与发展策略，都必须是产业、建设者和资金兼备。因此，本次咨询的标志性成果是明确江南药镇发展思路的同时，还必须要推动产业性、重量级的投资方入驻江南药镇。产业自然是中医药产业，重量级是必须具有足够的品牌影响力。

江南药镇的7、8月份是美丽的，也是炎热和多雨的。为了寻求江南药镇问题的答案，项目组走遍了小镇的每一个角落，并驾车对小镇周边方圆二十公里的地形、地貌、历史、景点、植被、中药种植、工商、人文、民生等进行了翔实的考察。除当地政府部门以外，项目组又发动了各方力量，对国家机关、省政府、药监部门以及中医药相关的科教机构等进行了调研考察。堆积如山的大量资料被一一查阅，项目组将自己的身心完全沉浸于江南药镇及中医药行业中，思想在其间往来穿梭，深度思辨。最终，基于江南药镇的基础资源和条件，经过周详考虑，梳理出对策略制定和招商引资的十大认识，并延伸出相应的策略假设。

第一，基于中药材品质与千年的中医理论出现巨大落差，大盘山原始自然环境中的药材基因，对原始生态级别的药材种子培育应该具有极大价值，可以设法引入中国中医科学院等国家级科研机构在这里建设中药材种质资源库。

第二，基于传统中药材工匠日益稀缺且有断代风险的现状，并基于当地特色产业需要，可以思考与浙江省本土中医药大学合建磐安分院，培养专业技工。

第三，基于中药企业业绩成长压力和中药生产企业对原材料控制困难，如果江南药镇能携手各大中药企业，建立浙江省地产药材集散中心，短期内有望形成上百亿元的业绩增量，并建立品牌供应商优势。

第四，基于人们购买药材，尤其是药食两用药材的群众数量庞大，但购买者不知道到哪里能买到价格便宜且品质靠谱的中药材。江南药镇可以通过集中大企业、政府和商户的共同努力，在全国率先打造靠谱的精品道地药材采购中心品牌。

第五，基于国家大力支持中医药文化、中药养生及科技相关内容的普及传播，也基于品牌和竞争需要，可以考虑以"磐五味、浙八味"等品类药材为起点，拍摄单品种、单味药材历史传承相关专题片，推动磐安单味中药材在行业的独特竞争力。

第六，基于当地的药材资源基础和周边丰富的旅游线路，如果药材质量让游客认为可靠，并且价格便宜，以药膳、养生、药植景观等药文化为主题，江南药镇有可能成为周边丰富旅游线路的中间站，吸引到年千万人次级的旅游资源。

第七，基于当地居民家家户户有3~5层的独栋小楼，并且多房间闲置，如果将周边居民闲置的小楼房间集中改造、统一管理，可以有机会提振民居旅游、游客体验和休闲度假品牌。

第八，基于城市人向往乡村但窘于恶劣的生活体验，如果能够在这里提供一个简约大型的"生活园"场所，集城市咖啡厅、肯德基、影院、散步小径、休闲场、品牌药材选购平台等功能于一体，唯美宏大、极富特色，那么江南药镇可以提供身在小镇但不亚于大城市的生活体验。

第九，基于特色产业以及互联网、智能化、国际化、科研、工业、农业、监管服务等综合需要，可以考虑建设大型中医药产业服务综合体。

第十，基于中国缺乏新时代中药企业发展范式，如果江南药镇充分利用地缘优势，引入高品质医药企业，企业再与政府及科研院所联手，借助当地大盘山的原始生态优势，则有机会将中医药文化、特色建筑群、运营管理体系、品牌与旅游一体化融合，形成"庙堂可观赏，好药供采购，美景聚高才，品牌助营销"的多赢局面，必然会名利双收。

以产业为本，考量产业的技术、人才、原料等核心资源，以产业核心资源带动旅游资源，以旅游资源带动生活品质，进而反哺产业、创新产业。人流量、生活品质、科技、投资、产业资源等所有要素环环相扣、生生不息、互为生态，经过项目组的梳理和假设，江南药镇的吸引力接近于"本自具足，非同寻常"。

就这样，江南药镇的发展策略雏形在项目组心中呼之欲出。

1. 打开五维空间

基于以上认识和假设，江南药镇的发展方向基本明朗。一个核心：回归传统，打造精品道地药材体系。三大品牌：中国精品道地药材集散中心、浙江地产药材集散中心、基于中药的特色小镇"生活园"。三源互动：依托江南药镇论坛的影响力，把论坛建设成为招商引资、促进商贸、拉动文旅的桥梁，推动"中药特色产业、中药特色生活产业和中药特色旅游产业"三大特色产业形成互为生态且相互促进的发展模式，成为江南药镇可持续发展的三大原动力，将江南药镇打造成为"中国药材产业升级变革的策源地与发动机"。人流、产业、使命、经典特质兼备——这不正是江南药镇苦苦追寻的、独特的特色小镇品牌定位吗？

以激发意愿为中心，以上的规划内容，"精品道地药材"体系是为了满足消费者、医生、医疗机构、中药厂及保健原料厂等药材需求者的"意愿关切"；三大品牌背后是药材经营资源的"集中"和"生活体验升级"，意味着庞大的经营业绩潜力和人才留驻，有望激发中药头部企业投资江南药镇的意愿。同时，可以帮助投资企业赢得广大中药企业或采购商的购买意愿。"三源互动"及"发动机"的提法，不仅让投资商看到彼此之间的相互支撑，坚定投资意愿，而且为未来省级乃至国家级的战略协同、共同发展江南药镇提供足够的意愿背书等。总之，所有策略的结构设计和发展定位都紧紧围绕"人的意愿"这个核心，并明确了整个发展历程中的短中长期策略及愿景，形成了龙头中药企业、小镇特色生活建设企业、旅游企业三大产业相互榫卯、相互赋能，品牌空间、位势空间、产业空间、人文空间和城镇特色化空间这五维发展空间相互呼应、共促张力的结构化发展策略体系。

2. 形成要素六合

江南药镇策略结构的外三合：中药材产业与相关高端资源（比如国家级中药材种质中心、相关院士研究基地等）匹配性要统一；精品道地药材基地品牌与游客购买靠谱药材、中药材衍生生活体验等需求要统一；所有建设投资项目与营利性要统一。

江南药镇策略结构的内三合：特色核心优势必须与支撑性主业相合；政府对

小镇愿景必须与核心企业战略相合；核心企业战略必须与小镇空间相合。

想透了上述策略与要素，项目组一位喜好传统文化的顾问兴奋地说："打开空间，蛟龙生焉。要素六合，聚仙迎佛！"

四、成功招商

江南药镇的建设使命必须依靠企业家和大型企业的投资建设者，最终落脚在企业家的人生意愿和坚定决心上。同时，特色小镇终归是"人"的小镇，要就业，要尊严，要立功、立言、立德，要生活品质。江南药镇的发展策略，首先是融合了大型企业关于江南药镇的发展策略，只有大企业的决心和投资，才能做到真正的策略落地。因此，江南药镇咨询项目的核心使命是协同政府，对中医药和文旅景观两大领域的产业资本进行招商引资。

1. 追问意愿，锁定目标

项目组将上述十大认识和假设进行结构性的整合，初步完成了江南药镇发展策略、假设系统和预期情境。之后，项目组一边总结编制项目报告文案，一边迅速投入力量对中医药及文旅景观两个行业进行系统梳理和研究，依据产业规律和趋势，去选择与江南药镇发展策略匹配度高的大企业。

谁是江南药镇理想的建设者？在这些理想的建设者中，谁更有可能对江南药镇投资动心？如何让可能动心的企业家产生不能不来投资的强烈意愿？这就要应用"践行魔鬼三角"——首先分析意愿。

对于可能的投资方，项目组认为江南药镇至少需要给出四大理由：其一，该企业在江南药镇的投资行为与企业自身的战略要高度协同，通过江南药镇的加持，能使其战略优势凸显；其二，在江南药镇的投资，要尽量快速实现，或者拉动企业的绩效，或者可以帮助企业提升市值；其三，不需要企业承担巨大风险，或者说投入产出周期应足够短且可承受，不至于拖累企业；其四，江南药镇附带的系统资源最好能为企业带来富有协同性的"意外之喜"。总结起来就是，在战略层面与江南药镇可协同、在投资层面可行、在风险层面可控且还能有额外附加值！

对以上四大理由有感觉，并且可以产生意愿的企业家一定是极具创新、开拓精神，对机会敏锐、胸怀使命感且富有远见的。依据这样的方向，项目组对中医药行业、生物医药行业的百强企业和园林景观并兼具文旅战略的优势企业进行扫描，从全行业缩小到百家，从百家剥离剩十家。如此层层剔除与筛选，数量不断缩小，同时项目组检索了目标企业家在各种场合的发言、报告，并收集了目标投资企业大量的资料，展开了深度分析。

最终，项目组将准投资方目标锁定在K集团和D集团。这两家企业的董事长都是行业公认的思想家，仁爱、责任与使命感兼备，勇于创新突破，在社会上口碑良好，影响力较大。项目组基于江南药镇的资源禀赋和策略系统，为这两家企业在江南药镇的发展分别设计了一套策略，每套策略都分别体现了江南药镇在对方企业战略中的现实意义，同时江南药镇的自身资源禀赋与现有企业间可形成严密的榫卯结构，相互赋能，"践行魔鬼三角"中的"价值再造"应用接近完美。

项目组认为，如果这两家企业都能来江南药镇投资建设，前面提到的所有假设都有希望成为现实，彼此赋能的逻辑具有高度现实性。

完成目标和路径思考后，在逻辑上便可以彻底打通。剩下的就是"践行魔鬼三角"模型中的第三项，结合规划中论坛前后的诸要素，继续实施"结构驱动"，将我们的研究成果推动到企业家认知空间并被采信，简单来说，就是选择接触路线、择机"献图"，进行画龙之后的点睛之笔。

2. 论坛搭台，招商成功

项目组为K集团和D集团设计的策略，首先考虑的是企业、员工、社会和江南药镇的多赢和共赢，并考虑如何充分发挥江南药镇的价值来提升企业价值。价值是天然存在的，项目组只负责发现和打磨，经由打磨的策略价值能通过某种方式表现得非同寻常时，沟通便可实现"三言两语就让对方怦然心动"的画龙点睛效果，这暗合了"四因营销主义"下"践行魔鬼三角"的模型指导的方法论：意愿分析、价值再造和结构驱动。

意愿分析准确，则价值塑造到位；基于客户价值，用结构化方式推送到客方面前，提前准备好到位的价值塑造，会让沟通变得简单。但是，要见到企业家，向他传递价值并不是件容易的事。如何让"本自具足"，经由打磨的价值让投资方接收到？则必须要进行结构化的通道设计。"江南药镇论坛"在接触企业家这条道路上，正好派上用场。

在思想层面，针对"第四次工业革命浪潮与中药材产业包容性发展新机遇"这个论坛主题，项目组对"第四次工业革命浪潮""包容性发展""新机遇"进行了详细的解读；在宣传层面，论坛开始前便得到了各大门户网站、自媒体的认可，并以新闻等各种形式展开报道、推广，使得论坛具备了相当的影响力。思想性和影响力叠加，论坛在企业家心中的地位被升格为关系行业发展走向和企业预判趋势的智慧论坛。业内甚至认为，"非国家顶级机构、顶级大咖没有资格登坛论道"。

项目组在论坛的组织过程中，帮助江南药镇建设指挥部邀请到了众多有权威性的演讲嘉宾，只专门为K集团董事长预留一个空位话题，这家企业产品品质过硬，经营扎实，长期以来是中国中药、植物药新时代的引领者，也是名副其实的行业领导者，这样的演讲机会，非其莫属。

2017年8月末，项目组在邀请K集团董事长参会的过程中，特意向其传递了江南药镇对K集团的战略机会，如小镇中药材集散地潜质和精品道地体系目标对K集团的百亿元预期的业绩贡献和品牌价值；小镇空间、中药人文底蕴、小镇梦想及地方政府的决心对K集团建设成为中药示范企业的价值；小镇对K集团发展空间和中远期社会位势的重大意义；中药品牌价值与庙堂文化融合对消费者品牌认知的重大意义；小镇特有的原生态生活环境对科研人员及中药种质资源的重要性等。其中，小镇资源对短期内快速提升K集团业绩的逻辑和中远期以精品道地为统领，企业与地方政府携手，共同推动中国中药材产业升级的社会责任的提法，K集团董事长表现出了积极的兴趣。

项目组立即安排K集团董事长与磐安县领导就投资合作事项进行了电话沟通。9月20日，K集团领导参加了论坛并进行了演讲，项目组抓住机会推动K集团及磐安县双方领导进行了有关合作发展的交流。10月份上旬，K集团做出决定，将投资10亿元在江南药镇开展建设"浙江地产药材集散中心"。

与此同时，在磐安县政府的积极推动下，项目组与磐安县政府领导一起分别拜访了D集团董事长及高层领导，用项目组事先拟好的《D集团江南药镇投资项目策略建议报告》，传递了江南药镇对D集团的战略价值，以及植物药行业龙头K集团的投资决策。"报告、高层拜访、互联网背书、中药龙头企业K集团的重磅投资方向"等恰好暗合了D集团的战略关键——意愿初步建立。很快，D

集团专程安排投资人员到江南药镇考察，并决定以文旅景观和小镇生活服务为导向，投资共建江南药镇。

2017年11月26日，江南药镇所在地区金华市召开了"金华发展大会"。在金华市政府和新闻媒体的见证下，两家企业分别与磐安县政府签订了对江南药镇的投资建设协议，金额分别是10亿元和30亿元，相当于江南药镇最初期望值（5亿元）的8倍。

在极短的时间内赢得了大份额的招商引资，被广泛评价为神奇。神奇是不存在的，所有的神奇，都是基于一切为客方着想，站在客方的角度指引我方行动。其背后是在"四因营销主义与践行魔鬼三角"模型的指引下，项目组将论坛、互联网等舆论背书、意愿分析、价值再造、结构驱动联合应用。客方在接触信息、信息论证和实地考察过程中，几乎所有信息表面看都是无形、无意识的存在，实际上几乎都有明确的靶点指向，足以帮助客方在短期内便可有足够的理由做出正确的决策。

五、咨询报告及成果影响

2017年10月上旬，项目组向磐安县委、县政府及江南药镇建设指挥部等领导汇报了"江南药镇发展策略"。与会领导纷纷表示："我们在这里许多年，甚至很多领导干部就是生在这里、长在这里，我们对江南药镇的理解、对磐安的理解，与项目组提交的报告比起来，竟然相差太远。项目组的工作细致、翔实、有洞见，方案适合江南药镇，为江南药镇中远期发展指明了方向。项目组进入3个月，帮助成功召开了'江南药镇论坛'，超额完成了预定的招商引资目标，无论是策略还是成果，都远远地超出了我们的预期，我们非常满意，感谢和君咨询。"

项目组不仅成功推动达成了40亿元的招商引资项目合作，还建立了包括高端科研机构、医疗养生、文化、生态、环保等众多项目投资意向，形成了扇形投资洽谈商组团结构；浙江省相关领导知道了江南药镇的变化和咨询成效后，特别邀请和君咨询，在江南药镇开设了全省医药健康类"特色小镇招商引资研习班"，要求浙江全省各地的特色小镇建设指挥部向江南药镇学习。

2018年，在和君咨询的策划和支持下，江南药镇成功召开了第二届"江南药镇论坛"。论坛的连续成功召开、K集团等大型企业的投资落地，给了众多投资方投资信心，江南药镇的投资建设形成了集聚效应，也给了浙江省政府支持江南药镇发展的更大信心。马太效应迅速呈现，各种支持力量如潮水般涌入小小的江南药镇，成为当年浙江引资建设的标杆。

如今，江南药镇与咨询前比较已经发生了翻天覆地的变化。基础设施、城镇景观、产业影响开始呈现，一个具有中药产业特色的"产、城、旅、文、人"一体化的经典特色小镇，以日新月异的效率不断为远方的客人带来新的惊喜。在产业园区及特色小镇发展策略和招商引资的社会话题上，江南药镇已经成为颇具知名度的经典案例，被广为传播。

六、思考与启示

第一，每一个招商项目必有特定的投资方

招商引资是产业园区和特色小镇建设的主要工作。很多地方将招商引资工作理解成"搞关系"，发动几乎所有能调动的人参与招商引资工作，号称"全民招商"，往往效果不够理想。

江南药镇也同样经历了全民招商的过程，每年接待数百个考察团，但效果并不理想。和君咨询项目组进驻后，首先进行的是策略规划。在策略的基础上，有针对性地精准施策，只接触两个投资方，便带动了招商整体工作的快速成功。取得如此精准效果的背后逻辑，是充分理解自己的资源优势，根据自己的资源去筛选适配度高的投资方，站在投资方的角度，充分考虑投资方的需求，才取得"战必克、攻必取"的成效。

每一个需要投资的建设项目，都有它特定的投资方。问题在于彼此能不能实现认知共识？投资方投资与否，决策源头并不在投资方，而在于招商一方对自我的了解程度如何？是否知道什么样投资方属于这里？用什么样的理由来打动准投资方？

第二，特色小镇建设应当以人为本

对于自然禀赋不足，需要努力提升产业特色的特色小镇或产业园区来说，要实现长期、可持续发展，就必须吸引至少一家大型的行业头部企业来用心建设。借助这家大型企业的供应链体系，小镇可以形成产业集聚效应，对众多中小配套企业的竞争力赋能，保障小镇产业持久的竞争力，这是特色小镇或产业园区经久

不衰的必要前提。

但大企业能够落地并不是一件简单的事情，首要问题就是小镇的环境如何适应大企业高层次人才的需求。真正的梧桐树，是在小镇具有不亚于大都市的良好生活体验。这就要求我们在建设小镇的过程中，充分考虑各个层级的企业、各个层级的人才，对于在小镇生活究竟有什么样的需求？他们喜欢什么？不喜欢什么？希望这里有什么？没有什么？等等。

同时，生活环境的建设，还不能脱离小镇的本身特色，否则就是把一个都市小商圈搬到了小镇。小镇原有的文化特色是什么？如何保留？如何与未来的主力人群期望的生活方式融合起来？这些问题在小镇建设初始就要一一思考好。建立起以人为本的小镇人文、生活环境，既传承了小镇原有的特色与文化，又符合现代人的生活理念，是特色小镇建设的核心之一。

第三，招商引资本质上是营销问题

招商引资要尊重营销规律，违背营销规律自说自话的招商多是撞大运。不满足投资方的需要，区域的优势再多也是无效的。如何运用营销技术，让投资方认为这对它"太重要了"，是众多区域招商引资必须弥补的短板。

江南药镇所在地磐安县政府，将小镇可持续发展问题作为先决条件来考量，不愿意放低条件做房地产，对本来招商引资就困难的江南药镇无疑是难上加难。但江南药镇的招商，立足于客户，充分挖掘、塑造、打磨价值，在彼此遇见之前，便使投资方与小镇"神交"，让招商引资成为"动必胜，说必成"的简单事，证明了项目组选择"四因营销主义"方法论的实践价值。

资本与产融互动篇

注册制正在引发企业上市的浪潮,深刻影响各行各业的竞争态势,怎样开展产融互动,成为越来越多企业的战略命题;怎样进行市值管理,成为越来越多上市公司的操作难题。 本篇讲述了三个实操案例,分别从企业、投资机构和政府三个维度,诠释怎样开展产融互动。

第五章
市值管理的理念与实操
——某上市公司的实操案例

作者：南春雨

什么是沙漠之花？在资本市场上，有一些公司长期被市场忽略，分析师不关心它，基金、保险等机构投资者不买卖它，媒体不报道它，人气和资金不流向它，所有主流和热点都跟它无关，它像是生活在人迹罕至的沙漠深处，自生自灭、听天由命。这是一个被市场边缘化的寂寞公司群体。就在这个寂寞公司群体里，往往隐藏着资产质地优良、变革前景广阔的好公司或潜在好公司。它一旦被发掘出来，就会像花朵一样美丽绽放。这样的上市公司，人们给它取了一个称呼——沙漠之花。

下面我们跟大家讲述一朵沙漠之花的市值管理案例。

一、A 公司是寂寞公司群体里的一员

一家在上交所（上海证券交易所）上市的公司（以下简称：A 公司），历经十几年的发展，最初做建筑材料业务，后来进入房地产行业，再后来又发展了制药业务，最终形成了三块业务混杂的多元业务结构。

大家知道，在纽约、伦敦等成熟的资本市场上，业务多元化公司通常估值比较低。为什么呢？原因之一是，资本市场上的分析师，通常是按行业来分工的，比如医药行业分析师、汽车行业分析师、食品行业分析师等。但 A 公司业务由三块构成，建材分析师看不懂制药和房地产业务，所以他无法给这个公司做分析、给估值；他给出估值，也不具有专业权威性，因为你只懂其中的部分，而不懂公司的整体。同理，医药分析师看不懂房地产和建材业务，也无法给这个公司做分析、给估值。换句话说，对于业务多元化公司，分析师通常不将其纳入覆盖和持续跟踪范围，或者对其的分析报告缺乏专业权威性和可信度。于是，这样的公司就缺乏及时传递到投资者和市场里去的有效信息，久而久之，它逐渐被市场遗

忘，没有资金流向它，市值自然萎缩。当然，这类公司估值不高，还有更深层次的原因，比如业务庞杂、主业不明，给市场传递出战略不清晰、资源分散配置、缺乏核心竞争力、老板投机性抓机会等印象，使得人们不看好公司的前景。

A公司就是这样一家被市场冷落和遗忘的公司。第一，机构投资者不注意它，公司前十大股东，没有一个机构投资者（机构投资者是指基金、券商、资管、保险公司等）；第二，没有分析师跟踪它，最近的一篇分析研究报告是在几年之前写的；第三，媒体报道少，网上搜索该公司基本没有多少信息呈现；第四，上巨潮网把它的公告调出来看，都是一些常规性的公告，每年只有寥寥几篇，非常少；第五，在各种炒股群里，很少有人提及它。

这种冷落和遗忘的直接后果是，A公司在资本市场上的知名度很低，股票流动性差，估值水平低于沪深股市平均水平，市值小，上市十几年时间了，市值在十几亿元至几十亿元之间波动。

这样的现状直接导致该公司股价低迷，股东财富缩水，融资和并购的空间被压缩，公司品牌没有影响力。这些情况，反过来成为公司经营和产业拓展的阻碍。A公司除了通过IPO实现了几亿元的融资，上市十几年来，一直没有做融资、并购和股权激励，上市平台和资本市场的功能未能得到充分利用。如果放任这样的状况持续下去，那么A公司上市何益？上市的成本何以回收？

把这样的公司现象放大到整个资本市场，如果一个个上市公司都这样无声无息，在资本市场上无所作为，不融资、不并购、不拓展、不激励，那么，上市公司群体的质量怎么提高？券商的业务来源出自哪里？投资者的资产怎样配置和保值增值？中国的资本市场怎么发展？换句话说，做好市值管理，不仅是某个企业的经营问题，也是中国资本市场的发展问题。

二、A公司如何开展市值管理

A公司应该怎样改变？首先应该从战略分析着手。

1. 业务结构分析

在总资产结构方面，A公司的医药业务占50%，建材和房地产业务分别占25%；在主营业务利润结构方面，医药业务占了绝大多数，贡献了70%的利润，房地产业务贡献了29%的利润，建材业务贡献了1%的利润（见图5-1）。

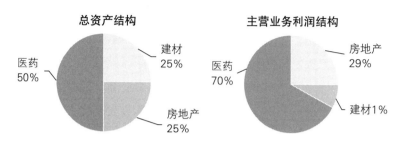

图 5-1　A 公司的业务结构分析

把资产比重与利润贡献进行对比分析，建材业务占有 25% 的资产，却只贡献 1% 的利润，说明这块业务的盈利能力很差，主要原因是公司新上了一个新材料研发项目，投入了大量的研发资金，还没有产出，但研发取得了重大进展，有望突破。房地产业务，盈利能力较强，但规模不足，没有形成可持续发展的能力。医药业务占有资产的 50%，贡献 70% 的利润，是三块业务中盈利能力最强的，这可能已经暗示了 A 公司的未来主业方向可以做大、做强医药业务。但医药业务缺乏战略布局，投入不足，品牌影响力有限，管理落后，对外扩张能力严重欠缺。

2. 行业研究

对三个行业开展调查研究、评估产业机会，得出的结论是：第一，医药医疗行业大有发展前景，医药医疗体制改革、生物制药兴起、移动互联网医疗的兴起、精准医疗的技术突破是主要机会来源，竞争态势多变，产业终局未定，这意味着，存在参与竞争的机会；第二，房地产行业发展高峰期已过，行业寡头已经出现，A 公司没有核心竞争力和可持续发展能力；第三，传统建材行业跟随房地产的走势，市场机会不大，新兴建材行业，有待新材料技术的研发与突破，A 公司的新材料研发项目，方向是对的。

3. BCG 矩阵分析

根据上述结论，把 A 公司的业务组合放置在 BCG 矩阵里，A 公司的业务结构应该怎样重组、未来战略主业应该怎样选择，就一目了然了。房地产是现金牛偏瘦狗业务，宜剥离。传统建材是瘦狗业务，应该剥离；新材料研发，如果成功，前景好，但成败未卜，是问号业务。医药业务，行业前景广阔，可以发展成为明星业务（见图 5-2）。

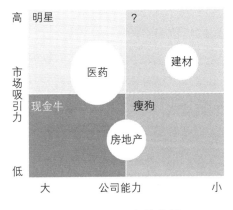

图 5-2 BCG 矩阵分析

4. 战略选择

第一，明确未来主业，大力发展医药业务；第二，剥离房地产业务，变现为资金，投入医药业务中；第三，分拆建材业务赴新三板挂牌，以新材料概念引进投资者、实现融资、推进研发。经过这样的业务和资产重组，A 公司最终变成为专注于医药业务的主业突出公司。

5. 规划 A 公司医药产业发展战略

第一，树立使命、愿景；第二，明确战略目标；第三，制定战略步骤；第四，进行资源配置；第五，启动组织变革；第六，制订实施计划和保障措施；第七，明确绩效考核和激励机制；第八，制订工作计划，并付诸实施，展现出 A 公司全新的面貌和广阔的前景。

通过上述分析、重组和主业发展规划，A 公司彻底告别业务结构混杂、主业不清的状况，重新塑造产业前景和公司价值。我们把这个过程，理解为是市值管理的价值塑造环节。

和君咨询反复强调：不在价值塑造环节上下功夫，转而去投机逐浪、运作股价，那是舍本逐末，是打着市值管理幌子的歪门邪道，绝非市值管理之正道。上市公司做市值管理，一定要走正道、立正业，避免误入歪门邪道。

在价值塑造环节之后，应该是价值描述环节。经过上述价值塑造之后的 A 公司，应该怎样定义和描述它的价值？假如你是 A 公司的董事长，面对分析师、财经媒体和投资者，你应当怎样描述公司价值、提出合理的估值要求、表达合理的股价预期、引导资本市场正确看待 A 公司呢？

在这个阶段，A 公司的价值描述，核心内容至少应该突出三点。一是告别过去、明确主业：重组业务结构，剥离房地产业务、变现为资金、投入未来主业；分拆建材业务、赴新三板挂牌；聚焦医药业务，突出主业。二是走向未来、建立预期：明确医药主业的发展战略和增长计划，用事实、数据和行动，证明行业机会的现实性和公司增长计划的可行性，展示出公司清晰的思路、具体的方案、有力的行动举措、必胜的信心。三是标杆分析、估值比价：通过对国际、国内标杆企业的分析，证明市场是现实存在的、商业模式是有效的、增长计划是可行的，通过估值比价引导分析师和投资者对 A 公司给予符合当前市场行情和估值水平的正常估值。

请注意，A 公司的这个价值描述三部曲，几乎可以成为一个模型，适用于很多上市公司的转型与新生阶段。当然，不是对所有上市公司都适用，也不适用于一个上市公司的所有发展阶段。稍微想一想，中国有多少公司正面临着转型与重构的阶段，这是上市公司里的一个大群体，从这个公司群体中，通过价值重塑和价值描述，可以跑出大量的"乌鸡变凤凰"牛股。A 公司后来就变成了一只这样的牛股。

对于价值描述，不一定要写出一份完整的价值分析报告，价值描述可以体现为各个方面、各种形式。我们摘取其中几条。

第一，最重要的体现形式，应该体现在公司的季报、半年报和年报以及各种信息披露里，公司年报里的董事会工作陈述和工作计划、公司经营管理回顾和工作计划，尤为重要。

第二，公司的财务报表未必需要多少短期见效的利润，但一定要及时反映业务结构调整的进展、医药主业的改进、布局与突破情况。

第三，公司的网站、微信订阅号、企业简介、宣传资料、路演资料、业务或产品展览厅的呈现、企业 VI 形象，甚至是公司办公室的装修风格和陈设布置等，都要体现出公司的新主业、新战略、新面貌。

A 公司长期被市场冷落和忽略，在热闹非凡的资本市场，它仿佛独自生活在荒凉的沙漠里，显得无声无息、渺小而低沉。在上述价值描述和价值呈现下的 A 公司，却可以变得惊艳起来，三级利好清晰可见（见图 5-3），且主业突出、前景广阔，一朵美丽的沙漠之花呼之欲出。

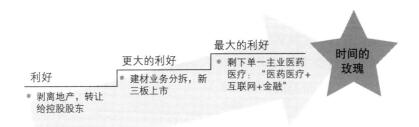

图5-3　A公司的三级利好

在资本市场里，上市公司是对外发行和卖出股票的，上市公司和为上市公司承销股票的券商，被称为卖方，与此对应，基金等投资者是买股票的，被称为买方。自古以来，我们都知道一句话，买的没有卖的精，因为卖东西的人深知自己的产品、成本等，不会做赔本买卖，而买东西的人却不了解对方的底细，容易吃亏上当。然而，在资本市场上，我们常见的情况是，作为卖方的上市公司，经常是"一团糨糊"，从董事长、总经理到董秘或财务总监，面对资本市场，说不明白自己公司是什么、将来去哪里、会变成什么样、应该值多少钱（估值），对内没有形成统一认识甚至缺乏这方面的意识，对外也给不出一个"说法"，没有能力去引导资本市场正确理解自己的公司。对这类公司来说，确立价值描述意识、做好价值描述工作，尤为重要。

从价值塑造到价值描述，之后应该做什么了？

在做完价值描述之后，是"价值传播"环节。所谓价值传播，可以笼统地理解为做营销，就是面向资本市场的营销，建立、深化、维护和管理客户关系，资本市场的客户就是投资者及利益相关者。对于美国上市公司来说，往往设有一个专门的投资者关系岗位或部门（Investor-Relationship，简称IR），负责IR工作。

针对中国资本市场的特点，和君董事长王明夫先生创造性地提出了4R概念，所谓4R，是指投资者关系IR（Investor-Relationship）、分析师关系AR（Analyst-Relationship）、媒体关系MR（Media-Relationship）和监管者关系RR（Regulator-Relationship）。4R概念的提出，把价值传播环节的主要工作维度，做了一个既全面又简明的概括，有着很强的工作指导意义。

A 公司虽然上市十几年，但长期以来没有 IR 概念，更没有 4R 概念，不了解资本市场的分工体系和各相关者群落的"习性"，不知道怎么跟资本市场打交道。这次战略调整和价值重塑后，A 公司首次确立价值传播的意识，通过走出去和引进来的方式，开展路演。所谓走出去，就是主动去上海、深圳、北京等机构投资者密集的城市，走进券商、公募基金、私募基金、资管机构、保险公司等投资机构，向它们介绍公司的业务调整、发展战略、增长计划和最新动态，听取它们的意见，争取它们的认同。所谓引进来，就是把分析师、投资者、财经媒体请到公司来，让他们了解公司、认识公司、认同公司的做法、看好公司的前景。

随着价值传播工作的推进，A 公司的股票慢慢地走出了"沙漠"，走进了分析师和投资者的心目中，引起了它们的关注。券商研究员陆续推出 A 公司的研究报告，机构投资者陆续买入 A 公司的股票，一年时间内，A 公司成为市场人气很旺的热门股票，股价涨幅达到了 120%，而上海综指同期涨幅只有 5%。前二十大股东全部为机构投资者。A 公司成为当年的明星股，推出 A 公司研究报告的分析师成为当年行业第一名的明星分析师。

从价值塑造到价值描述，再到价值传播，这一系列过程带来的效果显著，令公司市值翻倍，但仅仅股价涨了，是不够的。市值管理，应该还有一个不可或缺、特别重要的环节，那就是价值实现环节。

公司股价涨了之后怎么办？如何把市值增长转化为公司在产业上的竞争优势和发展动能？第一，A 公司开展定增，实现融资 20 多亿元，投入到医药主业的产业布局和能力建设中；第二，对医药行业，开展并购整合和创新孵化，利用自己的上市地位、资金优势和估值优势，收购同业项目，整合资源、合并报表、增加业绩，推动股价；第三，对现有的骨干人才进行股权激励，同时通过股权激励吸引外部人才加盟，把他们的工作绩效和利益，跟公司的市值增长挂钩，目标一致、上下同欲、调动士气、鼓舞干劲，绑定人才队伍；第四，控股股东用股价上涨之后的股权做质押，进行融资，用于收购 A 公司的地产业务，为 A 公司注入现金，投入到医药主业里去。

通过上述一系列的价值实现作为，A 公司完成了"脱胎换股"的转型与新生，从一个业务庞杂、前途迷茫的公司，转型成为一个战略计划明确、医药主业突出、资金实力雄厚、并购整合敢干、创新孵化活跃、人才士气高昂的医药行业后起之秀，雄心勃勃、异军突起，市值的增长转化成了产业上的发展势能和竞争优势,产业上的发展势能和竞争优势,又维持和推动着市值的增长。

至此,A公司完成了市值管理的第一轮完整循环:价值塑造→价值描述→价值传播→价值实现→价值塑造……

整个过程中,董秘是关键角色。一个无所作为的、平庸的董秘,不可能推动A公司和战略咨询公司、分析师、投资者、券商等各方面,共同来完成这样的一个公司再造过程。A公司的董秘,成为和君商学院的学员,在当年被权威榜单评为"金牌董秘"。和君咨询经常表示,一个杰出的董秘,应该就是一个杰出的投资银行家,是长袖善舞的资本高手。为什么董秘如此重要,怎样成为一个杰出的董秘,和君商学院有专门的董秘培训班,有系列培训课程。

三、市值管理的理论与方法论

上面我们讲述了一朵沙漠之花的故事,系统地梳理了一个上市公司具体的市值演变过程,从微观视角上看,介绍了市值管理的理念并展示了实操的过程。现实中,每一个公司的情势、追求和约束条件,是各不相同的,因此,各家公司开展市值管理的具体分析、操作内容、过程、效果,注定是各不相同的,甚至大异其趣。

但,价值塑造→价值描述→价值传播→价值实现→价值塑造……这个理念和整体逻辑,可以成为一个适用广泛的市值管理方法论模型(见图5-4)。

市值管理,应该是"价值塑造→价值描述→价值传播→价值实现→价值塑造……"良性循环的持续过程。每一轮的循环,始于价值塑造,过程需要价值描述和价值传播,终于价值实现;上一轮市值管理的终点价值实现,又成为下一轮市值管理的起点价值塑造,如此循环往复、周期接续,形成上市公司运行中的产融互动,推动上市公司螺旋式上升、可持续发展。

图5-4 市值管理方法论模型

第一是酒要好,第二是酒好也怕巷子深。一个上市公司,首先需要质地好、价值优;然后需要把自己的价值营销出去,讲究适销对路,得到资本市场"消费者"(分析师、投资者都是资本市场的消费者)

的认可。在这两点上,资本市场和产品市场是完全一样的。市值管理从大处说,也就是管理两个方面:一方面是公司的产业基本面;另一方面是公司的资本市场面。所谓市值管理,在某种意义上,就是管理一个公司的一切。可以把市值管理模型理解为战略模型。

上市公司一定要摆正观念:市值管理不是炒股票,不是搞一轮股价,市值管理应该是循环往复、相互驱动、螺旋上升的,是资本经营思维对产品经营思维的扬弃和超越,是现代产业竞争的高阶境界。

在资本市场上,股价是永恒波动的,而且经常展开非理性运动。我们假定一个良性的、可持续发展的上市公司,它的内在价值(Intrinsic Value)走势是一条斜率正常的稳定增长直线,那么它的股价和市值走势则是围绕这条直线而波动不息、测不准的曲线(见图5-5)。我们把示意图中的这条曲线,称作是上市公司的魔鬼曲线。此称"魔鬼",不是指它邪恶,而是如魔鬼身材的说法,喻其似妖非妖、魅惑诱人。

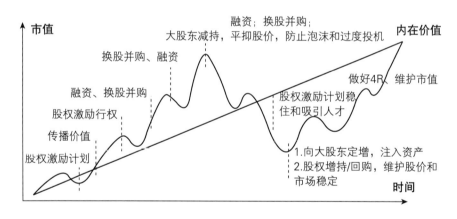

图5-5　上市公司的魔鬼曲线

市值管理的挑战和意义就在于,熟谙股价波动的机理和规律,把握资本市场运动的周期,利用这条魔鬼曲线的波动,在适当的时候开展适当的资本运作。

在市场冷、股价低的时候,专心经营产业、建设组织能力、聚合人才队伍、推行股权激励、回购或增持股份、做好4R工作、传播公司价值;在市场热、股价高的时候,大力开展融资和换股并购、增发股份、大股东减持股份以平抑股价、防止泡沫和过度投机等。资本运作最终转化成为公司在产业经营上的发展势能和竞争优势,促进公司内在价值的生成和增长。内在价值的生成与增长,又反过来推动股价和市值的增长,为股东带来投资收益。产业经营与市值波动之间,相互借力、传导、推动，最终形成互为因果、相生互动的良性循环（见图5-6），是市值管理的正道与境界。

市值管理，是一个比较前卫、比较敏感的话题，证券监管部门、上市公司、券商、投资机构、财经媒体都比较关心这个事。相关的理解、论述、事件、案例、报道有很多，但关于市值管理，理论界和实务界或法律上和商务上，迄今尚未形成相对成型、广被接受的认识和做法。借用一千个观众就有一千个哈姆雷特的说法，市值管理目前的状况是，一千个人就有一千个市值管理概念。

妙处在于：互动与循环，预期自实现

• 资本市场 • 产品市场
• 产生市值 • 产生利润

图5-6　市值管理的正道与境界

什么是市值管理？怎样界定它的内涵和外延？怎样做市值管理？市值管理与股价操纵怎么区分？如何防止市值管理过程中发生内幕交易、市场操纵、证券欺诈等违法违规行为？

上市公司和资本市场的健康发展，需要建立怎样的市值管理思维。

我们回到一个简单等式：市值=E（Earning，利润）×PE（市盈率）。

E是产业经营的结果，属于产品市场的事。PE是资本市场给出的估值水平，它的影响因素和形成机制，属于资本市场的游戏规则。资本市场为什么给某些行业、某些公司高估值，而给另一些行业、另一些公司低估值？这种常态，合理和有效吗？估值波动的影响因素和平衡机理是什么？这实在是一言难尽的问题。从金融学上看，芝加哥大学的法玛教授提出的有效资本市场假说，和后来流行的混沌资本市场假说，从学术上研究这个问题，发展成为资本市场理论的两大流派。两大资本市场理论的假设和旨趣水火不容，但它们都达到了诺贝尔经济学奖的学术量级，法玛还因此获得了诺贝尔经济学奖。有学术志趣的人，应该去研究它们。但它们对上市公司的市值管理实践，几乎没有多少指导意义。

从等式看，上市公司提高市值的基本途径有两条：一是提高经营利润——上市公司的产业面（或称基本面）；二是提高估值水平（市盈率）——上市公司的资本面。由此自然导出的结论是：市值管理，既要管理经营利润（产业面），又要管理估值水平（资本面），而且还要管理它们二者之间的因果传导和互动关系，以实现企业价值最大化和可持续发展。从这个意义上说，市值管理就是管理一个公司的一切，它是企业经营管理的集成概念，属于企业总成原理的顶层设计范畴。

这就是和君建构的市值管理理论的基本逻辑和轮廓形态。它简单得纲举目张、一目了然，就是上面这短短的一段话；又复杂到深厚丰富、奥妙无穷，沿着产业面、资本面和产融互动关系这三个维度，它蕴藏着无穷无尽的内涵纵深，可以层递连通和活用经济学、金融学、管理学、心理学、社会学、传播学、法学、政治学的一系列理论与事实。

在这个市值管理逻辑和形态下，和君咨询进行深入的思考，努力做出系统的回答，原创性地建立起了上述"价值塑造→价值描述→价值传播→价值实现→价值塑造……"的市值管理理论和方法论，并指导多个上市公司进行了实践操作，取得了良好的效果。在此过程中，帮助上市公司建立起正确的或健康的市值管理认识，真切感受到市值管理的实践价值，有意识地杜绝股价操纵、内幕交易、证券欺诈等扰乱正常市值的违法违规行为。"产业为本、金融为器、产融互动、做强企业"，是和君市值管理理论与实践的价值内核和精神实质。

第六章
赋能式投资的理念与实操
——某制造业上市公司的实操案例

作者：孙峰、张凌、徐振群

美国丹纳赫（Danaher）集团（以下简称：丹纳赫）是一个拥有199亿美元年销售额、26.5亿美元年利润额[1]的美国上市公司，也是全球最大的工业品综合管理集团，在2019年美国500强企业排行榜中位列160名。丹纳赫共有三大业务板块：诊断设备、生命科学、环境及应用解决方案，下属有20多个子公司，有59000名员工分布在全球30多个国家[2]。

丹纳赫何以在成立仅三十余年就取得如此辉煌的成就？经过溯源它的发展轨迹后发现：这家公司在过去的十多年时间里，以平均每月大于一起并购的速度快速扩张，并将所有的并购团队纳入高效率的"丹纳赫商业对策管理系统（即DBS，Danaher Business System）"内进行管理。

应该说，丹纳赫并购扩张的发展，是其自身选择的商业模式，更是时代赋予的产业机会，它为我们提供了非常宝贵的借鉴意义。本文是和君资本践行赋能式投资理念的一个样本，并以此向丹纳赫致敬。

一、投后的功夫在投前

党的十八大以来，中国经济由粗放式发展向集约式发展全面升级，"供给侧改革"这五个字高度概括了经济发展的驱动力由投资驱动向创新驱动的转型。在这个转型过程中，那些产能落后、低端低效、同质严重、创新乏力的企业将逐步被市场所淘汰，释放的产能、劳动力和市场将向更有效率的企业流动。

---

[1] 上述数据来自于2019年《财富》美国500强排行榜。
[2] 上述数据来自于丹纳赫集团官网www.danaher.com，2019年4月浏览。

在这个新时代的商业洪流中，将出现两个阵营：整合者阵营和被整合者阵营。很显然，集约式发展将提升整个行业的生产效率与创新能力。对于那些有着行业地位且胸怀产业梦想的企业而言，如果它们选择了丹纳赫式的商业模式，那么时代一定会赋予它们并购成长的产业机会。

通过对宏观大势与产业经济的深入研究，和君资本也渴望找到这样具有行业地位和产业梦想的整合者，嫁接和君资本在智业服务、投后管理领域的优势，强强联合，共同打造和培植中国的丹纳赫！

2015年冬天，与窗外北风呼号的凛冽不同，一群热血的和君人正在北京鸟巢附近的写字楼里热火朝天地讨论用资本、咨询和商学的综合力量，培植中国丹纳赫的各种可能路径……

彼时，在江南的烟雨小城，亚威股份（002559.SZ）的管理团队也在规划着公司未来的发展方式并梳理合作资源，剑指全球领域内板材加工领导者地位……

翌年春天，万物复苏。你有情、我有义，亚威股份和和君资本于2016年3月分别进行了互访，并对各自企业的战略目标、企业文化、管理团队、能力特长等方面交换意见。不谋而合的是：双方都高度认同当前时代是"成就中国丹纳赫"的最佳时期，围绕着亚威股份的产业资源和资本平台，结合和君的产融互动方法论，内涵式发展与外延式发展双管齐下，资本运作、管理咨询、人才培养、并购整合多措并举，一定可以早日实现"全球领域内板材加工领导者地位"的产业梦想！

2016年4月23日，和君资本实现了对亚威股份的战略性投资，累计投资3亿元，位列第二大股东。由此，和君资本为亚威股份开展了全方位的贴身服务。

二、四位一体的赋能式投资

资金投到位了，双方的合作也陆续展开。亚威股份对和君资本的进入充满期待，而和君资本则需要在强大的压力下去实践丹纳赫模式，毕竟投下去的是真金白银。面对一家上市公司，我们又该如何去赋能？如何去帮助其实现"全球领域内板材加工领导者地位"的产业梦想？彼时，和君的力量就开始发挥重要的作用了，我们提出来一个赋能式投资模型（见图6-1）：四位一体的赋能式投资模型，并利用此模型去开展创造价值、实现价值的一系列工作。

所谓四位一体，是指从"资金－人才－方案－标的"等对上市公司发展至关重要的四大方向进行驱动和主动管理。

首先，和君资本通过自己真金白银的投入实现了较大比例持股，由此取得对目标公司的建言建议权，这个做法非常有必要。只有自己做权重股东，才会"All in"式投入。同时，除了自身的投资资金，也会创造和引入外部的资金共同来助力上市公司的发展。

图6-1 四位一体赋能式投资理念

其次，凭借和君集团，特别是和君商学院的资源，为被投企业导入、培养和优化人才。

再次，凭借和君咨询的行业经验和一千多名咨询师的智慧，为被投企业提供从战略到运营的全方位提升方案，并从内涵式发展与外延式发展等多角度，提供方案的设计、执行、完善等全周期迭代式服务。

最后，凭借和君集团的资源，为上市公司发展提供投资和并购标的。和君集团每年接洽和执行上千个项目，构成了庞大的项目库，这些标的都是百里挑一、千里挑一，真正做到了"看百投一"。

从2016年至2020年和君资本作为亚威股份的第二大股东，实施了一系列投资后的赋能工作。从四位一体模式来总结，以下十大事件是具有一定代表性的（见图6-2）。

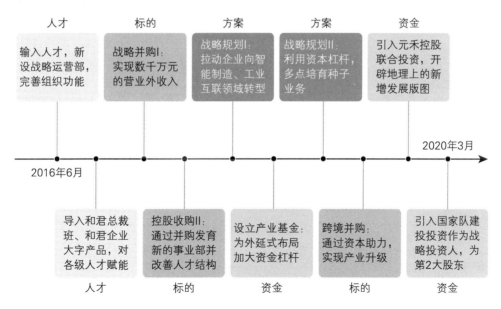

图6-2 和君资本的典型赋能事件

三、人才先行，夯实企业基底

1. 肩担双边，输入战略人才

双方在建立合作后，根据亚威股份的经营和发展需要，和君资本首先委派了一名合伙人担任其董事，并作为战略决策委员会的一员，为亚威股份的顶层设计献策。在此基础上，输入了一位合伙人级别的常驻人才，任命为亚威股份副总经理，主管战略运营部的同时，也作为双方密切沟通的协调人，为持续合作建立信任基础。

亚威股份地处扬州市江都区，属四线及以下城市，最发愁的就是区位难以吸引和挽留年轻人才，尤其是战略和资本领域的年轻人才。曾经，公司也考虑过在南京甚至上海设立办公室，以顺应这两个城市在长三角地区的人才虹吸效应，但由于种种原因未能成行。

和君资本对亚威股份进行投资后的第一个月就输出了一位合伙人级别的人才常驻亚威股份的厂区，全面负责战略运营部的日常工作，并接手投资并购相关事务。这样的人才支援不但带去了战略规划和资本运作的专业知识，更嫁接了资本与行业的资源；除了这位人才导入外，还有十余位和君资本的团队成员都在背后提供支持，包括但不限于财务、法务、管理、跨境并购等领域内拥有多年工作经验的资深人士。

亚威股份对导入的人才在当地的工作和生活保障也关照有加。在工作中，为其提供各方面的便利，抽调厂区潜力人员为其组建下属团队；在生活上，也专门为其提供了温馨便利的公寓和日常出行的车辆。也正是双方对于人才的重视，为后续的全面合作奠定了基础。此外，亚威股份还专门腾挪了更大的办公室、租赁了更大的公寓以供和君资本更多的伙伴在当地开展工作。

双方彼此都看到、感受到了对方对于人才的高度重视。所谓赋能式投资，本质上是赋能于人的投资。可以说，没有人才导入的投资，至多是完成一场市场交易，而没有主动创造除资金以外的价值。

2. 梯队建设，联办企业大学

一花独秀不是春，百花齐放春满园。

赋能于人似乎仅仅解决了少数人和少数部门的问题，因为在一定程度上，人才导入只是极个别的精英人才解决方案。然而，对于一家有千余员工的上市公司而言，探索人才培养的长效和常态机制，才能促进企业的可持续发展。

在人才长效机制这一话题的探讨中，双方对联办企业大学都青睐有加。首先，和君资本可以借助和君集团旗下和君商学的师资力量、课程素材、教学组织等资源，在较短周期里形成为亚威股份量身定制的课程体系；其次，亚威股份历经六十余年发展，在技术研发、生产工艺等领域形成了很好的传帮带式的教授方法，但中层及以下人员对现代企业经营和管理还比较陌生（这也是研发和生产型企业在人才培养方面的普遍现象，但解决这个问题对于人才梯队建设和公司可持续发展至关重要）。

有了上述基础，双方合议决定，联合创办围绕亚威股份中层骨干人员的企业大学，同时为了延揽更多社会人才，开放部分生源名额向社会招聘。亚威企业大学以商科教育为主，主打"Mini MBA"教学理念，核心课程围绕"国势、产业、管理、资本"四个维度展开，课程时间为期一年，月度集中授课，轻讲授、重讨论，一切以实用为主。

首期企业大学采用公开招生和部门推荐的方式进行，共招生33人，全部为中层骨干力量。这样的赋能方式，不但实现了为企业培养人才的目的，更现实的意义在于开辟了另外一条路径——在这条路径上，人才得以在除本职工作以外的舞台上全面展示自己，同时公司能够突破原有组织和管理体系来发现人才。从长期来看，企业大学的运行机制可以保障人才长效建设，从而实现亚威股份的可持续发展。

作为和君商学的金字塔尖的课程——"和君总裁班"在EMBA和企业家圈里广受好评，拥趸众多，其课程案例全部源于和君二十年来的中国本土商业实践，其讲师也多是由和君一线的合伙人担纲，有较强的实战性和时代性。和君邀请亚威股份的董事长等高管来参加和君企业总裁班的学习，助其拓展在产业、金融等领域的人脉资源。

重视人才、发现人才、培养人才，实现全面的赋能于人，这既是和君资本赋能式投资的理念，也是和君资本有别于其他投资机构的差异化优势。

四、方案设计，彰显和君咨询本色

人才是企业发展的底子，但是有了人才，还得知道怎么干，就是上文我们四位一体中提出来的方案这一体。和君资本、和君咨询同属于和君集团，为被投企业提供战略咨询和管理改善是和君集团最擅长也是最基础的赋能服务之一。

根据查尔斯·汉迪的"第二曲线"理论，结合和君原创的16字诀、产融互动等方法论，和君资本与亚威股份共同研讨，结合宏观经济、中观产业、微观公司三个层面，对内外部优势与不足、机遇与风险进行了分析。

亚威股份原有业务属于典型的传统制造业，以数控机床为主，包括金属成形领域的折剪冲（折弯、剪板、冲床）机床。数控机床行业受制造业大环境和技术升级替代的影响，下游需求萎靡，传统机床产品盈利空间日趋狭窄。机床领域上市公司频现"ST"，甚至被暂停上市，中小机床企业更是举步维艰，不少知名企业都面临倒闭。亚威股份亟须调整现有产品结构，围绕客户需求升级解决方案，否则也难以规避行业颓势。这其中，最关键的命题就是要解决如何应对新技术对老产品的替代问题、如何实现从销售单台套设备到输出系统解决方案的转变。

针对现实的问题，经过双方的共同探讨，亚威股份"双轮驱动"战略规划顺利出炉，即在目标上，通过"硬+软+云+集成+咨询"集成智能制造系统解决方案（见图6-3），成为国际一流的机械装备及解决方案服务商；在路径上，内涵式发展、外延式扩张并举，实现跨越式、高质量发展。

内涵式发展重点在于整合公司现有业务条线，做到有舍有得，将战略资源配置在顺势而为的赛道上，例如利用上市公司的资金优势和客户网络，大力支持高功率激光切割业务发展。外延式扩张业务既是"第二曲线"的主要构成，同时也起到了在亚威股份纵向一体化、横向一体化发展过程中的填空作用。通过并购整合，既可以缩短自研周期、尽早提高产业链附加值，又可以将亚威生态版图中欠缺部分快速补齐。一次优质的外延式发展，甚至可以实现"执一而牧天下"的效果，真的是填充一个点，解决一条线、甚至一个矩阵的业务组合。

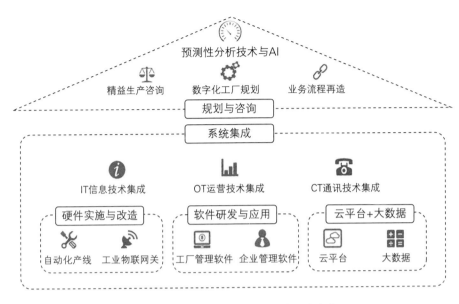

图6-3 亚威股份智能制造系统解决方案

事实上,业务层面的发展主要是沿着塑造亚威股份"第二曲线"和"业务矩阵"的方向进行,最终目标是实现"硬+软+云+集成+咨询"的智能制造系统解决方案。这个版图通过内涵、外延的方式不断拼接,现在已经越来越清晰、越来越完整,产业链和产业生态的价值也越来越显著。

"取势、明道"之后,便只剩"优术、利器"。为了更好地实现战略目标,我们设计了亚威智造生态系统(见图6-4)。其中的"③亚威股份系",由上市公司直投、产业基金投资两个工具构成,目前这两者为亚威股份的增量发展可谓贡献卓著,既对短期的业务发展有所整合,也对中长期的布局贡献颇丰。

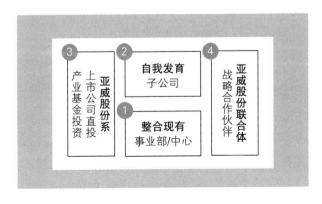

图6-4 亚威智造生态系统

五、资金助力，产业基金强化并购能力

据统计，丹纳赫超过 75% 的业绩来源于外延式并购，如此高成功率的并购得益于丹纳赫商业对策管理系统。可以说，商业对策管理系统为丹纳赫的并购后整合（PMI，Post-Merger Integration）提供了强有力的保障。

亚威股份的信息化建设已有二十余年的历史，还是 SAP 的标杆客户和最佳实践案例，特别是在共享研发平台的建设和使用上处于领先地位，拥有一套完整的对"亚威系"成员企业的管理方法和工具。那么，基于此优势，有没有办法能够既推进快速的并购布局，又确保并购后整合的成功呢？如果能找到一个方法，就可以将并购优质标的变成一种常态。

亚威股份与和君资本经过反复讨论和研究，最终设计了一种围绕亚威股份展开布局的产业投资基金模式：以产业投资基金对目标公司进行投资或并购，在业务协同和组织融合阶段，于产业基金体内进行 PMI 以隔离风险，在风险排除、时机成熟后，再由亚威股份采用不同方式或方法进行收购，实现财务并表和产业协同；如果不适合亚威股份并购，便通过其他方式实现基金投资的退出。这是一个既可以大踏步地整合资源，又具有较高安全垫的方案，可行性很高。

此后，双方共同对基金结构进行设计，最终商议确定基金规模设为 10 亿元，其中亚威股份出资 1.5 亿元，江苏省、扬州市、江都区三级政府财政出资合计 4.5 亿元，其余为和君资本及其他金融机构出资。产业基金完全围绕亚威股份的产业进行布局，因此可以说是用 1.5 亿元撬动了 10 亿元的规模。同时，产业基金还获得了省、市、区三级政府的联合出资，既发挥了政府在产业引导方面的功能，又具有很强的扶优扶强效应，为地方性龙头企业的成长保驾护航。

截至目前，该产业投资基金在显示技术领域的精密激光装备、自动光学检测设备、电学检测设备、贴合与弯折设备，工业重载机器人、商业服务机器人等领域完成投资近 6 亿元，全部围绕着亚威股份的产业进行布局，也为亚威股份的发展埋下了种子、拉开了未来发展的想象空间。我们将共同期待经过了春天的播撒和夏天的成长，收获秋天的硕果。

六、精选标的，铸就质的飞跃

1. 并购整合，助力产业升级

中国的企业家教父人物柳传志先生曾经说过一句话：吃着碗里的，看着锅里的，惦记着田里的。走老路到不了新地方，面对新技术、新经济冲击下的商业潮流，新机遇一定不在现有的产品和渠道。亚威股份管理团队亦不断为企业的接力式产品和外延式成长进行思考和探索。

作为中国工业母机的巨擘、为数不多的机床行业上市公司，亚威股份的主营业务是平板加工数控机床、卷板成套设备、激光加工成套设备。随着德国工业4.0、美国工业互联网概念的普及，基于新一代信息技术的智能制造，可以实现贯穿设计、生产、管理、服务等制造活动各个环节，是具有信息深度自感知、智能优化自决策、精准控制自执行等功能的先进制造。显然，对于制造业的亚威股份，怎么强调基于智能制造的新一代信息技术都不过分，其自身也的确有进一步提高自动化、智能化的诉求。围绕着这个诉求，同时结合其内部发育的时间、成本，我们首先选择了智能化工厂的执行层工具——MES（Manufacturing Execution System，即生产执行系统）领域作为并购方向。毕竟，在扬州市江都区很难组建高端的软件工程师团队，而且自身孵化这样的团队周期长、投入成本高。

和君资本发挥在投行领域的项目资源优势，以长三角地区为主，放眼全国广泛寻找具有协同效应、成熟产品、实施案例、规模恰当的MES软件团队，洽谈并购合作。当谈到第3个标的时，地处上海近郊、位于苏州昆山的一家MES设计和实施软件企业映入眼帘。它们对于融入上市公司发展的考虑非常成熟，双方推进合作的速度也很快。这家名为艾派斯软件科技有限公司（以下简称：艾派斯软件）的企业曾为上海大众动力总成有限公司、沪光汽车电器有限公司、华恒焊接股份有限公司等企业提供生产制造执行的软硬件系统和实施项目。通过艾派斯软件与亚威股份的多轮互访和全面沟通，最终亚威股份完成了对艾派斯软件的控股收购，并同期启动了艾派斯对亚威股份数字化车间及智慧工厂项目的服务，产业协同立竿见影。该并购交易历时数月，和君资本从标的扫描、洽谈合作、初步尽调、深入尽调、交易结构到最终签署协议、交割完成，全程提供赋能式投行服务。

事实上，除该领域、该标的外，自双方合作的四年来，和君资本和亚威股份对产业布局储备、考察了 400 余个相关标的，然而仅有十余个进入到初级尽调及后续程序。

应该说，并购是小概率事件，而并购成功的概率则更小；为了让成功的外延式扩张能够有更大的发生概率，100:10:1（储备:尽调:并购）的苦功夫是必须要做的。这既是和君资本的专业和资源优势，更是把事情做好的态度。

2. 跨境并购，突破"卡脖子"技术

时间到了 2019 年，通过新兴业务的发展壮大，亚威股份正在逐步实现从"全球金属板材加工领导者"向"世界一流的高端装备与智能制造解决方案供应商"的战略升级，并形成了金属成形机床、激光加工装备和智能制造解决方案的三大业务格局，其中激光加工装备业务是引领公司近年来发展的重点业务，取得了 4 年增长 10 倍的骄人业绩。

但在总体经济形势放缓、贸易争端长期持续的大背景下，原有成熟业务的增速放缓也是不可回避的事实：金属成形机床多年保持 10% 左右增速，激光业务前几年倍增的势头也逐渐放缓，亚威股份需要找到能支撑公司未来进一步持续增长的动力来源，即新的业务方向和开拓机会。这种产业升级和转型的命题对国内其他上市公司和龙头企业而言都是无法回避的普遍现象——这也正应了现代管理学之父彼得·德鲁克的观点：创新是企业的两项基本职能之一（另一项是营销）。

在新业务机会的选择上，亚威股份基于自身业务结构以及产业发展趋势，经过审慎分析和评判，选择了高端激光加工设备这个领域。在滚动发布的三年战略规划中，亚威股份明确提出要培育更高端、更精密的激光加工业务，把业务版图从金属材料的大功率激光加工进一步扩展到包含非金属材料的精密激光加工领域。

为此，亚威股份与和君资本从 2017 年开始就大力搜寻国内外产业中适合投资并购的优质企业标的，甚至与部分企业推进到了实质性的交易执行阶段，但很遗憾最后都没有合作成功，精密激光领域的布局也一直没能完成。但功夫不负有心人，我们在 2019 年 5 月，开始深度接触显示面板行业的精密激光设备全球范围内的头部企业——来自韩国的上市公司 LIS Co., Ltd.（以下简称：LIS 公司）。

从"缺芯少屏"到"芯屏器合"

中国"缺芯少屏"的产业困局是由来已久的话题,在显示面板制造环节,国内有京东方、华星光电、天马、维信诺等头部企业,技术和产能逐步跟上甚至超越国际同行的水平,但在高端装备和原材料环节,综合国产化自给率只有20%左右,大部分掌握在日、韩等公司手中。

在面板中后段流程工艺中,LLO、PI/CELL CUTTING 等柔性 AMOLED 激光加工设备一直面临被禁售的风险,三星通过合同绑定的方式要求提供相关设备的韩国供应商(即 LIS 的同行)禁售给京东方等中国企业,以保证在柔性 OLED 面板制造领域的领先性。随着中美贸易摩擦呈现长期持续的态势,各国之间互相的技术封锁风险日益加剧,设备国产化刻不容缓,这是保证整个产业链在国内健康良性发展不可或缺的重要一环。

LIS 公司虽然在中国面板激光设备市场中保持领先地位,但无法回避的难题是中国客户提升设备国产化率和持续降本的刚性需求。因 LIS 公司业务 90% 都在中国,如果未来还是以纯外资公司的身份给中国客户供货,很可能会面临被国产化替代的压力。一旦经过几年的追赶,国内同行产品持续迭代、技术差距逐步缩小到可接受范围,那么 LIS 公司的中国订单就会面临断崖式下跌。

此外,LIS 公司派遣了大量韩国员工在中国对设备进行安装调试及售后服务,以保证对客户需求的及时响应和良好的服务体验,这取得了远高于其他韩国同行的客户满意度,但也意味着高昂的差旅和售后成本,对比国内同行的本地化采购和本土化服务劣势明显。

要抓住 AMOLED 中国市场快速扩张的产业机遇,就需要持续地投入资金以承接更多订单,LIS 公司因历史原因导致现有的资金状况及回款进度未必能跟上快速增长的业务需要。

在意识到上述种种问题后,LIS 公司也希望能够寻找到适合的国内上市公司或知名龙头企业展开合资合作,实现本地化经营,以保住未来的市场份额。

能并购行业头部企业是"起步就领跑"的战略选择,LIS 公司完整的精密激光产品线对亚威股份现有的金属材料高功率激光加工设备业务,将起到非常重要的业务版图扩展及产品线补充作用。通过精密激光加工领域的技术交流、引进和吸收,亚威股份可以提升高端激光加工设备的研制和生产水平,迈进更加精密的 OLED 显示面板、芯片等前沿应用领域,快速提升公司激光装备业务的营收规模、技术领先性及行业影响力。同时，随着精密激光技术的引进和吸收，将有助于提高国内以柔性 OLED 为主的高端显示面板产线制程上的设备国产化率，并实现相关制程设备的自主、可控。

（1）走出去——交易结构设计

对于亚威股份而言，作为主营业务领域的产业并购型投资，要确保项目的最终成功，一方面需要成为并购对象的主要股东，从而拥有公司日常经营的关键决策权和影响力；另一方面还要确保关键技术的持有和消化吸收，从而实现本次并购投资的核心目标——"设备国产化落地"。此外，实现上述目的还须在合理的估值定价及可承受的出资金额内。

为此，联合投资团队设计了"上市公司+产业基金+落地政府+员工持股平台"的交易架构（见图 6-5），由亚威股份发起设立子公司"亚威精密激光"，上述各出资人增资后，与 LIS 公司展开两个层面的投资合作：一是受让 LIS 公司前两大股东所持有的股份 350 万股，成为 LIS 公司第一大股东，并改组 LIS 公司董事会获得董事长在内的多名董事席位及投票权；二是与 LIS 公司成立中国合资公司"亚威艾欧斯"，由中方控股，发展显示面板（核心为柔性 OLED）、消费电子和新能源等领域的激光精密加工设备业务。

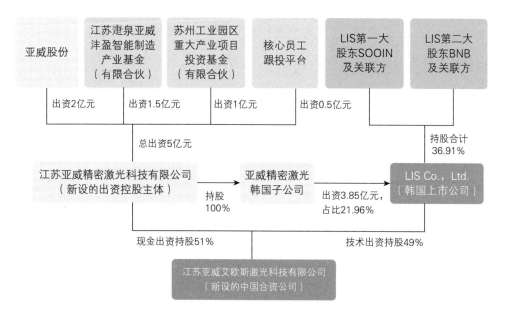

图 6-5 亚威与 LIS 公司跨境投资合作项目交易架构图

此交易架构既实现了上市公司投资规模的放大，也确保合资公司的国产化落地得到交易对手、当地政府的持续支持；既保证上市公司通过获得大股东地位实现董事会的改组，拥有实际的决策控制力、话语权和影响力，同时也通过技术合资的方式，确保合资公司拥有完整的技术能力，可实现国产化落地。

（2）协议业绩与高效执行

中国企业跨境并购的成功率并不算高，对于上市公司而言，在关注并购长期战略协同价值的同时，务必要平衡好短期的利益。资本市场是用脚投票的，即便是短期的、阶段性的财务损益也会马上体现在K线图上，让你"跌跌不休"。

基于这种情况，中国企业在并购的时候，多采用VAM（Valuation Adjustment Mechanism）估值调整机制。而在海外并购案例中，外方作为被并购对象不习惯于接受业绩对赌承诺，也就无从谈起估值调整机制了。

在本次并购中，双方通过积极主动而富有诚意的互动、坚持和让步，建立起了信任感，双方股东本着未来长期绑定共同发展的理念，考虑到过渡期经营的独立性，达成了彼此的高度认可。LIS公司原大股东在继续担任CEO的前提下，爽快地接受了业绩承诺条款：在全部股权交割完成的情况下，亚威股份仅支付80%的对价，剩余20%尾款的支付与LIS公司2019年实现的扣非净利润挂钩。这在较大程度上规避了跨境并购中的"业绩变脸"的风险。

跨境并购是复杂、烦琐和漫长的过程，往往持续半年甚至1年以上，本项目从2019年5月开始深度洽谈确定正式合作意向，至9月份中方资金出境并与韩方完成股权交割，前后仅用了4个多月的时间。

并购过程中诸多事项互相交叉，一个环节出现问题或者进展不顺，就会极大地影响整体项目进度。亚威股份与和君资本联合团队全力以赴，统筹推动各方高效且圆满地完成了整个工作，对比其他跨境并购项目动辄需要一年半载、甚至ODI无法通过的情况，整个交易执行过程堪称经典，能实现这样的出境和交割速度应该可以说是极高效的跨境并购了。

（3）至关重要的并购后整合

中国企业开展海外并购，"买买买"是容易的，但是"买来之后能否实现整合"一向是跨境并购的难点。并购能否成功最关键的还是看并购后的融合，LIS公司与亚威股份的文化契合与价值观趋同是最好的润滑剂。

亚威股份的跨境合作历史由来已久，几十年来与日本、德国、意大利等境外领先企业有多次设备国产化合作的成功案例，管理团队对技术引进、消化落地轻车熟路，诸多投后工作在与LIS公司推进交易的过程中就已经在沟通和布局，制定了涵盖"骨干人才引进＋团队融合共建＋国内工厂筹建＋技术研发平台化＋产品分步国产化＋多行业新客户拓展＋供应链优化"的详细整合计划，相信在这样全面深入的安排下，能够稳健地实现先进技术和产品的国产化落地。

此外，引入战略投资者元禾控股，对项目未来的国产化落地和走向资本市场也提供了不可或缺的支持。代表苏州工业园区政府出资的基金管理人元禾控股，在项目执行过程中给予了大力的支持，包括协助在园区内设立项目主体、ODI出境审批、政府出资及政策落地等。

通过并购后的稳健分步整合，亚威股份将在稳定LIS公司主体经营业绩的前提下，逐步把中国市场所需的显示面板（核心为柔性OLED）、新能源、消费电子等领域的成熟精密激光加工技术、研发骨干及订单逐步转移至新设的国内合资公司，在国内构建完整的研供产销团队和体系，实现该类核心制程设备的国产化，规避未来该等核心制程设备可能被禁售的风险，满足下游主要客户如京东方等设备国产化率指标的要求，与客户长期绑定实现持续稳健经营，这也必将进一步完善国内及苏州工业园区在显示面板及泛半导体产业链的布局和设备国产化水平。

我们期待亚威股份与LIS公司并购后整合的国产化进程及业绩表现，我们相信这将成为中韩跨境并购中真正基于优势互补、产业整合的成功案例。

七、国家队入驻，见证新起点

2020年2月14日，证监会发布再融资新规，其中关于上市公司非公开发行股票引入战略投资者的相关规则，因为界定模糊，被称为"牵手漏洞"。3月20日，证监会发布《发行监管问答——关于上市公司非公开发行股票引入战略投资者有关事项的监管要求》，明确了战略投资者的基本要求。这边证监会关于战略投资者的界定问题语音刚落，3 月 22 日亚威股份立马发布《2020年度非公开发行 A 股股票预案》，抢先拿下发行监管问答后上市公司引进战略投资者第一单！

亚威股份引入战略投资者建投投资有限责任公司（以下简称：建投投资），定增发行股价为 5.15 元/股（前 20 个交易日股票均价的 80%），锁定 18 个月，拟募集资金总额不超过 1.95 亿元，发行完成后建投投资将持股 6.43%，成为亚威股份第二大股东。

建投投资是中央汇金旗下建银投资直属的、以先进制造业为核心投资方向的国有大型实业投资公司（见图 6-6），长期专注于先进制造领域，投资业务覆盖先进制造、通用机械装备等多个领域。

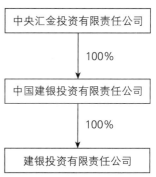

图 6-6　建投投资的身份

时隔仅 1 天，亚威股份便发布引入"国家队"作为战略投资者的公告，实则是印证了那句话：要想接住这份机遇，背后一定是持续努力。和君的文化中有一段话"人生如莲"：岂知绚烂芳华的背后，是长久的寂寞等待。其实，为了这一天，和君资本与亚威股份已然努力了一年多的时间。

基于合作协议约定，建投投资在定增完成后，将成为亚威股份持股 5% 以上的股东，并与亚威股份在激光器、精密激光加工装备及智能制造领域建立全面、深入的战略合作关系。建投投资内部行业专家团队、全球化视野和投资并购渠道等都能更好地支持亚威股份的业务发展，推动亚威股份在智能制造领域的产业布局，实现更加持续和稳定的发展。

亚威股份管理团队的产业梦想胸怀全球，特别是在金属成形机床领域已经在全球市场占有重要的一席之地。基于想要承载宏大产业抱负的考虑，亚威股份希望"国家队"的产业资本能够成为权重股东。和君资本发动自身资源，前前后后对接了数个不同股东背景、产业资源的潜在合作伙伴，沟通、谈判了数轮方才促成了建投投资与亚威股份的牵手，各种艰辛，唯有当事人才能体会。

八、赋能式投资的体悟

和君资本是和君集团成员企业，秉持赋能式投资的理念，主动为企业创造价值。因而，作为发轫于综合性管理咨询公司（集团）的资本机构，和君资本从基因层面就深深打上了为被投企业改善管理水平、提升产业效率的烙印，也一直将主动为企业创造真正的价值作为有别于其他投资机构的差异化优势和投资安全垫。

从社经大势和产业格局来看，经济结构转型下由粗放式发展转为集约式发展、由投资驱动转为创新驱动的时势中，必然会造就新英雄。而面对业已成型的产业格局和成熟企业，以及近几年资本市场对于企业成长的教育过程，新的商业势力结合老的产业基础必然会碰撞出一曲响彻云霄的并购整合交响曲。锐意革新、主动拥抱的成熟型公司才能保持持续引领，这些成熟型公司需要的，往往就是赋能式投资。

然而，要做好赋能式投资，并不是一件容易的事。

赋能式投资，首先要有坚定的理念和信心。"道"层面的系统思考和修为，对于赋能式投资的成败起着决定作用。毕竟，知易行难。在投资过程中，风险敞口问题、估值中枢问题、再融资问题……都会动摇和左右关键时候的决策。

其次，是"术"的层面。赋能式投资不是投"钱"，而是多位一体的投资，是包含"资金、人才、方案、标的"四位一体的投资行为。

再次，赋能式投资对于人才的能力要求很高。从知识和能力构建角度，和君资本期待培养的目标是"一个人就是一个团队"；从投资管理角度来讲，和君资本期待培养的目标是"一个人就是一家券商"。这意味着，从基金设立到清算、从项目投资到退出、从基本面到资本运作的多线流程全覆盖。显然，在社会分工越来越细的趋势下，这样的知识和能力结构是不客观的，但是对于有理想和抱负的人才而言，这样的体系才能满足持续成长、跨越式发展的要求。

可以说，无论是过往的案例还是未来的投资，和君资本都在不遗余力地为被投企业提供各种增值服务，凭借增值服务创造真正的价值，促进企业价值提升，增强双方的信任关系。和君资本笃信"只有企业好了，投资人才会好"的信念，帮助企业寻找机会，创造真正的价值。所谓"选聪明人，用笨办法，下苦功夫"。

我们是一个"为存量寻找增量"的团队，是一个希望借"智业的力量撬动中国存量经济到更有效率的轨道上"的团队。这样的情怀和梦想，唯有得到投资人和被投企业对我们深度的信任后才有可能实现。特别感谢给予和君资本信任的亚威股份，给了我们四年时间在中国实践赋能式投资，并且有机会打造细分行业的"中国丹纳赫"。

第七章
政府产业引导基金的发展思路和管理模式
——重庆市产业引导基金

作者：吕晓晖、边雨竹

近年来，我国经济处于增长压力较大的新常态之中，经济增速从高速向中高速转变，发展模式从规模速度型转向质量效率型，经济驱动力要素从投资驱动转向创新驱动。经济转型是否能够成功，主要取决于产业能否实现顺利转型和升级。而产业能否成功转型，则有赖于创新型企业的培育和战略性新兴产业的发展。资本作为产业发展的"血液"，在此过程中的重要作用不言而喻。

单靠市场成长，资金很难向培育周期长、风险高的战略性新兴产业和创新创业产业自发汇聚。因此，从中央到地方纷纷成立了政府产业引导基金，重点支持区域经济发展、创新创业、国企结构调整、去产能、兼并重组、国企混改等。

作为国家拉动经济增长、推动产业转型升级，以及推动国企改革的重要抓手，目前政府产业引导基金的规模已达 5.8 万亿元。这么大规模的基金，运作是否得当？发展是否顺利？与市场方向是否吻合？能否起到预期作用？

为什么有的地方政府引导基金，号称规模千亿元，筹办数年，却迟迟无法成立，成为"难产基金"？

为什么有的地方政府引导基金，账上"趴"着几十亿元或上百亿元，却投不出去，成为"僵尸基金"？

立足我国国情，解决政府产业引导基金的各类问题，促进政府产业引导基金的健康和良性运作，是亟须研究并解决的课题。

和君咨询于 2017 年受产业引导基金标杆——重庆产业引导基金的委托，开展包含战略梳理、组织发展、薪酬体系优化等内容的咨询项目，得以一同探究行业所面临的大量共性问题并探索解决之道。

一、"资本换产业"创举成就重庆基金基因

坊间流传着一个令区域经济管理部门、实体企业与资本机构都耳熟能详并为之振奋的财富故事：2012年，重庆市政府投资京东方及招商引资入渝。

电子信息产业是重庆市的第一大产业，为了提高产业协同、进一步壮大电子信息产业，重庆市决定全力引进京东方，此后发生了绝妙的化学反应。

我们先来看看当时的基本情况。重庆一年要制造1亿台笔记本、台式机电脑，需要大量的液晶面板，但是建一条第8.5代新型半导体显示器件及系统生产线，就需要投入300多亿元。这是任何一家大型民企和国企都无法独立承担的。同时，赫赫有名的京东方，其核心业务包括显示和传感器件、智慧系统、健康服务，市场经营能力很强。但是，尽管是上市公司，京东方对于300亿元的资金量也是心有余而力不足。

然而，聪明的重庆市政府和京东方想出了绝妙的解决办法：由京东方增发100亿股股票，重庆市政府及本地多家国有企业全部认购。京东方当时股价2.1元/股，重庆市政府用210亿元认购了100亿股。京东方再向银行借款120亿元，共约330亿元。

筹集到了足够的资金，重庆市政府与京东方合资设立了重庆京东方光电科技有限公司，完成了第8.5代新型半导体显示器件及系统生产线的建设。重庆多了一个市场领先的液晶面板企业，很大程度上满足了重庆电子产业零部件本地化的需求。

这时候，有趣的化学反应发生了。资本市场看好京东方，股价从2.1元/股上涨到了4.6元/股，重庆市政府投资的100亿股赚得了250亿元。本金由企业收回后，尚获利约250亿元。这部分获利后来投入到重庆市政府成立的重庆战略新兴产业基金中，该基金还吸引了16个国内比较重要的投资者，比如中国人寿、国家开发银行等，投资人出资550亿元，合计规模达到800亿元。时任重庆市市长黄奇帆畅想未来：假设某企业投资2元，基金出资1元，800亿元资金可以引入1600亿元投资，形成2400亿元资金，再加上银行借款的3000亿元，可以完成5000多亿元投资。用这些资金滚动循环，将大力推动经济和产业发展。

经此一役，重庆市政府尝到了资本换产业的甜头，并准备继续将此模式发展下去，也便有了本篇案例主人公的诞生：重庆产业引导基金。

二、有为政府与有效市场结合的有机模式

重庆产业引导基金成立于 2014 年，是十八届三中全会后重庆市政府深化改革的重要举措之一。重庆市财政局出资设立重庆产业引导股权投资基金有限责任公司（以下简称：基金管理公司），受托管理基金，注册资本 102 亿元，管理层来自重庆市财政系统非常资深的专业干部。

过去，对企业和产业发展，政府主要是采取审批制的拨款方式进行财政补贴，这样简单做"加法"带来三个问题：一是效率不高，财政账户上有大量沉淀资金，容易造成年底突击"花钱"现象；二是投入产出效益差，每年大量财政资金补贴到各行各业，但基本是"有去无回"，使用效益难以评估，"撒胡椒面"式的扶持方式也无法形成集约效应；三是程序不透明，资金分配行政化容易滋生"灰色交易"等腐败现象。

对此，为激活财政资金对产业政策的引导效应，发挥财政资金的引导和放大作用，重庆市政府创新财政资金使用方式，按照效益最大化和效率最优化原则，积极改革财政资金分配方式，设置科学的边界条件，变"补"为"投"，专门设立了产业引导股权投资基金。新成立的重庆产业引导股权投资基金有限责任公司作为管理机构，对基金进行市场化运作，并吸引社会资本共同投入设立专项基金。专项基金选聘合格基金管理人管理，通过规则设定引导专项基金以股权方式投向政策扶持的领域，撬动社会资本注入，发挥出财政资金的引导和放大效应，为市场主体提供了源头活水。

重庆产业引导基金的运作模式为五个关键词：政府引导、社会参与、市场运作、规范管理和防范风险。

首先定位为母基金，不直接投资，而是投资于专项子基金。引导基金主要采取与私募投资基金管理人（以下简称：基金管理人）及其他社会资本合作设立专项私募投资基金（以下简称：专项基金）的方式进行投资，同时可适当直接投资其他私募投资基金及跟进投资专项基金所投项目。

在社会参与方面，重庆产业引导基金（市财政）计划每年出资 25 亿元，连续 5 年，累计出资 125 亿元，作为引导基金母基金。并根据投资产业特点，通过 1:1 至 1:4 甚至更高的杠杆比吸引社会资本投入，总投资规模达到 500 亿元以上。

引导基金母基金主要通过整合工业、中小企业、小微企业、农业、商业、科技、文化和旅游领域部分产业扶持发展专项资金，以及预算新增安排部分资金而设立，聚焦培育重庆市工业、农业、现代服务业、科技、文化和旅游六大领域。根据不同基金专注的行业，要求母基金出资的1倍（农业）或2倍投资于重庆本地，主要指重庆本地注册的企业，或外地注册的企业投资后招商引资到重庆。

在市场运作方面，专项子基金聘请市场化的专业基金管理公司担任管理人管理基金，重庆产业引导基金在专项基金中参股不控股（一般出资比例为1/2至1/3），与其他社会资本"同股同权同回报同进退"，不做优先级，也不做劣后级。在投资决策权上，专项子基金投资决策由投资决策委员会决定，基金管理人持有多数票，母基金只持有少数票，多数票通过即可决策。合规事项的否决权，由相关委办局向相关行业的子基金委派观察员，对违法违规事项行使否决权。日常管理由基金管理人负责。首批合作的基金管理人，包括鼎晖投资、昆吾九鼎、和君资本、上海金浦、中信逸百年、英飞尼迪集团等16家国内外知名基金公司。

在规范管理、防范风险方面，重庆产业引导基金借鉴业内成功母基金的运作经验，动态建立完善规范的评审工作流程、评价指标体系、尽职调查指引，拟定合伙协议、委托管理协议、资金托管协议等示范文本，统领谈判和风险控制过程，确保公司业务运作全程规范化（见图7-1）。

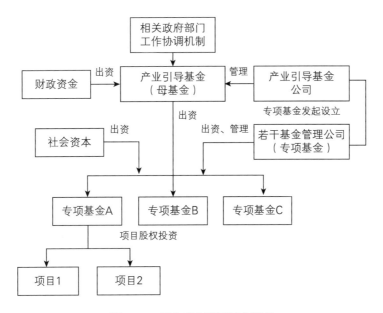

图7-1 重庆产业引导基金模式

在具体业务层面，重庆产业引导基金总体定位是市场化母基金，在投资运作中坚持"市场化、专业化、规范化、综合化"四项原则。坚持市场化原则可减少政府行政干预，充分发挥市场在资源配置中的决定性作用；坚持专业化与规范化原则可支撑市场化持续发展；坚持综合化原则将有助于项目与基金对接，助力重庆产业实现快速优化升级（见图7-2）。

重庆产业引导股权投资基金

市场化	专业化	规范化	综合化
·公司作为独立市场主体，按市场化母基金方式运作，在专项基金中参股不控股，与其他社会资本"同股同权同回报"，专项基金日常管理、投资决策由基金管理人负责。	·公司坚持选择业界知名、实力突出的基金公司或产业资本合作发起专项基金，并委托专业第三方中介机构提供专项咨询、尽职调查等专业服务，确保基金运作专业化。	·公司借鉴业内成功母基金的运作经验，动态建立完善规范的评审工作流程、评价指标体系、尽职调查指引，拟定合伙协议、委托管理协议、资金托管协议等示范文本统领谈判和风险控制过程，确保公司业务运作全程规范化。	·通过公司统一的基金投资平台覆盖"多产业、跨阶段"的投资标的，成为支持产业发展的综合投资平台；积极构建股权投资项目库，打造优质项目与优秀基金的综合对接平台；成为承接中央相关专项股权投资基金的综合平台。

图7-2 重庆产业引导基金运作原则

时任重庆市市长黄奇帆在产业引导股权投资基金专题汇报会上指出：

"重庆财政资金连续5年滚动投入产业引导股权投资基金，每年在招募一批新的专项基金的同时，对现有发展良好的基金，财政资金将追加投资，进一步壮大发展，对部分不能充分发挥投资导向作用的基金，实行淘汰出局，通过激励机制形成良性循环。特别要指出的是，作为政府主导的产业引导股权投资基金，在运行过程中要确保资金来源符合法律法规，专项基金筹集资金不能搞'高息揽存'，不能搞散户的'众筹融资'，不能搞债转股、股转债，也不要做信托资金、银行资金的所谓'通道'业务。同时，还要确保资金用途的规范，专项基金不能将募集的资金用于二级市场炒股、炒房、炒外汇，也决不允许放高利贷。"

"产业引导股权投资基金要注意在企业发展的'五个关键阶段'、围绕'六个重点方向'进行投资。包括在初创阶段的天使投资、在快速成长阶段的创业投资、在成熟运行阶段的技改投资，在企业出现危机、需要展开并购时期的并购重组投资，以及对科研成果产业化进行投资。产业引导股权投资基金要注意围绕几个重点方向进行投资：成为上市公司的孵化器，推动企业上市或参与上市企业的定向增发以及并购行为；积极参与推动重庆十大战略性新兴产业和'1+5'服务贸易专项发展；大力促进科研成果产业化，推动科技成果股权化，助力大众创业、万众创新；教育、卫生、文化领域一些投资不大的市场化项目，以及部分有市场、有效益的传统产业。只有找准投资方向，在企业最需要的关键时刻介入，才能起到雪中送炭的作用，同时获得丰厚的回报。"

在基金市场化等政策推动下，重庆产业引导基金肩负重庆市政府财政引导产业方式改革重任，大力推进产业优化升级，实现了快速发展并获得市场高度认可。在政府政策支持下，重庆产业引导基金不断摸索投资业务模式及相关业务规范，逐步获得了市场机构的认可，成为全国政府引导基金标杆。

- 被 CLPA 中合会评选为"2014-2015 年度政府引导基金管理团队 Top10"第二名和"2015-2016 年度政府基金管理团队产业投资类 Top1"。
- 被投中集团评选为"2015 年度中国最佳有限合伙人 Top10"和"2015 年度中国最佳政府引导基金 Top10"。
- 被清科集团评选为"2015 年中国政府引导基金 20 强"第二名。
- 荣获"2015 年度重庆市金融贡献突出单位"称号。
- 荣获中国私募基金年会暨中国风险投资行业年会"金汇奖·2018 中国最佳政府引导基金 Top50"。
- 荣获 2018 中国股权投资年度峰会"2018 年度最佳政府引导基金 Top5"。
- 荣登"融资中国 2018 年度中国最佳政府引导基金 Top30"榜单。
- ……

基金的模式和成果得到了社会各界的认可，李克强总理对重庆产业引导基金工作做出两次批示肯定。对《重庆市产业引导股权投资基金变革财政资金从"补"到"投"》（财政部财政科学研究所）一文，李克强总理批示：财政部总结推广好各地做法，更多更好地撬动社会资本支持实体经济。对《重庆市实施"财政筑渠、社会引资"工程推动经济增长"双引擎"持续发力》（2016 年国务院专题会议交流材料）一文，李克强总理批示：重庆市创新工作思路，多措并举，用活用好财政资金，吸引调动社会资本，有效发挥了"大众创业、万众创新"和增加公共产品、公共服务的"双引擎"作用，实现经济发展持续向好，值得肯定，相关做法请国办以适当方式转各地参考。

此后，多个中央部委、近百个省市政府考察团赴重庆考察调研交流学习，重庆产业引导基金行业领先地位由此奠定。

三、作为翘楚的未雨绸缪与行业普遍问题

作为重庆产业引导基金首批合作的 16 家基金管理人之一，和君资本管理其总规模 12 亿元的工业方向基金，和君咨询与重庆产业基金也因此颇有渊源。咨询项目组进场后，与引导基金公司的同事们一同对重庆产业引导基金自身发展现状进行了充分的交流和分析。

从公司治理结构与组织结构看，重庆产业引导基金"三会一层"架构完整，四大部门能够有序支撑业务发展。公司普通员工约 20 人，均来自于市场一线，经验丰富，硕士及以上学历的员工占 75%，多数拥有财会、经济、法律等方面职业证书。基金管理团队整体专业素质极高，对政府引导基金行业具备深厚的洞察力，且有理想、有抱负，对推动重庆产业转型升级充满激情。

在业务运营中，重庆产业引导基金已经建立起完整的"募、投、管、退"业务管理体系。

在募资环节，由引导资金管理公司负责制定专项基金管理人（以下简称：GP）的选择标准，负责筛选管理团队，设定合作机制和框架。社会资本的募集由 GP 来负责。

在投资环节，母基金的投资主要是投向不同领域的产业专项基金（子基金），专项基金在专业 GP 的管理下，投向具体的产业和项目。母基金不负责具体的投资项目，只对专项基金的投资方向进行把控，并规定专项基金只能做股权投资，不做债权投资和明股实债类投资。母基金对于存在重大风险和法律法规问题的项目，具有一票否决权。

在基金管理环节，在母基金层面主要是履行出资监管的职责，负责对专项基金管理人的具体工作形成有效的督促；在产业基金层面，主要是指专项基金的管理人要对基金进行投后管理，包括为被投企业提供资源对接等投后服务。

资金退出则主要由专项基金的 GP 根据投资项目本身的具体情况来判断，母

基金参与其退出决策，并可以在母基金层面借助政府力量汇聚资源，建设项目的退出平台，协助产业基金的项目退出。

1. 作为市场化公司的内部瓶颈

虽然重庆产业引导基金在模式创新和知名度、美誉度以及发展成绩等方面都取得了业内翘楚的成就，但在内部运行和发展问题上也遇到了瓶颈。一方面，公司对于基金未来的战略共识性不足，发展方向需要进一步明确，各级员工需要对未来发展方向形成统一的认知；另一方面，公司组织职能和激励机制的建设存在一定的优化空间，有待进一步规范化和精细化。

母基金的业务发展问题也同样贯穿于募投管退各个环节，并且涉及母基金和专项基金两个层面。

在募集环节，由于存在投资地域和行业的限制（成立之初要求专项基金80%投资于重庆当地企业），以及当地优质项目资源限制，招募品牌GP受到部分阻力，部分已设立的专项基金更是存在募资难题。

在投资环节，母基金层面的研究功能有待深入提升，在选择GP与研判项目两件大事上精力很难全面顾及；部分专项基金同样受行业限制，筛选项目困难，投资压力大。

在管理环节，缺乏完善的GP评价系统，考核指标难以量化，并且目前为项目企业提供增值服务较少，母基金管理和服务的平台化能力尚在谋划阶段。

在退出环节，由于退出项目较少，尚未在退出方案和分配方案上形成较多经验积累。

在组织管理方面，组织架构相对简单，虽满足当下需要，但随着公司进入成熟期需要进行调整完善，建立组织形态和职能细化预判；岗位设置缺乏依据，岗位名称不成体系，员工也缺乏成长通道，不利于员工的职业发展；另外，还缺乏科学的激励机制，未来难以留住专业人才。

尤其在薪酬方面，产业引导基金的管理公司属于国有企业，薪酬相对较低，很难与市场化的基金管理公司相比，员工流失率出现抬升现象，很多年轻员工把公司当成平台和跳板。"理想丰满，现实骨感"，仅靠对于公司事业的认同，确实很难留住人才。

实际上，如何选聘和留住专业管理团队和人才，对于产业引导基金来说是一个普遍的问题。行业本身存在巨大的人才缺口,人才也存在区域分布不平衡的问题。

2. 行业层面的趋势和普遍问题

跳出重庆区域和重庆基金管理公司自身视野,项目组还扫描了全国产业引导基金的发展情况。从历程来看,产业引导基金的发展经历了以下四个阶段。

第一阶段起始于2002年。同年1月,中关村管委会出资设立了中关村创业引导基金,政府产业引导基金发展历程正式开启,产业引导基金发展进入探索起步阶段,该阶段引导基金的投资方式主要以直投为主,政府行政色彩还比较浓厚。

第二阶段起始于2007年。同年由科技部牵头、财政部出资成立了第一个国家级中小企业创投基金,进一步推动了风投和政府引导基金的发展。2008年,国家发改委、财政部、商务部联合出台了相关政策,文件对于引导基金的概念、性质、目的和资金来源进行了规定,并指出政府引导基金不进行直接投资。该阶段是引导基金的试点推动阶段,政府引导基金对于社会资本的撬动作用开始显现。

第三阶段起始于2009年。《科技型中小企业创业投资引导基金股权投资收入收缴暂行办法》《新兴产业创业投资计划参股创业投资基金管理暂行办法》等在此后相继出台。该阶段是引导基金的规范化阶段,数量和规模有所扩大;全国累计新设引导基金305支,规模达到2 579亿元。

第四阶段起始于2014年。这一阶段,各个地方政府陆续出台政策并成立专项基金,各地迎来了政府引导基金高速发展的热浪,并一直延续到现在,是产业引导基金的繁荣发展阶段。2014年至2018年,新设立引导基金数量近千支,规模达到58 546亿元。该阶段新成立的政府引导基金的资金实力、基金数量和规模都出现了快速增长。

经历了2015年的爆发式增长之后,产业引导基金在2017年后有所放缓,数量和目标规模较上一年度增长率分别降至9.8%和20.7%。在规模与速度齐头并进的背后,是行业面临的系列问题。项目组发现目前各地产业引导基金存在一系列的通病,问题可以总结为"募不来,投不出,管不好,退出难",具体表现在以下四个方面。

第一，在募资环节，社会资金募集难度大，导致很多基金募集失败。由于存在引导产业和促进区域经济发展的内在诉求，政府引导基金一般会附带一系列的投资限制条件，加大了募资的难度。

第二，在投资环节，政府产业引导基金投资受到地区经济状况制约，并且过度追求资金安全，导致大量资本闲置。有关数据显示，在全部产业引导基金中目前有57%的基金还没有进行过投资。审计署披露的审计结果显示，中央和地方的政府产业引导基金均存在大量闲置问题。中央财政出资设立的13项政府投资基金中，结存未用的比例为30%；而抽查发现，地方政府设立的6项基金中，财政投入资金的66%转为了商业银行定期存款，资金闲置的比例都非常大。

第三，在管理环节，缺乏专业的管理人才和团队，导致很多基金"管不好"。产业引导基金的管理方目前多数为国资体系，薪酬尚未实现市场化，很难留住专业人才。部分基金管理机构人员主观积极性不强，在决策及管理方面往往"不求有功、但求无过"，对引导基金项目运行疏于监管，导致政府资金的安全性和收益性下降。有的政府直接委派人员进行产业基金的管理，这相当于政府主导了投资而不是引导投资。

第四，政府产业引导基金的退出渠道有限，缺乏实际经验。由于缺乏引导基金退出的实践经验，对于退出期限的限制，有的地方只是简单做出了硬性的规定。过短的期限会导致基金到期时，未实现收益，资本效率低下；过长的期限则导致基金长期投资在一些收益好的项目中，不愿退出去转投种子期项目。在退出路径上，多数基金在近期成立，尚未大规模进入退出期。据统计，2008年至2018年期间，全国退出不足百例，基金退出的成熟经验和路径尚未形成。

尽管面临诸多问题，但政府产业引导基金仍处于快速发展的通道中，项目组判断，政府产业引导基金未来发展有如下趋势。

第一，在投资标的选择上，地域限制将逐渐放宽。

第二，引导基金管理团队日趋专业化。许多产业引导基金自成立以来并没有明确的投资策略和投资方向，主要进行"机会型"投资。随着产业基金竞争的日趋激烈和差异化优势的逐渐确立，只有"专业型"的产业基金才能生存。例如，深创投受托管理深圳市政府引导基金等多支引导基金。

第三，引导基金的让利方式更加灵活。政府产业引导基金不以营利为目的，通过设立灵活的让利机制，能够更好地发挥调控作用。各地引导基金根据子基金投资领域、投资阶段和风险，给予不同程度的让利，能够更好调动社会资本的积极性。

在摸清楚企业和行业普遍的现状后，项目组还对国内外产业引导基金的他山之石和创新实践进行了分析和借鉴，包括苏州元禾、江苏高投、深创投、长江经济带产业基金、亦庄国投、以色列 Yozma 基金等，这些产业引导基金各具成长背景，处于不同成长阶段，各有特色。

四、和君同行，携手共赴美好前程

1. 坚定明晰发展方向

不同于其他性质的企业，产业引导基金承担着服务当地经济，助推当地产业发展的重任。因此，其发展规划必须与当地的经济发展阶段合拍。虽然在项目研究过程中广泛借鉴，博采众长，例如目前全国各地政府引导基金管理存在多种模式和机制且多数管理机构能力不足，存在跨区域合作和托管的机会，但重庆产业引导基金的发展最终还是要回归本源，立足于助力重庆市的产业发展，来确定其未来的发展定位。

同时，政府政策也带来利好：2017 年 3 月，重庆市政府 32 号文发布，与 2014 年 39 号文相比，拓宽了资金来源及投资方式，放宽投资限制，给公司业务拓展带来新机。重庆产业引导基金成立之初要求专项基金 80% 投资于重庆当地企业，致使部分专项基金资金募集遇到了困难。其后，重庆市政府对基金的投资进行了调整，适当放松了对于投资地域的要求，比例降低为 50%，并放宽了对重庆本地企业的认定范围，缓解了募资的难度。

结合企业的内外部发展环境，项目组认为，重庆市产业引导基金未来的战略应该是内涵式的：第一步要夯实成为更好的母基金，专业的政府引导基金管理者；第二步要从能力上形成优秀的资产管理服务能力。

为打造更好的母基金，公司需要成为专业的产业引导母基金管理者，在业务层面和组织层面探讨可能的优化空间。例如，业务层面优化模式，构建"政府引导基金—二级母基金—专项基金—项目""多层投资结构＋全周期投资"的母基金运作模式，积极与产业集团合作，探索塑造产业集群。此外，在募投管退各个环节也应进行相应优化。

在发展的第二阶段，公司可以定位为优秀的资产管理服务提供商，首先以股权投资平台为基础，伺机建立综合资产管理服务平台，打通更综合的产融互动模式，助推重庆市产业优化调整和新兴产业发展。为了实现上述目标，我们建议重庆市产业引导基金：

- 探索设立包括产业并购基金在内的二级母基金。
- 在基金招募环节，加大对基金管理人的招募力度。
- 在基金投资环节，积极探索多元投资模式。
- 在基金管理环节，强化基金投后管理，并加强投后服务环节建设（服务生态集群）。
- 在基金退出环节，完善基金退出机制的建设。

以打造积极探索投资模式为例，综合案例分析，项目组提出了政府、资本、产业三方合作的新型投资模式（见图7-3）。

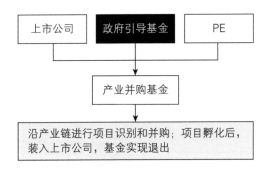

图7-3 产业引导基金新实践之"政府+资本+产业"合作模式

在该模式中，各方均有各自的优势和相应的诉求。代表政府的国有资本方，优势是背靠政府，可以协调各类资源，劣势在于缺乏投资运作的专业能力，其核心诉求在于借助外部资本和产业集团，在当地打造优势产业集群；资本方优势在于资本的专业运作能力，劣势在于缺乏地缘关系优势，以及面临资金退出的问题；而产业集团或是上市公司作为产业方，则为产融互动提供了产业运作之根本，能够协助地方政府因地制宜打造优势产业集群，推动区域经济发展，同时为资本方提供了项目退出渠道。在此过程中，产业方也借助资本力量和政府支持而不断发展壮大。

三方合作的模式,能够取长补短、强强联合,推动产业升级和经济的转型发展。

2. 全面建设组织能力

结合项目组在全面诊断阶段所明确的切实问题,项目组针对组织、岗位、薪酬等方面也分别提出了建议。

首先,优化公司顶层组织。项目组就公司现阶段组织所存在的问题,提出了包括做实董事会、增设战略规划与投资委员会和薪酬委员会等议事机构,建议增加外部董事,强化监事会的财务监督、业务监督和管理者监督职能等相应的治理层改进建议。

第二,对于公司的组织职能,进行细化优化。梳理部门及岗位职责,根据纵向和横向两个维度进行部门职责梳理,纵向将部门职能分解为彼此相对独立而又相互连续的职能模块,横向将每一块职能按照工作性质分层进行细化描述,使各项职责具体化、可操作。同时,根据岗位设置原则,综合考量岗位设计考虑因素,设计各部门岗位,对岗位名称进行规范,保障岗位名称反映岗位核心职能。最后,对岗位职责、任职资格、岗位权限、能力素质、工作环境等内容进行梳理,对岗位职责进行系统分析,形成精细化的职位说明书。

第三,优化调整薪酬激励体系。项目组基于"3P+1M+调整因素"模型(见图7-4),充分考虑了薪酬的内部公平性和外部竞争性,以及区域差异、关键序列岗位等调整因素,对其薪酬体系进行了优化,解决激励性等一系列问题。

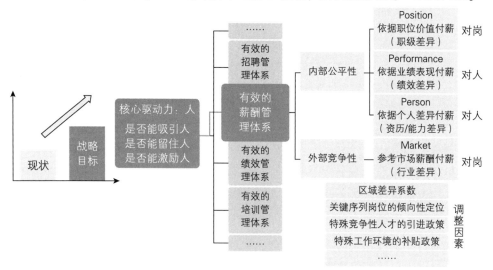

图7-4 "3P+1M+调整因素"模型

除了解决重庆产业引导基金当期面临的问题,项目组也对其后续的中长期激励体系的建设提出了相应的建议,分析了其必要性和可行性,并提出了奖金池和项目跟投等具体操作建议(见图7-5)。

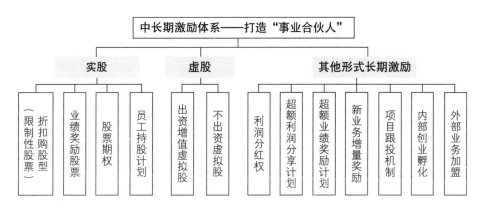

图7-5 中长期激励模式设计方向(示例)

咨询项目后期,通过跟基金管理公司管理层反复研讨,公司上下对于未来公司的战略发展方向形成了清晰和一致的认知,汇成发展合力。组织建设部分,则通过对公司组织架构、部门职能的调整和梳理,使得公司组织能够更好地服务于公司未来的战略发展,薪酬体系的调整和完善也有利于公司的人才队伍的建设和人员的稳定。

通过此次咨询项目,重庆产业引导基金的发展方向得以清晰,员工的发展路径得以明确。基金公司认为此次咨询项目切实起到了推动公司健康发展的作用,对于项目组的敬业和职业化工作态度也给予了高度评价。时任公司总经理在项目结项书写道:"专业、勤勉、尽职地完成了协议工作任务,对提升公司管理水平有很大帮助。"

五、对全国产业引导基金的发展启示

重庆产业引导基金作为行业内的标杆企业所面对的问题,实际上也是整个行业问题的缩影。经过详细分析与调研,项目组认为,产业基金运行模式普遍存在以下四大矛盾。

一是各地产业引导基金的规模与当地产业基础之间存在差距。政府对于产业引导基金的监管，尚未形成系统的、完善的、自上而下的管理体系。各级政府一拥而上，纷纷成立产业引导基金，导致产业引导基金总体规模过大，基金规模和当地的产业基础严重脱节，大量资本被闲置和浪费。同时，由于地方性产业引导基金一般立足于推动本地产业发展，对于基金投向的地域有所要求，当地的优质项目很难满足投资的需要，自然也为社会资金募集带来了相应的困难。

二是产业引导基金设立的初衷和国有资本本身风险厌恶特征之间存在矛盾。国有资本均存在保值增值压力，其本身具有风险厌恶性。而产业引导基金设立的初衷则是为了扶持周期长、风险大的创新型企业和项目。国有资本风险厌恶的特性，限制了产业引导基金的投资选择。引导基金投资目标有限，结存资金收益又较低，必然会阻碍社会资本进入。

三是长期目标与现行的考核机制之间的矛盾。政府引导基金设立的初衷和承载的使命，需要综合考虑政策目标、经济效益和社会效益等，这与市场化的基金完全不同。目前，大多数地方政府均未对产业引导基金形成科学完善的考核体系。除了考核标准和边界不清问题之外，各级政府引导基金都把引导目标锁定在新能源、新材料、高端装备等国家战略性新兴产业上，忽略自身区域产业基础和资源禀赋，投资目标出现"千城一面"的景象。

四是高端人才与低端收入之间的矛盾。政府产业引导基金一般委托基金管理公司进行管理，但在国有资本背景以及政府对于产业引导基金缺乏科学合理的考核机制等种种前提下，产业引导基金管理的团队激励性往往不足，很难吸引和留住优秀的专业人才和团队，尤其对于本身就处于落后区域的产业引导基金来说更是难上加难。缺乏有效的激励机制，管理团队的积极性不高，也导致了产业引导基金出现管不好的问题。

针对行业的共性问题，和君咨询提出五项关键建议供参考。

第一，建立灵活的让利机制，国有资本对于民营资本适度让利，以缓解政府资金和市场资金目的不同的矛盾，解决政府产业引导基金募资难的问题。

第二，在政府监管层面，通过建立合理的长期考核体系，解决考核机制与基金长期目标不适配的问题。要全面考虑政府引导基金的政策目标、管理目标和经济目标，不能追逐短期商业化目标，而应该追求长期发展目标，同时建立引导基金的考核容错机制，客观地对待风险。

第三，通过加强风险控制和投后管理体系建设，缓解政府引导基金投资目的和国有资本风险厌恶的矛盾。一方面，各政府产业引导基金需要建立全面的风控体系。除了对 GP 进行严格筛选之外，也需要针对已经合作的 GP 建立科学的评价体系，对其进行科学的绩效评价；另一方面，要强化对被投公司的投后管理，充分调动政府产业引导基金的各项资源，在投后服务环节为 GP 和所投企业提供更为强大的增值服务。

第四，加强基金的市场化运作，通过合理的薪酬水平和薪酬结构吸引和留住人才，部分基金可采用托管的方式，解决人才需求不足的矛盾。

第五，加强退出途径建设，解决政府产业引导基金退出难的问题。加快资本市场改革和发展，长期保持 IPO 常态化，逐步推动企业上市。在基金运营层面可采用"PE + 政府产业引导基金 + 上市公司"的模式，通过与 PE 和上市公司的合作，一方面借助 PE 在基金管理和项目选择上的专业性，另一方面借助上市公司，开拓项目的退出渠道。

六、延伸思考，适用广泛的国有资本投资管理升级

从产业引导基金放大到具有更广泛性的国有资本投资领域，在当前宏观形势下，国有资本投资各个主体同样面临严峻的挑战，既有市场的挑战，又有体制机制的挑战。

二十多年来，中国国有资产和国有资本的管理体制改革经历了多个阶段，直到 2013 年，十八届三中全会提出以"管资本"为主完善国资管理体制，加强国有资产监管，代表着国资管理体制改革工作进入"完善"的全新阶段。在完善阶段，改组组建国有资本投资、运营公司是重中之重。遵循"试点先行、稳步推进"原则，不断积累试点经验并出台政策系统指导"由中央到地方、由试点到普及"的全面深化改革工作。通过改组组建国有资本投资、运营公司这一重要举措，进一步推动两权分离、明确权责和强化国资管理监督，以充分发挥国有企业的主导作用，推动我国经济发展实现由高速增长向高质量发展的转变，这与政府

产业引导基金是互补、互相支撑的。

而在这样广义的国有资本投资管理中,政策密集性很高,而实践性较低,多数国有资本尚未建立科学、完备、标准的投资管理体系。国有资本投资管理体系面临的问题,与政府产业基金过去曾经面临的问题,有很大的相似性。我们也希望,本文能够对国有资本投资管理体系起到一定的帮助作用。

最后,祝愿广大的国有资本与国有企业,在如火如荼的改革大潮中,扬帆远航。

组织管理篇

战略如何落地？首要考虑的是组织建设。然而组织建设并不是简单地画个组织结构图、成立几个部门就能完成。发展战略需要通过组织建设逐级传导至企业末梢神经。本篇的两个案例，介绍了和君咨询与两家大型国有龙头企业精诚合作，以独特的方法论，通过组织变革连接企业发展战略与一线日常经营管理，进而实现大象起舞、航母破浪的历程。

第八章
上市公司的组织变革和管理提升
——首创股份

作者：李向群、龙飞

2015年，正是节能环保行业发展的黄金时期。环保行业此时已经被列为战略性新兴产业，无数的资本、企业蜂拥而至。首创股份则早在十几年前就已经进入了环保行业，拥有污水、供水、垃圾焚烧、危废等数个环保细分板块，是当之无愧的行业龙头，其一举一动，都备受行业瞩目。然而即使是行业老大，此时也能感受到巨大的压力：中石油、中石化、中海油、中化集团……无数巨头都在拼命地扎进环保这个看似前程似锦的市场，每一个项目的释放，都引来无数竞争对手的围攻。

从前行业内的平衡瞬间被打破了，外部环境翻天覆地的变化，甚至无法判断一个项目上的竞争对手会是谁，谁也不知道是否会有一个突然冒出来的央企，或者实力强劲的民企，以无比诱惑的条件跟业主洽谈。北控水务、中国节能、光大国际……竞争的白热化，让首创股份感受到了无比巨大的压力！就在这个时候，首创股份决定，启动组织变革，应对外部市场的激烈变化，寻求企业的再一次腾飞。

2014年的首创股份，营收已经达到56亿元，利润总额近10亿元，水务日处理规模1600万吨，管理水厂、垃圾焚烧发电厂等各类环保项目数百个，员工数量近7000人，在行业内已经是宛如航母一般的存在。这样一家企业，要在激烈的市场变化中启动组织变革，难度可想而知。

寻求一家经验丰富的咨询公司帮助，成为首创股份组织变革工作的一部分。经过激烈的角逐，和君咨询成为首创股份的合作方。除提供专业的方案外，和君咨询对首创股份组织变革的深刻理解、难度的估计等各个方面都是打动首创股份的原因。项目对接人后来跟我们聊起来为什么选择和君咨询，说道：

"我们还是看重你们的经验，行业内的前几名企业基本都是你们在提供服务，另外你们对我们研究得也很透彻。我们对自己做组织变革的难度心里是有数的，内部估计需要半年左右时间才能完成，毕竟体量太大了，情况也很复杂。我们谈了很多咨询公司，包括知名的外资咨询公司。有的咨询公司说三个月就能完成，有的咨询公司说两个月就能做完。只有和君，提出来需要九个月，即使投入更多的人力压缩时间，也需要至少七个月！这个时间判断，和我们一致，说明你们对项目的难度是有充分估计的，也确实有实际操盘过企业组织变革的经验。"

常规的一个组织项目，大概三四个月时间就可以完成。那么为什么和君咨询提出来需要这么长时间？我们一起来看看和君咨询为首创股份提供的组织变革咨询案例，这是行业内至今津津乐道的一段故事，一段企业与咨询公司精诚配合，实现大象起舞、航母破浪的故事（见图8-1）。

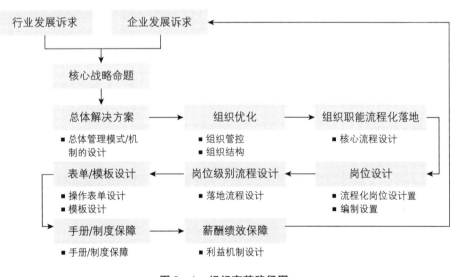

图8-1 组织变革路径图

一、组织变革：从战略开始

1. 行业机遇的把握

为什么有的咨询公司觉得两个月就能完成一个组织变革项目？很简单，只做基本调研，画一个组织结构图，写下部门职能，再拍脑袋定一个岗位设置，然后编制一份岗位说明书，两个月时间说不定还有富余。而我们进场的第一件事情，就是探讨首创股份的战略：组织变革，不是组织管控项目，组织变革通常是因为剧烈变化的环境触发的，首要要素是企业战略，是重构企业战略中的核心要素，然后一步一步落到组织中，从板块到部门再到岗位，一层一层落地下来才能保障一个组织变革项目的成功。如果只用两个月的时间，恐怕连企业的底子都还没有摸清楚，更别说为如此庞大的一个企业做组织变革了。

所以，项目组进场以后，立即组织起来研究行业、探讨战略。经过和客户的无数次碰撞，最终大家共同认可了整个行业面临的巨大机会以及变化，我们列举几条给大家参考。

我们判断传统的污水、供水项目仍然有市场空间，但是竞争将越来越激烈，行业内的新兴机会将会向流域治理、黑臭水体治理、污泥，以及区域化的综合解决方案等方向转变；

由于大量新进入者，以及存量、增量项目的有限性，我们判断渠道将迅速下沉；

我们对行业的整体驱动要素判断，是短期看资本，中期看管理，长期看技术；

国际化是未来的大机遇，"一带一路"等不是简单的概念而会升级为国家战略；

……

有人会产生疑惑，组织变革项目，谈论这些看起来有点虚无缥缈的东西有什么用？实际上，对于组织变革，我们首先就要看清楚行业的发展脉络，看清楚企业的现状，思考明白企业的战略，然后才可以谈论组织变革。

2. 大区之争

举个例子，首创股份在我们进场的时候就在激烈讨论要不要实施区域化。2015年以前，首创股份是高度集中管理的模式，总部功能非常强大，从投资到建设到运营一把抓，集中力量办大事，快速完成了在全国的布局。其中最得力的部门就是投资管理部，这个部门聚集了几十个精英，转战全国，为首创股份的规模扩张立下了汗马功劳。但是随着市场竞争的激烈以及越来越多的项目被释放，投资管理部已经跑不过来了，管辖项目也越来越多，上百个水厂，一人提出来一个问题就要把总部负责的部门忙成"一锅粥"。

在这种情况下，有人提出来，把首创股份从"总部–项目"的两层架构，改成"总部–大区–项目"的三层架构。方案提出来，有人支持，也有人反对。支持的原因是能够减少总部工作量，部分工作可以交给大区。反对的原因，一方面在于大区会因此分散专业力量，无法集中力量突击；另一方面出于惯性考虑，担心难以实现多层级的管理体系建设。

首创股份要求项目组尽快解决这个问题，明确给出答复：建立大区，还是保持两级管理？大区是做实还是做虚履行部分总部管理职能即可？站在管理角度看，哪一种方式都可以，但是站在战略角度看，情况就完全不一样了。我们很快给出了明确答复：建立大区，而且必须尽快建立，尽快做实！

在研讨会上，我们提出了建立大区并且做实的理由：

（1）当前行业竞争激烈，大量新进入者在抢占项目，地市一级的项目、大体量的项目竞争已经到了白热化状态，一个项目被放出来，二十几家企业来竞争。而地市一级项目数量是有限的，经过几年的角逐，目前所剩已经不多了，再过一两年，大家可能就要面临大型项目消失殆尽的局面。到时候，县城、甚至农村的污水、供水等各类项目，都会面临疯抢的局面。目前，我们可以靠投资管理部集中力量跑地市级大项目，等到县域项目释放的时候，还跑得过来吗？中国有3000多个县，一个人跑30个县，工作量就够多了，需要多少人才能实现全部覆盖？答案是100人！一个总部有100人跑市场，从效率、管理、市场距离等各个方面都是巨大的挑战，显然无法实现。而对于大区来说，天然贴近市场，对市场的反馈灵敏，对市场机遇的把握更加准确，并且人员可以被培养成多面手，成本、效率的优势非常明显。

（2）眼下首创股份已经有上百个项目了，总部管理能力开始吃紧。按照行业发展机遇和我们的战略判断，首创股份的项目数量很快会翻番，到时候，公司将有三四百个项目需要管理。一个多么庞大的总部才有可能管理好这么多项目呢？而大区明显可以帮助总部把基础管理做好，把常规事项有效地管理起来，总部做好标准，管理好风险以及例外事项、重大事项即可。

一锤定音！既然渠道很快就要覆盖到县域乃至农村了，那么就应该提前布局，赶紧把力量撒出去。建不建大区、做不做实的争议戛然而止，大家一致同意：立即建大区、立即把大区做实！

三级管理体系就此确认，大区随即进入紧张的建设阶段。数年之后，回顾当时的决策，首创股份的领导人感叹说："幸亏我们反应及时，调整得快。现在行业里县域项目都不容易拿到了，我们再晚几年把市场触手伸出去，靠总部这几杆枪，别说吃肉，恐怕汤都喝不到了。"不少企业，在当时没有抓住机遇，舍不得扩大组织、提前为战略布局，结果困于一隅。大量区域型的环保企业，手握良好的区域资源，眼下却发展艰难，只能维持运营，很难再谈寻求增量，归根结底就是败在了这个阶段。

3. 从战略到组织

假如大家对环保行业有所了解，就会明白我们在 2015 年就提出来的环保行业机遇意味着什么。

根据我们对新兴水务与传统水务发展趋势变化的判断，首创股份和我们一同研究，设立了专属的水环境事业部、污泥公司、农村环境事业部等。水环境事业部成为重点关注对象，首创股份安排了一位能力很强的副总经理亲自带队，目前这个事业部已经是首创股份最重要的业绩增长源。

根据我们对行业驱动要素的判断，既然短期看资本，首创股份又是上市公司，正好利用资本优势来攻城略地；既然中期看管理，整体管理体系建设，尤其是项目运营系统的建设就显得非常重要，原来散布的战略管理全部集中到了新的企发中心，运营部从小部门向大运营中心方向调整、强化建设等；既然长期看技术，原有工程技术部就被迅速拆分出来，研发中心成立且地位很高，首创股份给予大量资源投入，在环保技术方面，迅速取得领先地位。

国际化、综合解决方案、行业窗口期分析……一个个专业判断经过慎重的研讨，迅速成为一个个可以落地的具体举措，对应着一个个主体迅速地调整。在全新的定位下，新的企发中心成立了，水环境事业部成立了，大区成立了……一片欣欣向荣的景象呈现在首创股份面前。

仅仅是设立组织结构，界定基础的管理模式，我们就花了整整两个月的时间，其中大部分时间用于战略的研讨与确认。

二、变革设计：一切只为更美好的明天

1. 从组织结构向组织运作的落地

组织结构定好了，但是距离一个组织完成变革，向既定方向运作起来，还差

得很远。一个大模块内部的结构如何设计、部门与部门之间的协作、各个层级之间的管理关系、责权利的重新分配与安排等一系列问题都需要解决。

比如前面谈到我们设立了三级管理体系，多出来了一层大区，那么大区和其他模块之间究竟是什么关系？总部做投资，大区做不做？水环境事业部、农村环境事业部也做市场开发、做投资，它们和大区之间又是什么关系？投资过程涉及多个部门多个板块之间的配合，例如法务、人力、运营等，它们和大区又是什么关系？怎么解决这些问题？

这些问题的解决，又有多种多样的方式，例如可以让大区负责市场开发，具体的投资行为交给总部；可以让大区负责简单的、小项目的投资，将复杂的、大的项目交给总部；可以把传统水务，例如污水、供水项目交给大区，新兴水务，例如水环境、污泥等项目交给专业公司来做；还可以更加细分一些，把传统污水的部分环节，例如市场开拓、手续办理等简单的内容交给大区，把复杂的投资测算、决策交给总部，把新兴水务的全环节交给专业公司……

有这么多的选择项，究竟哪一个是最好的？如何来抉择？我们认为，每一个方案都有各自的优劣，需要我们慎重选择。在一次研讨会上，我们对参会人员诚恳地说："没有最好的方案，也请大家不要一再追问我们，这是不是最好的方案。但是一定有最适合我们的方案，我们在努力分析、探讨的，就是当下最适合我们当前发展阶段、管理水平等要素的解决方案。"

不仅是大区这个模块，几乎所有的业务模块、所有的核心业务链，全部都面临这样的问题。每一种模式的选择，又会对其他板块产生相应的影响。关于大区的内容还在商议，投资模块又开始反馈，直投项目和并购项目究竟该如何操作？如果大区发起了一个并购项目，该怎么办？如果并购的是一个新兴水务项目又该如何处理？

整个过程，对于项目组而言，就是一个从顶层设计出发，把每一个模块抽丝剥茧的过程。随着一个又一个模块被探讨、交付，眼看着一个个方案陆续落地，项目组也感觉到，再辛苦也值得，这是我们的职业骄傲。

2. 交锋下的专业坚守

在组织变革中，难免遇到双方意见相左的情况。普通咨询项目都经常遇到，更何况是难度很高的组织变革咨询项目呢。对任何一个模式的选择，背后都是责权利的重新划分，往这边一点，还是往那边一点，对项目组而言只是方案上的一条线，但对于模块而言，就意味着责任和权益的巨大变化。这种情况下，激烈的交锋就会难免。

项目组面临最大的挑战在于对工程模块的调整。首创股份彼时工程业务较为分散，项目组希望对工程模块进行整合，并获得了领导层的全力支持。然而在对工程模块进行具体的模式选择以及权限划分的时候，矛盾出现了。

工程模块希望在工程建设期对项目公司的部分事项予以管理，要求要有部分审批权。工程模块提出这个要求是基于很现实的情况：在工程现场，工程模块是弱势一方，项目公司拥有相对较大的权力，对工程的付款、结算、手续等很多关键事项都有重大影响。拥有关键事项的审批权，有助于工程模块的工作推进。

但是项目组并不这么认为。因为仅仅从一个模块的角度来看的确是没有问题的，但是从全局来看，这势必会造成对投资、运营、人力、项目公司等其他多方的工作困扰，属于为了某一个模块的效率及风险控制而牺牲全局的做法，是不可取的。

两种截然不同的意见摆在桌面，第二天就要开会研讨，双方都据理力争，互不让步。项目组再三解释，但是工程模块仍然坚持要按照自己的意见来。这时候的场景，用剑拔弩张来形容都不过分。

工程模块的负责人对项目组说："按照我们的意见改吧，结项的时候我们一定给个好评，后面我们还有很多合作可以推进。"

项目组回复说："不行，我们有我们的专业原则，你们这么做是不合适的……"

工程模块的负责人又对项目组说："你看我们工程模块这么辛苦，对你们的工作也很配合，按照我们的意见来吧。"

项目组说："不行啊，个人感情归个人感情，但是这个事真不能按照你们意见改，我给你解释解释……"

工程模块的负责人最后生气了："不按照我们的意见修改，评审会我们就不通过你们的方案，到时候你们项目款都收不到！"

项目组说："这样的话，我们可以不要项目款，但是方案，我们坚决不改！"

工程模块的负责人最后使出了绝招："我们已经通知办公室了，明天开会用我们的方案，你们去汇报就行。"

项目组也生气了："我们拒绝汇报，你们坚持你们的方案，那么明天的办公会，请工程模块自己去汇报吧，我们拒绝参加！"

一番争论下来，谁也不肯让步。工程模块的负责人无奈地说："不管结果如何，你们这种坚持专业的精神我们还是认可的，如果实在不肯，那我们找领导来商量吧。"

最后，面对分管领导，项目组认真地剖析了双方的分歧，阐明了自己的观点。分管领导当即拍板："听和君的，有意见，会上提出来。"

在汇报会上，大家一致同意了我们的意见，采用了我们的方案。会议结束以后，工程模块的负责人又特意找到我们说："你们确实很专业，也很坚持自己的专业，值得我们学习。我们以前合作的一些机构，都是我们提意见它们就改，和君还真是不一样。"

3. 聚沙成塔的核心成果

经过数月的奋斗，加班了无数个日夜，项目组最终完成了从公司治理，到战略、研发、投资、建设、运营等全部链条，共计18个模块的梳理与设计，每一个模块都进行了全方位的分析、设计，既考虑各个模块之间的相互关系，又对每一个模块内部的事项进行不断地细分，力求完整地展现每一个模块的管理理念和细节。

例如核心模块之一的投资模块，我们沿着模块化、类别化两个途径，首先将投资分成市场开拓、尽职调查、投资决策、投后评估等几个大的模块，然后根据项目类别分成污水、供水、水环境、污泥、一体化等不同类别，再根据项目来源分成直投与并购两大类别，再考虑不同主体发起源，例如项目公司、大区、事业部还是总部发起等，最后还要考虑投资的规模，将投资规模根据前述特征的不同，按照金额、占总资产比例或净资产比例等不同维度再次细分。最终达成的效果，是无论出现何种情况，例如一个大区发起一个传统污水带管网的投资额约5亿元的BOT项目，每一个步骤怎么做，哪些部门/事业部/分公司在哪些环节参与，分别执行什么动作，达到什么标准，有哪些要求等，都有全面的解决方案！

这些事项被一一罗列出来，最后形成了一整套的责权表。大家可以想象这样一套表格的信息量有多大！这是一种穷举的方式，利用和君咨询的管理视图分析法，用 MECE 的原则，把所有的可能事项，条理清晰地分割成了一个一个的管理原子。这套责权表，是所有管理事项的索引，也被称为首创股份的"基本法"。

而这只是成果的冰山一角。为了获得清晰的责权体系，项目组与首创股份的各个层级一起，不停地研讨、完善，把每一个事项对应的核心流、表单、模板逐一建设起来，把每一个事项，在不同主体之间的交界面一一阐述清晰，整个工作庞大而有序。等到基础工作完成，才开始汇聚各个不同主体的事项，形成各级组织的职能。项目组在第三个月才完成部门职能的归集工作。

首创股份一位领导很感慨地说："我们兄弟单位也在做所谓的组织变革项目，匆匆调研了一下，不到半个月就给出了部门职能。然后大家觉得部门职能描述得挺好，但就是不落地，不知道该怎么干。和君这套体系，我们一开始也很担忧。怎么不按照套路出牌？一上来不谈部门职能是什么，先说公司发展，再细分发展所需事项，还花费了这么多时间来探讨每一个事项怎么干。现在我算是看明白了，你看我们那个兄弟单位，因为部门职能界定不清而相互争吵，项目成果根本就不落地，再看我们这个部门职能说明书，非常翔实而且大家都没有意见。为什么呢？因为每一个职能怎么落地，说明书上写得清清楚楚！"

部门职能落地之后，项目组又马不停蹄地开始协助各个部门进行内部岗位等管理体系的建设。部门内部管理听起来简单，实际却非常复杂，非常考验项目顾问的水平。我们需要综合考量每个部门的职能事项，其发生频率如何？每次触发工作量有多大？难度有多高？部门的负责人，其管理偏好是什么？管理水平又如何？这一职能事项，需要几个岗位才能够完成？需要几个人才能完成？这几个人究竟怎么做才能更好地完成这项工作？连基本的岗位设置，都必须要考虑这么多因素才可以最后确定，否则就是"拍脑门"做决定了。

部门内部管理体系建立起来，还有每一个工作的流程、标准、表单、模板……从战略到组织，再到岗位的具体工作，都是这样一点一点聚沙成塔累积起来的！

到了这时候，项目组终于松了一口气。谁说战略是虚无缥缈难以落地的？我们这一套成熟的方法论体系（见图8-2），足以支撑一个企业系统化地把战略从思想转变成具体的行动。

然而这只是方案。方案要真正落地，还需要我们和客户一起，花费更多的时间和精力推动下去。

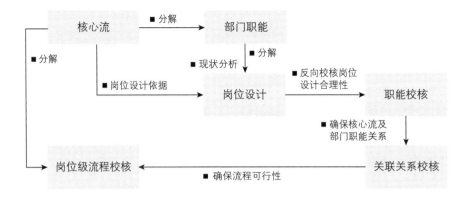

图 8-2 核心模块关联分析图

三、方案落地：理想与现实的交融

1. 从试行到完善

一个组织变革项目，是不可能等着项目组把所有方案都设计完成后，再来实施的。这么长的周期，谁也耽误不起这个时间。所以，我们一边设计方案、讨论方案，一边为方案的落地开始做准备，大力推进方案的试运行。咨询顾问不是万能的，企业变化如此之快，不断爆发现实问题，没有理想的方案存在。

例如我们经过探讨，把市场前端的职能交给了大区，所有的核心流程设计、责权分配等基本都成稿了。为了能够快速推行，我们与首创股份的总部一起，挑选了一个大区作为试点。这个大区领导班子已经搭建完毕，能力很强，实力雄厚，也很乐于接受挑战，项目组对方案的执行也很有信心。为了能够帮助大区更好地将市场职能落地，我们与大区一起，盘点了大区所辖范围内的市场情况，仔细分析了竞争对手的动作，根据大区自身的能力优势，以及总部能够提供的支持，拟定了相应的计划，准备大干一场。

然而计划还没有开始实施，总部就收到一份请求支援的报告：大区反馈，没有足够的开拓人员。大区提交的报告，内容非常翔实，包括区域情况、已有项目开拓线索、潜在可投项目信息、竞争对手情况等，并且根据以往经验，提出了所需增编人员的具体数量，大约需要在开拓线增编十几个人。

这份报告顿时引起了轩然大波。变革期间，企业对人员编制的控制非常严格，渠道下沉后，总部在大力精简人员，大区突然要求这么大幅度地增编，影响可想而知。但是看完大区的报告，大家心里都感觉沉甸甸的：市场竞争这么残酷，我们把工作交给了他们，他们需要足够的炮火支援才能完成，大区并不是借机扩张队伍，而是实打实地在开展工作，基础工作已经做起来了，眼下人手已经严重不足了，怎么办？

项目组很快意识到，仅仅把总部和大区的各类责权、事项分配清楚是不够的，管理体系是建立起来了，但是距离落地还相差甚远。作为一个新设立的大区，没有良好的资源、能力支撑，是没有办法按照战略举措的要求来完成总部交付的重要任务的。我们需要再深入一层，把大区的运作问题，尤其是核心问题尽快解决。

尽管这不在项目原定计划内容中，但是项目组立即着手跟大区商议，如何在人员配置尽量合理的情况下，使大区运转良好。我们与大区经过再次认真分析，把需要跟踪的项目分解成 ABC 类，判断项目的阶段和成功的概率，优先考虑进行 A 类项目的跟踪和投入；再把这些潜在项目，和大区已有项目一一匹配，凡是在当地或者近距离范围内正好有项目公司的，要求已有项目公司的总经理承担起市场开拓的责任，减少专职人员的投入，尤其是 B、C 类处于较早期的项目，应给予他们一定的激励。几番动作下来，在少量专职人员增编投入的情况下，基本实现了市场开拓的需求。

这只是整个庞大的体系落地过程中的一个小插曲。工程建设体系的落地、运营管理体系的落地、人力资源管理体系的落地……每一个专项体系的落地，或多或少都会出现一些意想不到的问题。假如一个组织变革项目，所有的成果落地都很顺利，那么我们反而要质疑：都这么顺利，企业真的是在变革吗？

核心的、重要的项目成果，都经历了试点、完善、推广的过程。即使我们思考得再周密，也无法保证方案是完美的。只有在实践中检验，才知道究竟可不可行、有没有更好的解决方案。到了项目后期，大区、项目公司都纷纷要求成为优先试点，都愿意深度地参与到组织变革中。用他们的话说就是："试点有你们手把手地教，帮助我们解决实际的问题。我们还可以提前接触到下一步总部的想法，很值！"

项目成果的落地，也少不了信息化的支持。随着项目成果的确认，OA、PM、采购等一系列信息化系统开始按照新的方案进行调整、建设，标准化、信息化的建设思路获得了大家的一致认可。

2. 两万五千里长征般的宣讲

方案趋于成型，试点问题逐步解决，首创股份领导层和项目组一起，又仔细地探讨了整个组织变革及落地的方案。

最终，方案定型了，项目组需要大范围地把方案推广开，一直到落地执行。要知道，首创股份的业务在当时已经覆盖了数十个城市。让大家都理解方案、更好地执行方案，成了一个"体力活"。首创股份的对接项目组和和君咨询的项目组，一起准备好了行囊，踏上了两万五千里长征般的宣讲之旅。

这一趟走下来，花了有半个多月的时间。即使前期做了那么多工作，但在方案真正面临落地，告诉大家应该怎么做的时候，还是会出现很多的问题。有赞同的，但也有不理解的，还有明确反对的，各种各样的情况在宣讲中都会出现。项目组的成员们每天要宣讲、答疑，还要接受各种挑战，再顺便帮助各项目公司、大区等解决一些管理上的实际问题。在经过一番辛苦后，终于宣讲工作顺利结束！

宣讲回来，首创股份的领导们很高兴，不仅是因为宣讲很成功，还因为项目组回来的时候，带回来了一份大家都没有想到的大礼：我们把各级组织反馈的各类问题，无论与项目是否相关，都一一整理出来，并且提出我们的专业建议，编制了一份宣讲总结及各级组织反馈问题的报告。谁也没有想到，和君咨询会在这个阶段，拿出一份这样的报告！

项目组说："什么时候，都别忘了我们是一群专业的咨询顾问，我们时时刻刻都不能忘记去真心地帮助客户。"

3. 最后一关：绩效保障

投入再多的精力，我们也无法保证所有的成果会按照预期落地。项目组的最后一项成果，就是构建一个良好的绩效考核体系，把所有的重要任务，与薪酬绩效关联起来，用利益机制驱动大家落实方案。

项目组在制定绩效考核体系的时候，遇到的阻力很小，快速完成了编制工作，并且和各个考核主体达成了一致。这其中没有什么窍门，只有一条：对客户的深度了解。用客户的话来说就是："你们对我们要做什么、怎么做都这么了解了，制定的考核指标还能不准吗？"

战略目标分解成战略动作，战略动作分配到每一个主体，每一个阶段应该干什么、怎么干，哪些重要、哪些次重要，具体量化数据如何达成等，这些内容在前述组织变革过程中早已完成探讨。绩效考核的目的不是为了"秋后算账",而是为了帮助大家更好地完成任务。首创股份的领导层以及项目组,在前期做了大量的工作,目的就是要让每一级组织都能够明白该干什么、怎么干,所以落地到编制绩效考核体系的时候,整体压力就小多了。

绩效考核体系的编制完成,意味着组织变革最艰难的时刻告一段落了。此时时间正好过去七个月,与前期大家预计的时间基本一致。但这仅仅是一个组织变革的启动期,对首创股份而言,后续仍然需要大量的时间来不断推动组织对市场的适应、对战略的承接。项目组完成了最重要的任务,随后迅速转入到售后服务中。要知道,一个组织的变革,历经数年都是很正常的,我们需要持续地追踪、帮助客户,让其在随后的日子里走得更加稳健。

四、执行效果:辉煌的首创股份

1. 数据看效果

到我们编写本案例的时候,5年时间过去了。首创股份在5年里取得了什么样的成绩?我们来看看一组首创股份年报披露的数据。

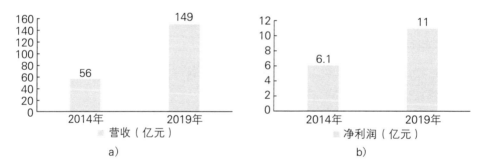

图 8-3 首创股份营收及净利润情况

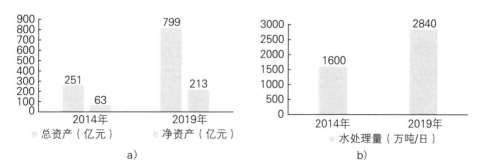

图 8-4 首创股份资产及业务规模情况

2019年，首创股份营收达到149亿元，2014年营收为56亿元，5年间增长了2.7倍，年复合增长率为22%（见图8-3a）；净利润达到11亿元，2014年净利润为6.1亿元，5年间增长了1.6倍，年复合增长率为9.8%（由于竞争的激烈，以及环保行业本身的低盈利属性，净利润的增速无法同步于营收增速）（见图8-3b）。

2019年，首创股份总资产达到799亿元，2014年总资产为251亿元，5年间增长了3.2倍；净资产为213亿元，相比于2014年的63亿元增长了3.4倍（见图8-4a）。水处理量达到2804万吨/日，2014年为1600万吨/日，增长了1.75倍（见图8-4b）。

2014年首创股份在17个省份开拓业务，2019年开拓业务的省份已经达到27个，基本覆盖了全国范围。

以上数据无不骄傲地向行业宣告，首创股份在环保行业动荡的5年间，继续牢牢地把握着行业龙头的地位。

2. 结构看效果

如果说财务数据是效果的直观表现，那么首创股份背后的结构变化，才是更值得我们去关注的地方。

2019年，首创股份的工程模块收入达到57.6亿元，2014年工程模块的收入仅仅是4.8亿元——5年实现了12倍的增长，项目组回顾当年重组工程建设模块的工作，看到这样的数字觉得再难也值得！

水环境治理业务已经成长为首创股份的新兴增长点。首创股份2019年年报披露"水务及生态环境治理业务收入较2018年度增长19.91亿元，增长率为23.29%"，这仅仅是相比于2018年一年的增长情况。要知道，水厂是稳态经营的，每年变化幅度很小，水环境治理业务在增长过程中的比重可想而知。更重要的是，2019年，首创股份与固废业务子公司首创环境联合中标雄安新区白洋淀农村污水、垃圾、厕所等环境问题一体化综合系统治理先行项目。雄安新区在环境治理问题的解决上选择了首创股份，这无疑是向世人宣告首创股份在环保领域内牢不可破的地位。

污泥公司在全国11个省份、15座城市开展污泥处理处置项目，污泥日处理能力达1200吨。而污泥公司在2014年不过才刚刚成立。

伴随着业务的发展，首创股份的科研体系建设也开花结果。"1技术委员会+1技术中心+N专业科技创新平台"的科技创新和科研管理体系成为行业标杆，"院士专家工作站""博士后科研工作站""中–荷未来污水处理技术研究中心""首–哈未来水质净化与水资源可持续利用技术产业化中心"等相继成立，并先后与荷兰代尔夫特理工大学、德国亚琛工业大学、清华大学、中国人民大学等知名高校搭建校企合作中试平台。首创股份通过产学研用结合的模式，成功构建了首创技术生态圈，推动了公司核心技术的开发进程。

通过强大的技术能力，首创股份完成了"十三五"水专项"面向未来污水处理厂关键技术研发与工程示范""城市供水全过程监管平台整合及业务化运行示范""城镇供水系统运行管理关键技术评估与标准化"等多项国家重大课题，智慧化的环保平台建设也处于行业领先地位。

短期看资本、中期看管理、长远看技术。牢牢把握住行业发展趋势的业务结构、"标准化、集约化、智慧化平台赋能提质增效"、持续投入且日益强大的技术实力，这一切都表明，首创股份的未来，将继续带给我们更多的惊喜，向世人展现代表中国环保行业第一梯队的实力与骄傲！

五、启示与思考：组织变革的难与痛

多年协助各种类型的企业完成组织变革，我们建立起了独有的方法论体系，完成了对组织变革的深度思考。就组织变革的共性而言，有如下思考可以和大家共享。

第一，在发动组织变革之前，建议大家仔细评估企业的状况，思考是否真的要进行组织变革？有些企业对于组织变革仅仅停留在概念层面，认为无非就是调整一下组织结构、优化一下流程就可以了，对于组织变革的难度、内容、方法等基本没有任何概念。我们建议企业在发动组织变革前，应进行仔细的评估，评估内容至少包括：驱动企业组织变革的因素是什么？是外部环境的剧烈变化还是内部管理的巨大压力？是否能够接受战略的重构？最大容忍组织变革不同阶段的周期是多久？能容忍的内部不同声音的最大强度是多少？有无足够的人才支撑变革？在驱动环境、战略、周期、强度和人才这五个要素中，认知和预备若不足三个，那么企业最好不要展开组织变革。

第二，没有强大领导层的坚定支持，组织变革很容易变形甚至流产。组织变革对于企业而言，无疑是头等大事，决定了企业未来五年甚至十年的发展基调，因此变革的过程往往充满了争议。定力不足的情况下，企业很容易在各种声音中动摇信心，回退到变革前的惯性状态。这时候，领导层的意志就显得非常重要。每一个发动组织变革的企业，都应该有一个坚定的领导班子，对自我的情况理性分析，在关键时刻能够力挽狂澜，防止组织变革中途夭折。本案例中，首创股份的组织变革项目能够最终落地成效良好，关键在于首创股份领导班子的坚定以及对项目组的大力支持。

第三，组织变革的阻力往往来自于内部的惯性力量。假如内部一团和气，对组织变革的各项方案都纷纷叫好，那么就要提高警惕，防止做了一次"假变革"。组织变革的驱动因素可能来自于外部环境的剧烈变化，然而阻力往往来自于内部的惯性力量。因此在变革的过程中，通常都会对内部的各种习惯进行调整，就要求更高的效率、更优的解决方案等。这个过程对员工的工作习惯会造成巨大的冲击，因此内部的不满、抱怨甚至抵触是非常常见的。出现这种声音、现象，就要时刻注意并且做好沟通和预案，确保变革能够获得大家的认可。但是如果变革的过程没有引发任何的反对意见，所有人都赞同，那么反而要提高警惕了，这种情况往往代表我们并没有发掘到核心的问题，没有触碰到对一个组织而言最底层需要变革的地方，其变革效果自然会大打折扣。

第四，没有最好的解决方案，只有最适合企业当前情况的解决方案。作为专业的咨询公司，我们经常会遇到企业提出诸如"有没有更好的办法"之类的问题。我们理解企业希望追求更好的心情，如同大家铺天盖地地谈论如何学习华为一样，但不是所有的企业都适用于华为的管理模式，否则岂不是企业只要把华为的管理模式搬过去，就都成功了？岂不是全天下所有的企业都长得跟华为一模一样？在组织变革过程中，我们要努力寻找适应企业发展阶段的、能够解决企业问题的解决方案，必须要借鉴优秀企业的做法，但一定不是照搬、照抄一些所谓的先进经验。

第五，做好风险预案。组织变革是有一定风险的，并不像大家想象的那样，实施了组织变革就会迎来企业的腾飞。战略判断失误、组织调整不到位、人员调整偏差等，任何一个环节出现问题都有可能给企业带来不可估量的损失，因此在整个过程中一定要做好风险预案。我们建议，对于重大的调整，例如战略、组织、绩效等一定要先经过充分研讨，部分重大举措要先遵循"试点－完善－推广"的步骤谨慎进行，对于整个过程中可能出现的问题进行预判并随时关注风险、随时准备应对。

第六，一旦决定要聘请一家咨询公司来协助完成组织变革，那么选择应该慎之又慎。企业在发动组织变革的时候，由于内部的巨大压力，很多时候都会请一家咨询公司来协助。选择一个优秀的合作伙伴，能够让整个组织变革的过程更加顺畅、阻力更小、解决方案更优。但如果选择不慎，那么效果可能适得其反。我们建议企业在选择咨询公司的时候应考虑其公司的整体实力、项目经验及案例、派驻队伍的能力等，尤其是现场队伍的能力，这些是非常重要的。

除了上述考量因素，企业信息化系统的支撑能力、学习能力等也同样重要。组织变革，对企业发展而言是一次"大考"。只有准备充分、能力出众，才能在大考中取得良好的成绩。

第九章
央企集团的管理创新
——中国环保集团

作者：杨宁、赵德锋、秦斗豆

随着社会对生态环境问题的愈发重视，尤其是自2010年生态环保产业被确定为我国战略性新兴产业首位后，生态环保产业迅速发展壮大，一大批各类型企业纷纷开始进入生态环保各细分领域。据不完全统计，截至2018年，我国生态环保产业年产值已超过7万亿元，成为我国支柱产业。

作为"三大废"之一的固体废弃物处理处置领域，最先发展起来的是伴随"垃圾围城"问题而广受关注的生活垃圾处理行业。借鉴国外成熟经验并结合我国地少人多的实际情况，政策层面鼓励通过焚烧发电处理生活垃圾的方式，各地方政府纷纷推出众多生活垃圾焚烧发电项目。这个行业的特点是，作为原材料的生活垃圾不可能无限获取，尤其是不可能跨地区获取，也就是说，生活垃圾焚烧发电行业存在天然的资源有限性和地域垄断性。于是，业内企业纷纷开始大规模的"跑马圈地"，项目竞争日趋白热化，同时凭借规模优势，排名靠前的企业市场占有率持续提升，强者愈强的态势逐步显现。

中国环境保护集团有限公司（以下简称：中国环保）作为唯一一家以节能环保为主业的中国节能环保集团有限公司（以下简称：中国节能）旗下专业从事固废处理处置业务的二级公司，是行业的众多竞争者之一。中国环保由生态环境部（原环保总局）发起设立，历经近30年发展，于2012年开始聚焦于固废处理，但当时企业处理规模等指标处于行业第二梯队，在市场竞争中并不占优，是行业的追赶者。

在当时，行业龙头老大非中国光大国际有限公司（以下简称：光大国际）莫属，凭借其央企背景的雄厚实力、在香港上市的灵活特性、相对完善的产业链条和行业领先的运营水平，在行业内一骑绝尘。

2013年，中国环保提出加速追赶行业龙头的战略目标。面对如此强大的竞争对手，中国环保深刻认识到，要想在激烈的竞争环境和日益成熟的竞争态势下实现弯道超车，并不是一件容易的事。因此，在大力加强市场开拓力度的同时，中国环保决定进行管理变革与创新，向管理要效益，实现市场管理双驱动。

2014年，中国环保希望借助外力共同完成自身的组织变革和管理创新工作，和君咨询在众多咨询机构中脱颖而出，成为中国环保的咨询服务机构。

时隔6年后回想，在当时，恐怕谁也没有想到，看似普通的一次合作，竟然开启了中国环保和和君咨询长达6年的相携相持，不但让双方成为互相深入了解的合作伙伴，而且共同见证了中国环保从冉冉崛起的行业新星到成为新的行业龙头的过程。6年来的相濡以沫和筚路蓝缕，是双方心中最珍贵的记忆，而到今天，双方仍在携手不断谱写着新的篇章。

一、千里之行　始于足下

刚开始的日子，一般都是"往事不堪回首"的。

2014年10月8日，项目组意气风发地进驻中国环保，开始启动中国环保管理体系变革咨询项目。按照惯例，项目组开始全面地了解中国环保的管理现状，但通过一个月的调研，一个棘手的问题摆在了项目组面前：中国环保目前的组织，最核心的问题到底是什么？

提出这个看似可笑的问题，背后却隐含了很多原因。

环保行业此时正处在黄金十年的发展期，2013年的行业总产值已经高达3.4万亿元，按照预期，在2015年产值将达到4.5万亿元，整个行业将成为新的支柱产业。各路资本、企业正在纷纷涌入环保行业。

由于行业的异常火爆，每一个环保项目的竞争都可谓"惨烈"。小一些的项目，有几家在竞争；稍微大一些的项目，就会有十几家甚至几十家来竞争。快速形成方案、快速决策显得尤为重要。中标后，由于政府方面临巨大的垃圾处理压力，项目建设必须尽快展开，每耽误一天的工期，都意味着违约和经济效益的损失……但由于投资较大，无论投资阶段还是建设阶段，投资论证、可行性研究、初步设计、施工图设计等环节均需要内部和外部的层层审批，如何在风险控制的前提下，满足内外部对于效率的要求，是摆在中国环保面前的棘手问题。而当时中国环保的组织，是无法支撑这样的效率和风险控制要求的。

在这种环境下，中国环保既面临着前所未有的发展机遇，同时又面临着巨大的竞争压力。组织能否发力承接住企业的急速发展，就成为战略能否顺利落地的关键。当时，中国环保的组织面临着更为巨大的压力，主要体现在以下三个方面。

一是组织效率对业务发展的支撑。前文已经提到，原材料的资源有限性和地域垄断性使业内企业纷纷"跑马圈地"，因为大家心知肚明，这场"盛宴"早晚会有市场饱和的一天，窗口期有限。加之国家大力鼓励，地方政府不断释放项目，垃圾产生量和焚烧量之间的缺口迅速减小，进一步缩短了窗口期的时间。中国环保要想实现弯道超车，就必须以更敏锐的市场嗅觉、更快速的响应速度抢抓市场机遇，这都对组织效率提出了严峻的挑战，尤其是对于国企来说，设计符合规范并且一切面向市场、一切为了效率的组织尤为重要。

二是组织规范对业务管控的支撑。中国环保所从事的行业是靠项目投资拉动的，而且每一个项目都投资较大，少则两三亿元，多则近十亿元。每年企业有十个这样的项目，投资额就要五六十亿元！关键在于，这不是阶段性的投入，而是每年都需要投出如此巨大的金额！这么大量的投资，究竟能不能投？风险在哪里？如何管理？数十个项目在开拓等待投资、数十个项目在紧张建设、数十个项目在日夜不停地运营……这些项目究竟怎么管？管到什么程度？如何才能做到获取项目准确、建设项目节约、运营项目精益？这些问题也都对组织管理规范提出了严峻的挑战，必须加以有效解决。

三是组织标准对规模扩张的支撑。2013 年以前，中国环保投资建设并行的项目数量最多 1 至 2 个、运营项目数量 4 至 5 个，各部门可以有充裕的时间和精力论证项目投资的可行性，可以有大量的人员投身于项目建设的管理过程，部门间、层级间的配合与衔接问题并不凸显。但随着业务的发展，并行项目数量变为了 6 至 7 个，甚至更多，管理的运营项目数量达到十几个，"锅多盖少"的问题逐渐暴露出来。但同时，中国环保在当时也不得不面对国有企业进人难、晋升难等共性问题，加之行业整体发展带来的人才短缺，短期内通过人员规模扩张支撑业务是不现实的做法，只能依靠强化组织标准的方式加以解决。

上面这三个问题，归结起来，就是组织体系如何实现对战略的承接问题。除了这三个关键问题，在具体的组织运作上，项目组还发现中国环保面临着一些不小的挑战，主要体现在以下三个方面。

首先，看似简单的业务链条，实则无比复杂。中国环保，乃至生态环保产业所有的投资运营型企业，其业务链都十分简单——"投资－建设－运营"，也就是项目开发和投资、项目建设和项目运营三个阶段，但在每个阶段中，都可以细分为多如牛毛的小环节，而且不同项目之间差异也较大。

其次，看似清晰的职责划分，却有不少扯皮行为发生。作为一家管理规范的央企，中国环保部门设置相对健全，职责划分相对清晰。项目组在看过当时的部门职责说明书后，觉得已经写得很详细、很清楚了，但在实地调研中，项目组却听到、看到了很多职责不清甚至推诿扯皮的现象。

最后，看似规范的管理程序，却存在诸多随意的现象。作为一家有着近30年历史的企业，中国环保仍保留着通过"签报"进行内部信息传递的方式。尽管各部门、各领导均有着丰富的经验，但仍然难免出现"萝卜快了不洗泥"的情况，不同项目对于同一件事情的流转程序仍有诸多不同。

很显然，中国环保需要解决组织对战略的承接及组织自身的良好运作这两个问题。基于上述思考，项目组提出，中国环保整个公司面临前所未有的高速发展机遇，需要一套高效的组织机制来支撑整个企业的发展，然而风险控制等强管理要素又同时存在，多重要素交织，亟须一套强大的管理体系有效平衡发展、效率与管理之间的相互关系，总结起来就是解决发展、效率与管理的交织问题。这一提法获得了双方的一致认可，均认为这就是中国环保面临的核心命题！

问题明确了，目标也就明确了，双方一致同意，本次管理体系变革的目标，就是要从战略层面到落地层面"构建一套既能协调一致，实现横向协调、纵向贯通，又能保持灵活多变、快速响应的管理体系"。

可是，这个目标该如何实现呢？我们经常说从战略到落地操作要坚持一致性，可这个一致性做起来谈何容易啊，如何保障和检验这个一致性呢？项目组再次陷入了苦苦求索中……

二、庖丁解牛　方法璞成

"我写研究生论文的时候都没这么认真过！"这是几个月工作下来，项目组小伙伴最常说的一句话，因为我们发现要想实现一致性这个目标，我们需要对现有的方法进行适应性创新。

在研讨达成变革目标的思路过程中，项目组发现，导致一致性难以实现的主要问题就是越往操作层面设计,需要考虑的变量就越多,例如客户经常说:"几乎每家企业都有厚厚一本制度汇编,可有多少人看完过呢?看完的人中又有多少人照着做呢?即使都做到了,没过两天,上级单位要求一变,又得重来,所以你会经常看到《转发关于XXX的通知的通知》《转发转发关于XXX的通知的通知的通知》……"

因此,要想实现一致性目标,就必须改变以往"头痛医头脚痛医脚"的构建管理体系,改变导致一线员工面对各种管理要求而无所适从的思维方式。我们需要站在企业全局的角度系统思考,将所有的管理数据融会贯通,进而形成一整套管理规范来指导一线,重点需要解决四个方面的问题:一是如何实现纵向贯通,即从企业最高领导到最基层员工的一致性;二是如何实现横向协调,即部门与部门之间、员工与员工之间的一致性;三是如何与其他基于外部要求建立的体系既融为一体又相对独立;四是如何保证整个管理体系能够因时因势动态调整。

以上这四个问题,基本上可以认为是所有大型企业在组织层面日思夜想期望解决的核心问题。项目组经过大量的研究工作,创新地提出来一个管理的"原子"论,希望通过系统化思维和结构化方法,找到企业管理里相对不变的"原子",以相对不变的"原子"为基础,构建"纷繁变化"的管理体系,用"原子"来堆积金字塔,一直堆积到企业的金字塔塔尖——战略!

什么才是企业管理的"原子"呢?"事项"的概念在这样背景下产生了。简单说,我们认为,无论企业管理体系随着外部环境和内部要求如何变化,一旦战略确定,那么构成战略的很多事情,在相当长一段时间内本质上是不变的。例如战略确定后,相当长一段时间内我们对人才的需求就是确定的,尽管每家企业招聘的形式、方法、流程都不尽相同,并且随着科技的发展,线上面试的趋势日益明显,但招聘这件事情是每家企业必须做的事情,考察面试人的要点都是近似的,这就是企业不变的、通用的"事项"。人才需求可能随战略改变,但招聘这件事情是完全通用的,是不变的。这些事项,可以按照在企业内的管理层级,一层一层不断地细分下去,成为一个又一个小的事项,一直到无法细分为止。

还拿招聘这个事项举例子,从管理的从属关系来说,招聘属于人力资源管理大范畴,那么人力资源管理可以理解为招聘的上一级事项。招聘以下,又可分解为招聘计划、招聘方案、招聘实施、人才录用和效果评估五大事项,每一个事项又可以不断向下细分,例如招聘实施的过程中,又可以包含信息发布、招聘宣讲等。信息发布还可以继续细分，例如是在传统纸媒、传统网络发布，还是利用微信朋友圈等新媒体发布等。

把一个简单的招聘工作，可分解为这么多层级、这么细致的事项，很快大家就会发现，这几乎是招聘的一个全貌（见图9-1）。绝大部分企业招聘工作的所有事项都包含在里面，只是有的企业覆盖面比较广，有的企业覆盖面比较窄而已。例如对招聘效果的评估，优秀的企业在做，而管理基础没有那么好的企业，能招到人就不错了，恐怕很难再去考虑效果。

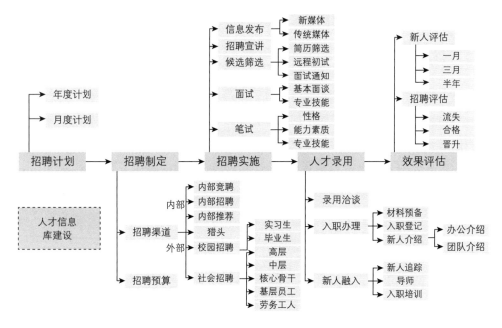

图9-1 招聘的事项分解

既然细分事项可以得出这么全的要素，那么以事项为基础，说清楚这里面的每一件事情是什么、谁来做、需要什么资源、控制什么风险、具体如何完成、形成什么结果等，这不就构成了整个企业的管理体系吗？无非是大的事项是企业管理体系的全貌，小的事项构成类似于招聘这样一个一个小的体系，而这个管理体系，由于有了系统的、全面的、不变的"骨架"串接，就一定是一致的——无论是在总部，还是在二级公司，或是在下属项目公司做招聘，本质上不都是这些事情吗？只是管理精度不同，执行深度不同，权责不同，动用的资源不同等，但事情的本质显然是完全相同的！那么我们把这些事情一一规定好，一直到每一个细节，这不就是对企业管理"原子"的打造吗？

这套思路，源自于中国节能总部的标准化管理体系建设（同期由我们展开的另一个项目），被中国节能的领导命名为"管理视图分析法"，并在《企业管理》杂志（2014年10月期）上公开发表了介绍这一方法论的文章。

管理视图分析法的标准模型由六个区域构成（见表9-1）。在六个区域中，Ⅰ区是管理事项区，是结构模型的核心区域，通过综合运用多种管理方法和工具，对组织管理活动进行逐级分解，形成一级事项、二级事项、三级事项、四级事项等管理事项的全集。Ⅱ区是责权分配区，针对每一事项，明确跨级组织间和本级组织内合理分配责权。Ⅲ区是资源配置区，针对每一事项，明确人力、财务、物料设备等资源。Ⅳ区是风险控制区，针对每一事项，明确风险描述、风投目标、控制手段等。Ⅴ区是过程管理区，针对每一事项，明确过程管理或操作标准。Ⅵ区是文档明细区，针对每一事项，将上述过程中形成的制度、流程、表单、样本等进行对应归档。这样，通过以Ⅰ区为核心，针对每一事项，可将Ⅱ区至Ⅵ区的各项要求有机地衔接在一起，形成相互协调、统一的有机整体。

同时，Ⅰ区还可以与其他区域进行组合，构成组织中常见的各种管理体系。"Ⅰ区+Ⅱ区"可以构成授权体系；"Ⅰ区+Ⅲ区"可以构成预算体系；"Ⅰ区+Ⅳ区"可以构成风控体系；"Ⅰ区+Ⅴ区"可以构成标准体系；"Ⅰ区+Ⅵ区"可以构成文档体系。这样，既可以将不同管理体系的要求有机地衔接在一起，又能够保证不同管理体系在组织内具有相对的独立性。

管理视图分析法的应用方法可以概括为"六区七步法"，即绘制管理蓝图、形成管理视图、优化责权分配、优化资源配置、强化风险控制、细化过程管理和规范文件文档七个步骤（见表9-2）。通过绘制理想状态下的管理蓝图，与组织现状进行比对后形成现实状态下的管理视图；在此基础上，针对管理视图中的每一事项，细化与之一一对应的责权分配、资源配置、风险控制、过程管理、文档管理，从而实现六个基本要素的相互协调和统一。

接下来的事情是分解事项。可是把一个纷繁复杂的企业用庖丁解牛的精神分解为一个一个的事项，谈何容易啊，这才有了开始时项目组的抱怨。要保证事项的系统性、全面性，还要保证事项之间的相互独立（也就是我们常说的MECE），是一件要多痛苦有多痛苦的事情。一件事情、一件事情讨论，然后又要推倒重来……那段时间，无论是项目组成员还是客户，互相打招呼的方式都是"今天你MECE了吗？"但也正是这段"艰难岁月"，奠定了和君咨询与中国环保之间的信任和默契，"MECE"俨然成为双方默契合作的暗语。

表 9-1 管理视图分析法的标准模型

管理事项	责权分配				资源配置			风险控制		过程管理			文档明细		
	上级组织	本级组织			人力资源	财务资源	物料设备	风险描述	控制手段	风控目标	输入条件	过程要求	输出结果	表单	流程	制度
	……	决策层	经营层	主责部门	相关部门	下级组织 ……										
一级事项																
二级事项																
三级事项																
…																
	Ⅰ区 (管理事项区)	Ⅱ区 (责权分配区)				Ⅲ区 (资源配置区)			Ⅳ区 (风险控制区)		Ⅴ区 (过程管理区)			Ⅵ区 (文档明细区)		

表 9-2　管理视图分析法的应用方法"六区七步法"

管理事项	责权分配				资源配置				风险控制				过程管理				文档明细		
	上级组织	本级组织			下级组织	人力资源	财务资源	物料	设备	风险描述	控制手段	风控目标	输入条件	过程要求	输出结果	表单	流程	制度
	……	决策层	经营层	主责部门	相关部门	……												
绘制管理蓝图 一级事项																		
二级事项																		
三级事项																		
…																		
规范文件文档	⇧ 优化责权分配					⇧ 优化资源配置				⇧ 强化风险控制			⇧ 细化过程管理			⇧ 规范文件文档		
	Ⅰ区（管理事项区）	Ⅱ区（责权分配区）				Ⅲ区（资源配置区）				Ⅳ区（风险控制区）			Ⅴ区（过程管理区）			Ⅵ区（文档明细区）		

最终，功夫不负有心人，我们分解出了2000余项事项，形成了中国环保管理体系的"骨架"，为后续所有管理体系的产出奠定了坚实的基础。

三、拨云见日　效果初显

其实刚开始的阶段，很多客户对这套方法并不以为然，对于分解事项这种"受累不讨好"的方式能否真正地达成一致性的目标持怀疑态度。也难怪，这套基于底层业务的管理活动，自下而上的方法与通常大家所熟知的自上而下、逐级细化的方法太不一样。在事项分解的过程中，项目组的人甚至都会产生怀疑：事项分解完了，真的就能把企业所有的管理活动、管理体系"串"起来吗？

但随着工作不断深入，迷雾逐渐被拨开，以事项为索引的组织体系、责权体系、流程体系、风控体系等逐步形成，大家也随之认识到这套方法的"威力"，管理体系变革工作开始加速推进，效果逐步显现。

1. "双龙头、全闭环"的组织体系

行业在高速发展，而中国环保要超越竞争对手，这对中国环保的组织建设提出了挑战。一方面，要实现快速发展下的超越，就必须构建以效率提升为中心的组织；但另一方面，固废项目投资大、回报慢的特点，又不得不让我们随时防范风险。

"效率优先、风险可控"的组织构建原则，就是在这样的背景下产生的，围绕这条原则，我们利用管理视图分析法，逐级分解管理事项，并将每一个管理事项"对号入座"，得到了中国环保新的组织结构——"5部5中心"（见图9-2）。

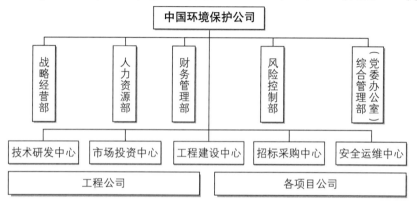

图9-2　中国环保"5部5中心"的组织结构

这样的组织结构，也形成了中国环保以战略经营部和技术研发中心为双龙头的"全闭环"组织模式（见图9-3）。

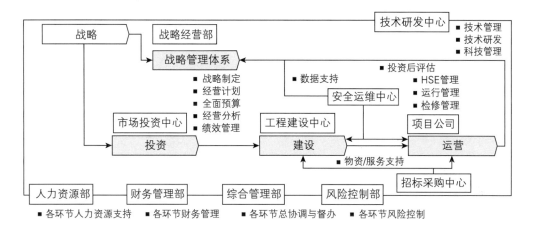

图9-3 中国环保的"全闭环"组织模式

在这种模式下，战略经营部通过从战略制定到战略回顾（绩效管理、投资后评价）的闭环战略管理体系统领全局；技术研发中心作为公司技术引进、吸收、转化、开发的龙头部门，为公司可持续发展提供动力保障；通过对市场投资、工程建设两大中心职责的重新界定，中国环保核心业务链的管理工作不再散落在多个部门间，而是每一段相对完整的业务由一个部门承担主责，部门之间各司其职、互相配合，减少了推诿扯皮现象，提升了整体效率；安全运维中心通过对项目公司运营的管理、指导和实施标准化，提升公司项目运营水平，同时将运营数据源源不断反馈给战略经营部，进一步保证战略的落地实施；招标采购中心通过构建中国环保采购体系，规范公司采购行为，降低公司采购成本。

在这种模式下，各职能部门的定位也愈加清晰起来，专业化分工的优势更加凸显。招标采购中心负责保障全系统的采购合规性、降低采购成本；风险控制部负责控制公司各环节风险，是公司合规性运行的保障机构；人力资源部、财务管理部分别负责为公司经营活动提供人才、资金保障；综合管理部负责公司各项事务的协调和督办。

2."强总部、精项目"的责权体系

"5部5中心"组织结构的建立，也进一步明确了"中国环保本部负责生产和管理项目、项目公司负责运营项目"的组织定位和"强总部、精项目"的管控格局。

在这种格局下，中国环保本部不再是只管投资的"投资型"总部，而是向"投资+管理"型转变，实现"投-建-运"全业务链的深度管理，逐步构建"投资项目-建设项目-运营项目"的项目生产线。

与此同时，各项目公司不用又管建设、又管运营，还要管市场开发。项目公司最主要的职责就是想方设法提高运营效率、降低运营成本，这也是中国环保"精项目"的基础。

在具体责权分配方面，中国环保需要考虑四个方面的问题：一是作为中国节能的二级公司，责权如何满足上级单位对自身的管控要求；二是对各大区、下属公司如何管控；三是需要满足哪些外部的要求；四是内部程序如何流转。以往的管理方法往往很难做到将这四个方面问题的协调一致，尤其是在外部环境迅速变化的行业，这种协调一致就显得更加困难。但运用管理视图分析工具，就可以很好地解决这一问题。

以项目投资阶段的可行性研究工作为例，可行性研究是项目投资阶段最重要的工作之一，直接决定了项目的成败，因此上述四个方面都要参与其中：大区、下级单位（筹备组）需要在现场为总部提供数据素材支撑，总部投资部门负责对接设计院编制可研报告，由于它决定了项目全生命周期成败，因此建设部门、运维部门要对可研报告进行审核；同时，由于可研报告决定了项目总投资，不但中国环保的分管领导、主要领导、总经理办公会要审核，上级单位和地方政府也要对可研报告进行最终审批；最后，可研报告是项目后评价的重要依据，考核部门需要留存备案。上述所有的责权分配（程序）用文字表述十分复杂，但是使用按照系统化思维和结构化方法构建的管理视图工具，就形成了一条数据记录（见表9-3），使跨级组织间实现纵向贯通、同级部门间实现横向协调。

表9-3 中国环保的责权体系

管理事项	责权分配										
	外部机构		上级单位	总部						大区	下属单位
	地方政府	设计院	办公会	主要领导	分管领导	投资部门	建设部门	运维部门	考核部门	筹备组	筹备组
市场投资											

(续)

管理事项	责权分配										
	外部机构		上级单位	总部						大区	下属单位
	地方政府	设计院	办公会	主要领导	分管领导	投资部门	建设部门	运维部门	考核部门	筹备组	筹备组
……											
可行性研究	07 审批	01 编制	07 审批	06 审核	05 审核	04 审核	02 审核	03 会签	03 会签	08 备案	01 配合	01 配合
……											

基于管理视图，对每项管理事项所涉及的责权分配情况进行逐一梳理，并汇总起来，就构成了中国环保的责权表。这种方式不但能够清晰、准确、全面地反映和评价本级组织内部，以及与上下层级组织之间责权分配的系统性、一致性和合理性，而且能够推动组织建立更加系统、合理、高效的授权管理体系。同时，当外部要求等因素发生变化需要调整责权的时候，只需要找到对应的事项进行对应调整即可，快捷方便。

3. "全衔接、零死角"的流程体系

组织管控体系搭建完毕后，如何保证其顺畅运转就成了关键所在。之前我们也尝试过对局部进行组织优化，但总是在实际运作中存在各种各样的"模糊地带"，很容易出现推诿扯皮现象，既降低了效率，又影响了良好的工作氛围。在本次运作机制的设计中，管理视图分析法给我们提供了解决"模糊地带"问题的方法。

例如在设计市场投资中心、工程建设中心、安全运维中心三个核心业务部门的分工和协作机制的过程中，我们就充分体会了管理视图分析法的"甜头"。我们将业务链按照管理事项逐级分解（见图9-4），对每一个细项都明确责任分工和衔接配合机制（见图9-5），并在部门衔接环节设计了衔接机制（见图9-6），保证部门间既责任明确，又相互配合，"全衔接、零死角"。

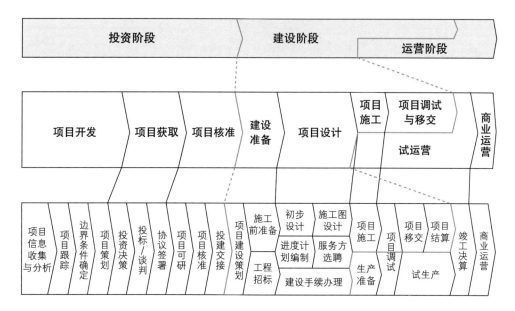

图 9-4　核心业务链事项分解

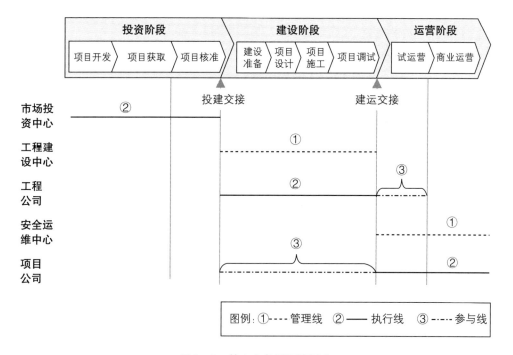

图 9-5　核心业务链职能划分

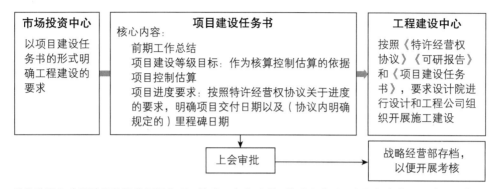

图9-6　衔接机制设计

投资阶段和建设阶段的划分界限为项目核准,在拿到项目核准文件后,市场投资中心以《项目建设任务书》的形式将项目交接给工程建设中心,项目也同步由投资阶段转入建设阶段。《项目建设任务书》核心内容主要包括前期工作总结、项目建设等级目标、项目控制估算、项目进度要求等,由市场投资中心拟定,工程建设中心确认,上会审批,抄报项目公司、招标采购中心,并交战略经营部存档。

4. "全覆盖、有重点"的风控体系

对于中国环保这样有大量项目投资、工程施工和设备运行检修工作的企业来说,风险控制无疑是公司的一项重点工作。中国环保的风险控制,不但包含投资、管理活动中存在的经营风险、管理风险,更重要的是包括工程施工和设备运行检修工作的安全环保隐患。根据确定的事项,结合组织的机构设置、管理模式、对风险的偏好等情况,按照合理、适度的风险控制原则,对组织开展每项管理事项时可能存在的风险进行梳理,明晰不同风险的类型、发生概率、控制目标、控制手段,得到与每一事项一一对应且相互适宜的风险控制安排,是排查隐患、防患于未然的有效措施。

以设备运行工作的安全管理为例,中国环保按照垃圾焚烧发电厂的工艺流程梳理出从垃圾进场到废弃物排放的全过程管理事项(或操作事项),逐个排查安全隐患、评估风险等级、制定控制措施。例如整个垃圾焚烧发电工艺流程的第一步是垃圾卸料,这个环节又分为垃圾车进厂、地磅称重、上卸料平台、卸料、下卸料平台、垃圾车离场等6个步骤,中国环保基于每个步骤逐一梳理,可以得到该步骤(事项)的风险管理要素,包括危险源、隐患类型、事故类别、风险等级、风险指数、预控措施、应急措施等(见表9-4)。

表9-4 风险管理要素

事项	危险源	隐患类型	事故类别	风险等级	风险指数	预控措施	应急措施
垃圾卸料							
垃圾车进厂	车辆刹车失灵	人的不安全行为	车辆伤害	Ⅱ	300	1. 按规定对车辆年检 2. 行车前对车辆进行安全检查	1. 脱离危险源，若有必要请求119支援 2. 人员急救：若出血立即做止血处理并用碘伏等消毒；若骨折固定骨折处防止二次伤害；若有断肢用纱布裹冰块冷敷；若呼吸停止立即进行人工呼吸和心肺复苏 3. 情况紧急时，立即拨打120或送医处理 4. 采取有效措施防止事故扩大，妥善保护现场及相关证据
……							

基于事项，对组织开展每项管理事项时可能存在的风险情况进行逐一梳理，不但能够清晰、准确、全面地反映和评价组织进行风险控制的系统性、一致性和有效性，而且能够推动组织建立更加系统、完善、重点突出的风控体系。

通过上述一系列设计工作，中国环保新的管理体系诞生了。通过相应的组织调整、人员调整、全员宣贯等工作，新的模式从2015年开始在中国环保顺利运转。

5."一体化、强联动"的信息系统

在上述变革推进过程中，中国环保愈发深刻地认识到，没有信息化，各项改革成果是很难被固化应用的。因此在改革成果基本成型后，中国环保也开始了信息化固化的工作，而信息化系统的构建过程，也运用了管理视图分析法的管理思想，实现了将改革成果贯穿于信息化系统中的目标（见图9-7）。

在信息化系统中，中国环保将管理活动（管理事项）放置于系统的核心位置，并围绕管理活动逐一构建活动的角色（责权分配）、输入输出（过程管理）、风控指标（风险控制）和标准、制度、表单（文档明细）等，将管理视图分析法的核心思想和上述变革的全部成果集成在了以事项为核心的信息系统中，保障改革成果不折不扣落地执行。按照管理视图分析法建设信息系统的一个核心突破点，就是在系统中通过系统化思维实现数据的横向、纵向关联，让信息系统不再

只是流程合规的信息化保障，而是成为一套可以支撑公司决策的系统。

图 9-7 中国环保依托管理视图分析法构建的信息系统

四、花开有时 整装待发

2018 年，在经过 4 年的通力合作和不懈努力后，中国环保的管理体系变革实践迎来了开花结果的时刻，在 2018 年第二十五届全国企业管理现代化创新成果评选中，《基于管理视图分析法的管理体系变革》获得了评选一等奖（见图 9-8）。

总结起来，和君咨询与中国环保共同打造的基于事项的管理体系变革工作，主要取得了很好的效果。

图 9-8 获奖证书

1. 建立了一套柔性管理体系

管理视图分析法通过系统化、结构化分解企业的管理活动，形成管理事项，进而基于管理事项逐一明确其各项管理要素（责权分配、风险控制、过程要求、制度流程表单等），将企业中看似一个一个孤立的管理体系有机衔接，形成了统一的管理系统，保障企业管理活动成为一个"横向协调，纵向贯穿"的有机整体，避免造成企业不同管理体系之间形成一个个的"孤岛"。

2. 助推企业取得了跨越式发展

在变革伊始的2014年，中国环保还是行业内的跟随者，处于第二集团，与行业龙头的差距不小。虽然当时中国环保也有决心成为行业的领跑者，但总觉得任重而道远。通过多年的管理变革，中国环保系统发力、弯道超车，到2018年，中国环保无论从处理规模还是经营业绩方面，都已经处在行业领跑者的位置上，成为令行业内企业倍加关注、认真研究和学习的对象。这一飞跃也为中国环保实现"打造国内地上生态环境综合治理旗舰企业"的战略目标奠定了坚实的基础。

在市场投资方面，虽然市场竞争日益激烈，但中国环保却实现了固废处理规模增长6倍、危废处置规模增长10倍，并在2016年至2018年连续三年规模增长保持行业领先，奠定了行业龙头的地位。在技术创新方面，中国环保新增专利数量空前提升，合计申请专利数量392项，其中发明专利81项，分别是2014年以前9.6倍和10.6倍。中国环保进一步向科技型创新型环保产业集团迈进。在生产运营方面，2013年的中国环保，吨垃圾发电量仅位于280度/吨的"及格线"上，而通过管理数据不断精细化，截至目前，中国环保实现了平均吨入厂垃圾发电量增长近20%的好成绩，是行业内当之无愧的运营能力排头兵。

3. 效益效率显著提升

一系列持续的管理变革，最终效果还是体现在公司效益和管理效率上。

系统化降低采购成本。2017年，中国环保同时开工建设的项目数量众多，按照原有模式，每个项目都自行组织主设备的招标工作，很难形成规模效应。而在新的模式下，把各项目的主设备一并招标，结果令人十分满意。一方面，集中采购使得最终成交价格较市场价格有所降低，据不完全统计，单是焚烧炉采购一项，可比原来价格降低近5%；另一方面，很多供应商在开标和后续谈判的时候都是法人代表亲自到场，承诺了较之前分散采购时更多、更好的售后服务，中国环保同时还与一些中标供应商达成了战略合作协议，这对中国环保未来进一步降低成本、提升效益奠定了基础。

集约化降低人工成本。通过对基建管理的事项梳理和管理体系构建，中国环保调整了原有以各项目公司为主的基建管理模式，在初步设计、总工团队等关键环节采取了集约化管理的方式。在新的模式下，项目公司需求总人数大幅减少，降低了中国环保人力资源压力，仅2016年，就减少人员需求近70人，对于稳定运营的项目来说，人员的减少，就意味着利润的提升、投资回收周期的缩短，重要性不言而喻。

结构化提升运行产出。中国环保针对垃圾焚烧发电和生物质发电工艺流程逐项分解操作事项，并在此基础上，总结系统内外最佳实践，逐一明确操作动作和操作标准，形成了面向一线操作员工的一整套操作手册。在手册的指导下，各项目公司不断向最佳实践看齐，不断提升运行水平。2018年，中国环保17家已投运生活垃圾焚烧发电厂年设备等效利用小时数达到8300小时，为2014年的122%；年上网电量17.28亿度，较2014年提高9.02亿度，由此增加直接经济效益约5.8亿元。

4. 求索精神扎根企业

六年的管理体系变革，除了上述看得见、摸得着的效果外，更重要的是，不断求索管理本源、不断探索管理创新的精神已经深深地扎根在了中国环保。目前，中国环保与和君咨询仍在携手并不断地探索着新的管理领域。

例如，互联网大数据应用的蓬勃发展是固废企业重要的发展契机。固废企业生产运营中产生大量的数据，能否将各个方面产生的数据信息加以系统化整理并使这些数据互相连通，进而让数据成为决策依据？这甚至将成为企业新的核心竞争能力。

目前，双方正在探索管理视图分析法在企业数字化转型方面的应用方法，相信在不久的将来，也将有所突破和创新。

随着生态环保产业和固废领域进入新的发展阶段，中国环保将不断面临发展道路上的诸多变化。但我们相信，有了双方彼此的信任，有了双方不断深入的合作，有了双方孜孜以求的探索精神，中国环保的管理体系定将伴随业务发展不断变革与升级，助力中国环保不断走向下一个辉煌。和君咨询已经与中国环保一起整装待发，共赴前程！

运营管理篇

本篇的两个案例,解决的是中国民营企业在成长中遇到的典型问题,所谓"千江有水千江月"。解决问题的不同思考维度对应不同的管理方式和风格,理论和实践彼此印证,落实到具体的运营细节,才能换来运营效率的提升,换来业绩的增长。

第十章
家族企业的成长和突破
——力丰集团

作者：胡晓纲、黎梓欣

做实体经济，难；做传统的实体经济，更难。作为传统企业在夹缝中生存，是难上加难。在中国南方，这类传统企业比比皆是。企业家们往往很迷茫：是坚守还是撤退？这类项目对咨询公司来说也是一项挑战：咨询公司在其中到底能发挥多大作用？能否帮助企业在经营结果层面得到真正、有效的提升？

路是人走出来的。和君咨询项目组横跨四年，全面介入一家建材企业——力丰集团的经营管理，与客户一起"甩开膀子努力干"，三年就实现了业绩和利润的同步翻番，而同期同行业绩基本都在下滑。和君项目组采用结果咨询的服务模式，没有所谓"高"（咨询方案概念高级）、"大"（企业投入资金大）、"上"（咨询师"光环"光鲜、上档次）的打法，从管理发力、从基础抓起，取得了明显成效。这是管理咨询的一次大胆尝试，也是传统企业转型升级的一次有益探索。

一、背景：压力重重的力丰集团

力丰集团是一家集研产供销于一体的传统家族企业，地处世界陶瓷之都、工业重镇的佛山市，属建材家居行业中的卫浴细分行业，旗下拥有国内两大知名品牌，均为中国十大卫浴品牌、中国厨卫百强企业、中国建筑陶瓷知名品牌，曾荣获中国建材"精英奖"产品质量金奖、国际三大权威设计组织颁发的红棉奖、各类设计大奖……一系列的荣誉都在向世人展示这家公司的深厚底蕴和美好前程。

力丰集团创建于20世纪90年代，是行业中民营企业的第一批先行者。当年，创始人凭着军人的坚韧与勤奋，带着兄弟姐妹七人从一家杂货店起步，逐渐发展壮大成为行业的中型企业。2000年年初，尽管力丰集团市场投入不足、内部管理欠缺，但是受益于中国经济的高速发展以及行业红利，仍能稳步发展。

2013年，家族一代创始人退出企业经营，家族二代接班人接任总裁，一心想把企业带上新高度。然而，现实却不容乐观。

外部环境方面，行业已经发生了巨变，早期闭着眼睛挣钱的"印钞机"模式早已不复存在。按力丰集团员工的原话："当年，只要机器一响，钞票就送来了。经销商都不用找，我们只需坐在家里，只要有产品，经销商拿着现金排队抢货。"然而时过境迁，随着整体经济形势、上游房地产行业收紧，家居建材行业也好景不再。以前是排队抢货，眼下却是产能严重过剩：中国已经是全世界最大的家居建材制造商，力丰集团所在的城市又是全国卫浴行业品牌最为集中的地方，企业之间同质化竞争严重。整个城市中，小企业大量倒闭，说跑就跑，政府还得替企业收拾残局；大企业积极转型，依靠雄厚资本和品牌优势增长迅猛；行业洗牌形势日益加剧，力丰集团作为中间层，受到上下挤压，发展形势严峻。

企业经营方面，力丰集团销售业绩连续三年在原地徘徊，增长乏力。材料、人工等各项成本不断攀升，企业开始出现库存大量积压、现金流紧张的不利现象，与主要竞争对手的差距越拉越大。在短短数年间，过去在同一起跑线的优秀同行一举崛起，营收规模开始超越力丰集团。

企业管理方面，公司发展方向不明，员工职业化程度普遍不高，管理简单、粗放，员工士气低落、纪律松散。有人甚至私下议论，认为企业再这样下去就要倒闭了。曾经服务力丰集团的日本技术顾问委婉地批评道："你们真是个好企业，但是太过传统！"

面对内外交困的局面，受制于思路、人才、资金、资源等多重束缚，力丰集团掌门人感到无从下手，宏图难展。空前巨大的危机让其如坐针毡，常常夜不能寐。

二、缘起：酒后真心

2013年10月至12月，力丰集团就工厂绩效管理咨询项目与和君咨询进行了初次合作。第一个项目完成后，双方都很满意，彼此的信任在不断加深。和君咨询的专业与敬业，让力丰集团感觉到，可以借助和君咨询的专业力量来改变企业的现状。

项目执行期间的某日夜晚，力丰集团掌门人借着酒意把自己内心中的不安与忧虑和盘托出："就个人来说，我已经实现财富自由了，真想就此休息。可大家打拼出来的江山，不能在我手上毁掉；看着那么多跟随我们的老员工，我也不忍心丢下他们。"一席话，让我们也深深感受到一个企业领军人的责任心。

在此之前，力丰集团找过行业内众多培训、咨询公司，但这些服务机构都是"说着很好听，干着很辛苦，结果都不行"。基于对和君项目组的信赖，力丰集团提出："咨询公司能否与企业同呼吸，共命运？能否与我们深度绑定，责任共担、利益共享，按效果付费？"

这个想法很大胆，但对于这种模式，双方都有些忐忑。对力丰集团而言，需要考虑改善企业的运营管理，和君项目组行不行？对项目组而言，需要考虑这么大的挑战能不能扛得住？秉持对客户负责的态度，项目组如实告知客户："确实没干过，也没绝对把握。"

转眼到了2014年的国庆节，力丰集团掌门人受邀到和君集团总部参加和君全员培训，更近距离地感受了和君的实力，并向和君发出了正式邀请。

就这样，力丰集团与和君咨询决定进行全面深度合作，开启对整体结果负责的咨询服务模式。而这种结果咨询，和君咨询一干就是近四年……

三、把脉：艰难抉择

既然要实干，就要在专项方案的前期工作基础上，再度加强对企业的全面了解。项目组运用和君原创的 ECIRM 模型（见图 10-1）对力丰集团进行了认真和细致的审视，做了一次全面体检，确保项目组更加深入认识力丰集团，同时让力丰集团知道自己的"身体状况如何"。

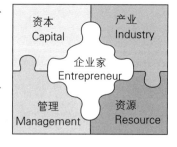

图 10-1　和君 ECIRM 模型

1. 全面诊断结论：唯有全面深入改革才能突出重围

首先看产业。

和君的 16 字诀首要就是"产业为本"。从整个家居建材大行业看，产业规模足够大，属于万亿市场级别，但项目组判断，2014 年以后产业增速会放缓。

从产业结构来看，与中国大部分传统产业相似，整个行业呈现"小、散、乱、弱"的特点，产业整合势在必行。和君咨询认为"吨位决定地位"，在差异化难度极大的情况下，谁先抢占规模优势，谁就能率先拥抱资本市场，谁就会掌握行业的主动权并成为王者。力丰集团拥有两个自有品牌，再加上出口量，市场规模在细分行业企业排名中靠前；但若按单个自有品牌计算，则均处于国内中游水平，与行业龙头企业有一定差距。

从盈利水平来看，按照现有的经营模式和生产、管理水平，整个行业里各个企业的日子都不好过，净利润少得可怜。但在未来，智能化、定制化和工业化的企业，在利润上将可能是传统企业的四、五倍乃至十倍。

其次看资源。

从产品资源来看，力丰集团产品线正在逐步丰富。其中，陶瓷洁具品类的性价比很高，品质稳定、用料扎实；定制、浴室柜等品类款式比较齐全，款式、品质不错但是成本较高。

从渠道资源来看，力丰集团一直以零售为主，依靠经销商进行铺货，渠道网络在同行中算较为齐全的了。但力丰集团网点的经营质量有待提高，而且渠道单一，规模相比于头部企业偏小。

从市场资源来看，在品牌建设上，力丰集团主要依托店面为中心，以店面线下促销活动为主。力丰集团的产品品牌知名度较高，老客户对产品的忠诚度很高。

显然，这是一家资源底蕴不错的企业，拥有良好的产品品质、渠道网络和一定的知名度，最难得的是口碑良好，说明企业本身的产品力已经获得了部分市场用户的认可。

再次看管理。

从管理的内涵（战略管理、组织管理、流程管理、人力资源管理、文化管理）来看，力丰集团基本上处于"有战略无管理"的状态，经营和管理是走到哪算到哪，既缺乏长期思考，也没有与时俱进；更致命的是各个部门、品牌缺乏在统一目标前提下的协同力和执行力。绩效管理沦为形式，难以科学、准确地对员工绩效进行评价，导致优秀员工的工作积极性受挫。

从管理效率来看，整个企业存在成本高、反应慢等突出问题。内部管理主要基于人情和高管的个人努力，遇到市场突变等情况时，内部协同往往特别慢，从而错失商机。过去造成的企业损失，公司既不会也无法追责，致使问题重复发生。

这些现象，也是中国大多数中小型企业内部普遍存在的现象。经过多年的野蛮增长，管理的"跑、冒、滴、漏"是一个无底的黑洞，不断吞噬着企业效益。

因此，和君项目组坚信"抓管理、出业绩"，对于力丰集团走出困境将是一条务实而且见效的方式，同时对于企业奔向未来更是具有保障作用。试想一家企业如果管理系统不健全，管理人员素养跟不上，所谓的效益、创新等从何谈起？

然后看资本。

得益于家族两代人的谨慎守护，力丰集团整体负债率不高，厂房、设备等资产比重较大。但库存高企，2013年成品库存达到当年销售额的20%以上，现金流较为紧张。

资本市场方面，尽管有不少投资人对这家在市场上拥有良好品牌知名度的企业抛来橄榄枝，但力丰集团更愿意把精力投放在实业经营上，对上市、投资、并购等资本运作持观望态度，静待更好时机。

最后看企业家。

力丰集团掌门人有远见、重诚信，也有很强的包容心，是很好的"董事长"，也是一位值得咨询师长期服务的好客户。但掌门人一方面希望改革进取；另一方面又是一个重情义的汉子，念旧且对人宽厚。集团内的其他十多名高管，分布在三个事业部、两个工业园，90%以上是内部培养起来的。高管之间的素养、水平相差较大，内部的协同力较差，存在"一个一个小山头"，更可怕的是有的高管"要权力，不要责任"，事业心不足。

项目组经过一个月的全面诊断深刻认识到，对于力丰集团这样的传统企业来说，解决其困境的本质是需要二次创业、转型升级。所谓转型升级，是要对公司经营管理等进行全方位的变革，同时培养懂经营、会管理、能打硬仗的队伍。项目组判断，在外部激烈竞争的市场环境下，若不进行全面深入变革，力丰集团恐怕未来的发展堪忧，只能跟在竞争对手后面亦步亦趋，越来越艰难。

2. 艰难抉择：三大铁律的支持

道理大家都懂，可问题是怎么变？是改良还是变革？改良，无非是"按住葫芦浮起瓢"，只能延缓衰败却不能改变结局；变革，必然"伤筋动骨"，弄不好甚至会造成不可估量的损失。用力丰集团员工的话来形容就是："我们是一位久病的患者，如果不动手术迟早要完蛋；动手术，也许在手术台上就起不来了。"

董事会成员举棋不定，项目组没有进行过多的引导和推动，毕竟一个组织想要涅槃重生，首要前提是企业家以及高管团队内心的觉醒和拥有对变革的坚定意志。在等待的过程中，项目组做了两件事：一是赠送了日本企业"再造之王"三枝匡先生所著的书籍《重返问题现场·逆转篇》；二是推荐大家看一部电视剧《大秦帝国》。书籍展示的是一家日本企业如何通过全面彻底的变革起死回生；电视剧则展示了大秦帝国如何通过彻底变法，由弱到强，一统中国。这对力丰集团掌门人而言，寓意不言而明。

最终，力丰集团董事会决定对企业进行全面深入的变革。

为了表达变革的决心，力丰集团掌门人向和君项目组和全体高管宣布了三点铁律：

一是，公司的所有经营、管理和财务完全向和君项目组开放；

二是，公司所有高管的薪酬绩效及重大人事决定都与和君项目组商量、确认；

三是，坚决支持企业变革，要人给人、要钱给钱。

三条铁律发布后，全体高管郑重表态："这次变革，只能成功，不许失败！力丰与和君，不分彼此，共同战斗！"

四、规划：有的放矢，全面变革

问题这么多，怎么改？先改什么再改什么？如何把握变革的节奏？经过与力丰集团反复沟通，借鉴一些企业变革成功的经验，我们逐步明确了企业全面深入变革的指导思想和路线图。

1. 全面变革的指导思想："一个目标、两轮驱动、三方合力"

一个目标：短期保业绩，长期促转型。没有业绩，企业就无法生存与发展，因此所有的变革必须在奔跑中调整姿态，在保持一定增长区间前提下，系统规划，补短板、调结构、促转型。增长区间定多少？尽管行业形势趋紧，项目组经过仔细研究，依然把目标定为年营收复合增长率超过20%，这是行业平均增速的4倍以上。

两轮驱动：经营和管理同时发力。抓管理、促经营，抓经营、强管理，两者同步进行，而不是"跛脚"狂奔。

三方合力：咨询师、客户以及样板市场的经销商要合心、合力、合拍。为了真正做到"三合"，我们通过感情引导、机制撬动，做到目标一致、利益一致。

2. 全面变革路线图："天龙八步"

全面变革路线图（见图10-2）。

图10-2　全面变革路线图

第一步：充分认识危机

企业变革最怕的就是大家都不愿意正视问题，对正在面临和即将到来的危机也很少有人去关心。所以，第一步是让所有人，尤其是高管团队，充分理解、认识企业面临的危机。

第二步：明确变革目标

目标既要明确、具体，又要足够激动人心，让企业发展、员工得利，还能有益于社会发展，履行企业应尽的社会责任。

第三步：组建改革小组

企业家或总经理必须亲自挂帅，但变革靠个人之力是无法完成的，所以还必须选拔一批有意愿、有能力的改革派，组建独立、专门的机构，进行顶层设计和总体规划。

第四步：凝聚改革共识

首先，企业上下要有足够的危机感和紧迫感；其次，企业家要带头，利用多种形式和渠道，营造强大的改革氛围。

第五步：制订改革方案

好的方案，应该是以问题为导向，按照先民主后集中的步骤，让执行者参与到方案的制订过程中来。

第六步：实施变革

企业实施变革前，一定要广泛宣传；实施中，要强化执行，说到做到。任何一项变革措施，事前需充分考虑可能出现的问题，事后及时总结经验、不断完善，并对后续的动作、方案进行相应的调整。

第七步：论功行赏

在整个变革中，要明确奖惩方案，力度要大，让变革者名利双收。

第八步：固化成果

避免运动式变革，及时把变革中好的成果、做法标准化、制度化乃至 IT 化，使之不断优化延续。

3. 核心抓手："出业绩＝带团队×建系统"

企业变革不能是一阵风，要追求长期、稳健的发展，这既是和君项目组试图回答的问题，也是力丰集团掌门人非常关注的要点。对结果负责任的咨询，究竟如何实现"短期增长、长远持续"，帮助企业全面深入变革，继而实现企业的转型升级？经过几年的实践，和君项目组坚持"从客户中来，到客户中去"的原则，总结提炼了结果咨询的核心逻辑（见图 10-3）。

出业绩：这是衡量结果咨询的试金石。只有保证了业绩才能为变革赢得时间和空间，而咨询师作为变革的设计者与直接领导者，只有干出了业绩，才能让客户服气。项目组通过"找增量、盘存量，用增量换存量"的策略，首先开辟新的业绩增长点，寻找短期能产粮的地方进行着重发力，同时稳住原有渠道和经销商，最后通过"增量"的拉动效应，来换取"存量"的信任与转变。

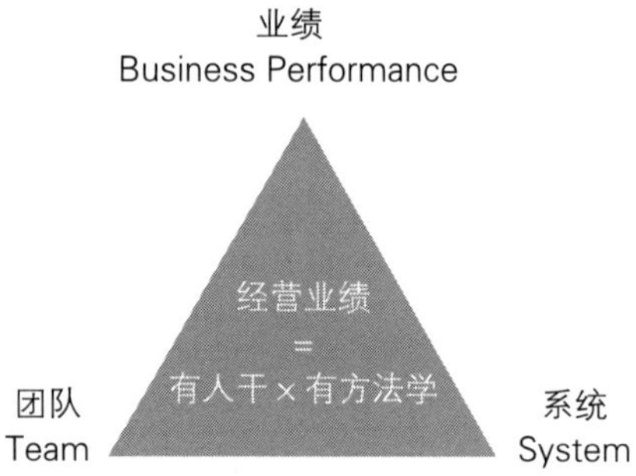

图 10-3　结果式咨询（B-T-S）功效图

带团队：这是结果咨询的核心。传统企业转型升级，思想认识不到位或是执行力不行的根本原因，都是缺乏变革的人才和团队。因此，项目组建立了"项目导师、试点单位高管、骨干人才"的关键人才层级，通过培训引导、项目实践、机制保障等举措打造企业发展的生力军。

建系统：这是结果咨询的保障。一方面，立足顶层设计，建设一批科学、管用的制度、流程；另一方面，把企业以前和在变革中涌现出的好经验、好做法通过制度、流程和表单进行固化。

五、执行：标本兼治

围绕"出业绩、带团队、建系统"的目标，项目组从管理线、营销线、供应链线进行系统变革，涵盖了企业的所有部门，既"输血"又"造血"（见图10-4）。

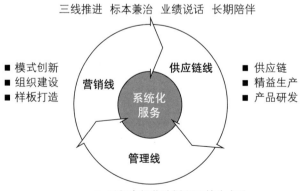

图 10-4　结果式咨询的核心"打法"

（一）管理线：以年度经营计划和预算为龙头，以组织和流程为核心，以激励和绩效为保障

"抓管理出业绩，管理先行"是本项目的特殊处和亮点。抓管理，同样能创造经济价值，而且能创造巨大的经济价值，这是我们对管理简单粗放型企业提供的建议。之所以管理先行，是因为当时力丰集团上下对项目组推行的变革心有顾虑，害怕和君像其他咨询公司一样无功而返。实践证明，管理先行是撬动本次改革的一个有效支点。

1. 第一阶段（2014年11月~2015年9月）：部分导入

2014年11月，和君项目组进驻力丰集团后开始导入年度经营计划项目（见图10-5），但是阻力很大，企业家也心存疑惑，认为企业导入年度经营计划和预算，无基础（目标很难确定、数据不全）、无人才（认为年度经营计划和预算对人员要求高，但企业很多员工都没有相关经验）、无方法（没接触过，甚至听说成功推行年度经营计划和预算的企业不多，对企业帮助不大）。

目　录

一、背景综述
二、年度部门重点工作
三、年度工作计划及预算
四、年度组织架构与人员编制
五、项目监控与管理措施

图10-5　年度经营计划项目主要内容

面对这种情况，项目组没有强行推进，而是干了两件事：一是通过不同形式的宣讲和沟通，让企业高管重视计划管理、目标管理；二是搁置争议，以供应链、职能部门为试点，启动年度经营计划和预算的建设工作。为了把试点做好，项目组手把手地教，经常与客户一起加班。

年度经营计划的制定与推行，使试点部门在2015年的重点工作得以有节奏、按时高效地落地执行，部门绩效大幅度提升，尝到了管理的甜头。

2. 第二阶段（2015年10月~2016年10月）：全面推行

转折发生在2015年10月的月度经营例会上，力丰集团主动要求2016年全

面导入四位一体（年度经营计划、预算、绩效、组织架构）的年度经营计划（见图10-6），高管们也从之前的观望心态转变为亲自部署、亲自跟进。

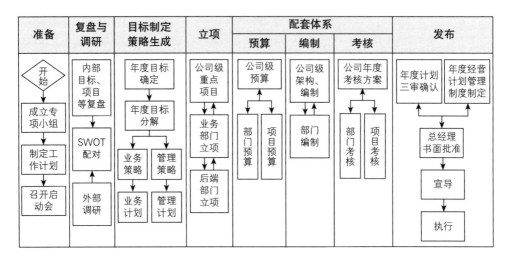

图10-6 年度经营计划主要流程

年度经营计划的推行让力丰集团的协同更紧密了，推诿扯皮的现象更少了，以结果和业绩说话的导向逐步树立起来。人力总监说："年度经营计划看似简单，其实是一张纵横交错的网，提供一把相对客观的尺子。谁对公司贡献大，一目了然。"

3. 第三阶段（2016年11月~2018年1月）：固化提升

经过三年的持续推进，项目组在2017年对年度经营计划进行了制度保障，形成《年度经营计划管理制度》《公司级项目激励方案》等，并进一步提升客户内生能力。

由"顾问想顾问写"向"自己想自己写"转变，充分发挥高管主观能动性。2018年，在编制年度经营计划时，力丰集团开始尝试由执行组长牵头，各高管积极思考、参与，在不影响整体年度经营计划逻辑和要求下，完善和优化相关模板和流程。

重视新人。一是鼓励高管自我报名，在完成自己部门年度经营计划编写前提下，参与公司级年度经营计划项目组的策划与辅导工作；二是选拔高管后备人才编成小组，参与年度经营计划的编写、辅导；三是采取自我推荐和公司考察相结合的方式，面向主管层、新员工吸收3~5人，全程参与年度经营计划编制项目。

固化两大成果。一是出台力丰集团年度经营计划管理制度；二是出台力丰集团理念体系（使命、愿景、核心价值观）。

(二) 营销线：定策略、抓样板、强组织

面对同质化竞争的格局，在颠覆式创新短期无法实现的前提下，项目组采取"调整营销策略、外抓样板市场、内强组织建设"的方法，实现销量、市场影响力和控制力的总体提升（见图 10-7）。

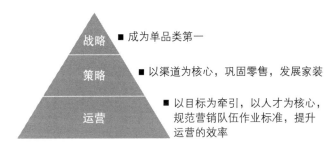

图 10-7 营销改革示意图

第一阶段（2014 年 11 月~2015 年 1 月）：营销战略与策略明晰

2014 年 11 月，项目组与力丰集团共同组建了两个小组，对全国有代表性的市场区域进行了为期一个月的深入调研，在内外部分析的基础上，与客户明确了营销的顶层设计，描绘出力丰集团营销系统的"现状图"（见图 10-8）与"未来图"（见图 10-9）。

存在主要问题
- U10公司没有挣到钱
- U20市县级经销商数量少
- U30售后服务麻烦
- U40公司毛利低
- U50市县级经销商销量减少
- U60直接到门店购买的消费者少
- U70使用便宜的配件
- U80促销活动少
- U90搞活动成本高
- U100活动支持少
- U110便宜配件质量差
- U120公司中间商多
- U130其他品牌对终端商支持力高
- U140当我们没有挣到钱的时候，我们倾向依赖中间渠道，不参与终端销售

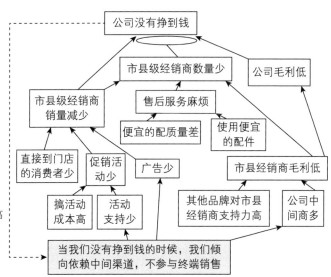

图 10-8 营销现状图

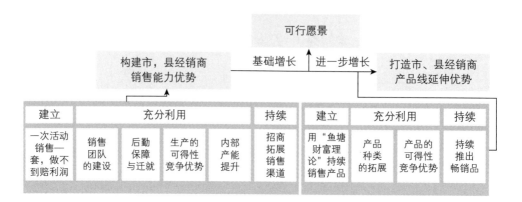

图 10-9　营销未来图

第二阶段（2015 年 2 月～2017 年 12 月）：样板市场建设

为建设自己的"根据地"，项目组与力丰集团分别选取了基础比较好的江苏和基础比较弱的云南作为样板市场，明确样板市场是新模式的试验田、新人才的洼地。基础好的江苏市场建设的重点是提升品牌知名度，以争做区域行业前三为目标；基础弱的云南市场建设的重点是扩充经销商规模，优化经销商结构，夯实市场基础。

项目组在每个样板市场各选三个试点经销商，由咨询顾问、企业项目导师和经销商三方合力，通过多种营销模式和策略创新，帮助经销商提升品牌、团队等价值。同时，改变过去高度依赖零售的模式，加强家装市场拓展、联盟建设等渠道开拓。此外，无论是对力丰集团营销人员还是品牌经销商、店长，项目组都十分注重培训与实操，将培养人的计划、指标都落实到个人。

通过一系列动作，两个样板市场很快就迸发出了惊人的活力。不到一年的时间，江苏市场增长了 150%，云南市场增长了 200%，这都是在过去大家不可想象的成绩。

第三阶段（2016 年 11 月～2017 年 12 月）：全面提升

在样板市场取得初步成效后，项目组与力丰集团以推广、复制、扩大为目的，通过系列举措放大营销改革成果的价值。

建立经销商联席会。通过建立与完善经销商联席会，充分调动经销商积极性，统筹协调区域内促销、培训、经营管理等工作，建立经验交流、资源共享平台，让经销商自动自发实现业绩倍增，推动品牌在区域内的持续健康发展（见图 10-10）。

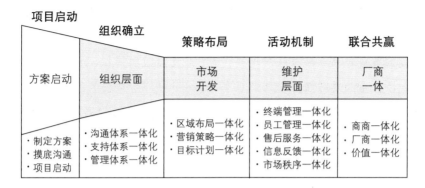

图 10-10 经销商联席会规划图

强化营销人才培养。针对不同营销人员，采取定制化培养方式，一周一分享，一月一比拼，一季一活动，一年一评比（见图 10-11）。

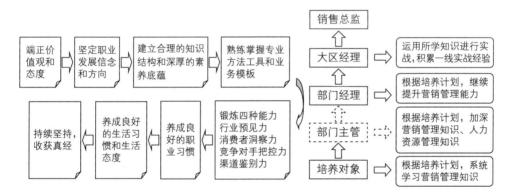

图 10-11 营销人才成长路线图

复制推广项目成果。总结样板市场打造经验，完成了《中小型经销商运营手册》《规模型经销商运营手册》的编写，其中《中小型经销商运营手册》针对俗称"夫妻店模式"的经销商，着重指导其如何提升运营能力，手册编写语言通俗易懂，案例生动有趣，工具简单实用；《规模型经销商运营手册》针对形成一定规模的大客户，着重指导其如何提升管理能力，手册编写语言严谨规范，并辅以科学、系统的工具与表单。

花絮故事：经销商不再"沮丧"

在成立样板市场经销商联席会前，部分经销商心态比较"沮丧"。

比如昆明经销商陈总，对打造样板市场没信心，认为公司就是喊喊口号，很多东西落不了地,担心这次改革会不会像以前一样,"道理学了很多,业绩不见起色"。

比如大理经销商许总,从来不做联盟,认为自己不需要成长,公司培训听听就罢了,不参与集体活动。

经销商联席会活动与机制搅动了经销商们"沉睡"的内心,在互相走访、互相比拼、资源共享、体验式培训等一系列措施的推动下,经销商的心态与表现出现了如下的大转变:

昆明经销商陈总业绩突破1000万元大关,不仅变得积极参加经销商联席会,更自动自发号召大家响应公司安排,经常在群内帮助经销商解决疑难问题,对于每次经销商联席会留的作业都是第一个交,并在群内呼吁大家积极主动参与店铺整改。

大理经销商许总也开始积极参与联盟活动,组建团队积极学习联盟落地方案,响应公司号召出席每次联席会,并多次找到项目组争取第二年帮扶对象指标。

(三) 供应链线:强化产销协同、建立示范车间、培养精益人才

围绕力丰集团质量、交期、成本的短板,项目组决定持续优化产销协同系统、打造两个标杆工厂、培养三层次人才。

第一阶段(2014年10月~2015年12月):库存控制

不仅是力丰集团,整个建材行业一直以来都对库存管理概念十分模糊。一方面,由于以前是卖方市场,生产什么都能卖出去;另一方面,由于卫浴行业的产品特性,没有所谓的保质期,加上原材料价格还在逐年上涨,生产多少、囤多少原材料都无所谓。一系列特定背景造成了整个行业对库存的认知错误。

和君项目组通过分析,用数据说服了力丰集团管理层改变思维,建立以市场需求为拉动的产销协同体系。该体系以需求计划为龙头,建立年度规划策略、"T3+1"滚动计划、周滚动生产计划、日排产计划四层计划体系,并且四层计划之间相互耦合、相互支撑(见图10-12)。

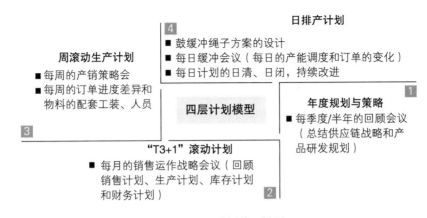

图 10－12　计划管理模型

彻底贯彻了市场需求拉动的思想后，力丰集团整个生产体系一举解决了"市场需求的没排产，市场不要的一堆库存"的矛盾现象，从而大幅降低了无效库存；同时，通过营销手段降低了原有的滞销存货，释放了大量现金流；库存的存量消化和增量抑制，极大提高了资金的利用率和资产回报率。

第二阶段（2015年1月～2016年12月）：样板车间打造

在两个制造事业部中，各挑选一个车间进行打造。样板车间建设，以现场人才建设为核心，以计划管理与成本管理为抓手，运用各类有效的改善工具，使标杆车间达到质量、人效、交期提升（见图10－13）。

图 10－13　样板车间建设逻辑图

以某定制化车间为例。由于定制化的生产特性，刚开始大家都不理解，不认为有什么可行的方法能帮助他们，反而认为是瞎折腾、添乱，主观上不配合，甚至是抵触。在和君项目组苦口婆心地说服下，大家总算同意试一试。最后的结果是产量翻倍，工人计件工资也翻倍了，员工干劲儿十足，其他车间的员工都纷纷要求调岗到这个车间工作。

第三阶段（2015年12月~2017年12月）：人才打造

"人才建设"始终贯穿于供应链改革全程。结合供应链端大部分员工文化水平不高、对理论兴趣不浓等实际情况，项目组针对不同类别员工进行了不同形式的人才建设。

以精益办为归口，重点培养4~6名供应链项目导师。这些导师均有一线管理经验，年轻且改革劲头足。项目导师全程、专责负责供应链改革方案设计并推动执行。项目组则对项目导师采取一月一课的集中学习和现场辅导。经培养后的项目导师纷纷走上了力丰集团供应链的高层管理岗位。

以持续改善为载体，重点培养供应链改善方面的骨干。在全员参与的基础上，以真实案例教学，挑选骨干标兵重点培养，不仅教他们方法，还督导他们不断总结，提升他们的管理能力。

以案例发布和考核认证为手段，坚持每季度组织一次改善案例发布会，总结精益改善经验，表彰优秀改善项目；同时，每半年进行一次供应链人才考核认证，确保人才培养的质量。

花絮故事：如果晚点去库存，会出现什么结果

行业内曾经有个错误的惯性思维：由于生产普遍实行的是备货式，加上产品单价连年上涨，因此，行业内的企业不关注库存，甚至有的高管公开讲道："马桶是一直放着不会坏还能赚钱的商品，不用管库存。"

和君项目组虽然刚进驻企业，却要求控制库存，而且要求营销关注前端动销状态，但是大多数企业"心不甘情不愿"地执行。

2015年11月，行业整体形势紧张，大品牌纷纷通过大幅降价清库存。力丰集团由于提前进行库存控制，所以对企业影响不大；反观其他同行则叫苦连天，小品牌则因撑不住而直接倒闭。

从此，力丰集团对半成品库存、成品库存和经销商门店库存都十分上心。

六、成效：业绩翻番，情如兄弟

（一）整体成效

1. 营收、净利润、库存周转次数同时翻番

对比2014年的数据，经过三年的共同努力，力丰集团的营收、净利润和库存周转次数在2017年均实现了翻番（见图10-14），年均营收复合增长率超过20%，而同期行业整体增长率不足5%。

图10-14 营收、净利润和库存周转次数的指标变化

力丰集团逐渐走出困境，完成了一次较为成功的转型升级。期间，力丰集团新建一个占地200亩工业园，并在黄金地段购置了高档写字楼作为办公场所。

2."三线并进"硕果累累

在结果咨询有节奏实施下，管理线、营销线和供应链线得以实现更高效的协同与配合，在指标、方法和队伍心态上都实现了"大翻身"。

管理线：变革前，企业管理处于救火状态，哪里有问题，老板和高管就关注哪里。企业家很累，管理人员也很迷茫，不知道企业的整体方针、策略，也没有相对到位的责权利体系。变革后，以客户内部复盘对比为例，可以清楚看到通过实施年度经营计划和预算，促进了企业经营目标的达成，保障了利润的实现；同时，让企业上下方向更清晰、目标更明确、责任更到位。

营销线：变革前，企业营收连续三年零增长，年初制定目标总是难以达成，优秀人才纷纷出走，成为行业内留不住人的"黄埔军校"。变革后，企业营收每年都保持两位数的复合增长；营销费用从"无标准、不清晰"到"有计划、有预算"；样板市场起到了营销试点引领作用；设立了区域营销中心，探索新零售

模式的直营店。

供应链线：变革前，企业库存量大，成品库存相当于半年营收，企业现金流全压在库存上。变革后，企业成品、物料库存周转率大幅提升，呆滞成品金额大幅下降；每年部门与员工的改善提案数超过 150 件，覆盖所有部门，当年结案数超过 90%，每年提案实施带来的节约收益超过 500 万元，转化为当年财务收益占比大于 70%。

（二）项目情义

2018 年 1 月 15 日是力丰集团结果咨询项目工作的最后一天。白天，力丰集团给项目组赠匾一幅："专业、敬业、出业绩；真心、诚心、表心意"。参会员工临时起身高唱、表演《感恩的心》。晚上，力丰集团的高管、联合项目组的全体成员都彼此不舍，相拥而泣。

员工还通过不同形式给项目组留言：

"三年前，我们企业无生机、员工少希望；三年后，企业有发展，员工有实惠！"

"和君来了之后，让我们重新看到了希望！这几年，我们企业变化很大，从老板到员工跟以前相比都有了很大进步，真心感谢和君！"

"和君老师们给我们传授知识，毫无保留；他们经常加班，无怨无悔；与我们同吃、同住，一起奋斗，一起开心！"

"……"

七、启示：转型升级，传统企业未来发展的必经之路

力丰集团与和君咨询合作实现了双赢，双方一起经历了太多的故事，遇到了太多的困难，启发了很多共同的思考。我们认为，最重要的启示就是**中国传统企业不进行转型升级没有出路，但想要转型升级成功，自身必须进行全面深入变革，结果咨询模式可以在这方面提供助力**。

今时今日，一个又一个的传统企业正在倒下，一波又一波身怀绝技的新兴企业横空出世，传统企业原有的发展和管理模型正在面临转型升级的命题。要想转型升级成功，就必须打破之前避重就轻、修修补补式的改良方式。只有进行全方

位、深入的自我革命，彻底摆脱经营质量不高、管理简单粗放的"顽疾"，传统企业才能真正实现涅槃重生。

全面深入变革如何才能实施成功？我们总结了以下十条心得。

第一，全面深入变革的目的：让企业做大做强。

第二，全面深入变革的内涵：在思想层面，企业上下都要凝聚成强大的改革共识；在经营层面，要坚持以有质量的盈利为核心；在管理层面，要坚持以提高效率为核心。

第三，全面深入变革的特征：系统性、协同性。所谓系统性，就是要全方位地考虑企业的经营管理情况；所谓协同性，就是各个模块（营销、研发、生产、人力等）的变革，要互为促进、有轻有重、稳步推进。

第四，全面深入变革的原则：以创新为引领、以共赢（企业、员工、合作伙伴）为目的、以提升三大效率为途径（从结构效率进行顶层设计，从运营效率入手，创新效率贯穿其中），稳妥推进、试点先行。

第五，全面深入变革的关键：企业一把手必须亲自参与、亲自指挥，为变革撑腰。

第六，全面深入变革的最大动力：企业家和高管的内心觉醒。意识到位，变革就会坚决而有成效，否则变革就会打折扣甚至失败。

第七，把握好变革的节奏：内心坚定，身段柔软；胆子要大，步子要稳。

第八，心法大于手法。攻心为上，尽量减少变革的阻力；不依赖所谓先进工具、方法，而要注意员工的接受度。

第九，重用变革派，团结中间派，争取顽固派。

第十，保持变革的定力。在可承受范围内，能顶住压力，不轻易改变既定的计划。

第十一章
民营医院"民营公管"模式的创建与管理
——玲珑英诚医院

作者：高春利

"若不能从根本着手，奢谈企业管理是没有用的。管理没有秘诀，只看肯不肯努力下功夫，凡事求其合理化，企业经营管理的理念应是追根究底，止于至善。"

——王永庆

一段发生在台湾的往事：

1961年8月8日，台塑集团创始人王永庆的父亲王长庚老先生突发肠套叠。当时台湾医疗资源极为匮乏，王永庆不得已只得在医院过道中搭了个临时床。最终，王长庚苦撑数日后不治去世。王永庆紧紧抱着自己的父亲，眼睁睁看着他痛苦离开人世。回家路上，王永庆将父亲遗体放在膝盖上，开着吉普车一路痛哭。就在这个时刻，他暗暗发誓：有朝一日，一定要亲手改善台湾的医疗环境，让普通大众都看得起病，让父亲的悲剧不再重演。

念念不忘，必有回响。1976年，王永庆正式进入医疗产业领域，尽管化工行业和医疗行业相关性不大，但他义无反顾。为了纪念自己的父亲，王永庆将医院的名字命名为"长庚医院"。谁能料到，40年后的今天，长庚医院已经建立中国乃至亚洲最大的医院体系。

这一段历史，总是让人不禁眼睛湿润：没有无缘无故的痛，哪来无缘无故的成功！一项事业往往都与创业人的心志、格局、境界有着莫大的关系。

今天给大家介绍的，就是一个类似的故事，一家有特色、有意思的民营医院如何从无到有，从名不见经传到名满天下。

一、案例背景

2014 年,和君咨询与山东大学第二医院初次见面。谁也没有想到,在随后接近五年的时间中,我们不仅看到了大量医者的慈悲与专业,也见证了一家民营医院从无到有、从小到大,波澜壮阔的成长历程。

山东招远市玲珑镇一处工地,项目组举目四望,周围空荡荡的,只有一栋孤零零的大楼矗立在那里。天在下雨,皮鞋变成了水鞋,雨中的医院领导讲述着医院的规划和设想。招远是全国百强县,但在一个县级城市建一家三甲医院,而且出资方是玲珑集团,一家生产轮胎的企业。这样一家企业要进入医疗领域,而且不计成本,这是为什么?能行吗?是不是投机性心理使然?一堆的问号使得大家当时对这个项目心存疑惑。

客户的想法非常明确:建一家医院(后称:英诚医院)。主要任务有三个:第一,给英诚医院定位,明确今后英诚医院的发展方向和业务领域;第二,为英诚医院设计营销策划案,保证患者群的来源;第三,打造这家民营医院的管理模式。

带着这三个任务,和君咨询先后为英诚医院服务了近四年,与其共同成长,这个过程中欢乐与痛苦并存。四年时间过去了,当初的雄心壮志,如今实现情况如何?让我们先来看一看,英诚医院在这四年里都闯过了哪些难关、经历了哪些事情?

- 2011 年 11 月 16 日,英诚医院获得了山东省卫生厅正式批准,成为第一家民营三级综合医院;
- 2014 年 8 月 1 日,英诚医院通过烟台市卫生局三级资质评审,开始正式营业全面对社会开放;
- 2015 年 8 月,英诚医院被批准为三级医疗保险定点医院,年末实现营业收入 5544 万元;
- 2015 年,英诚医院被批准为三级医疗保险定点医院;
- 2016 年年末,英诚医院实现营业收入 8700 万元;
- 2017 年年末,英诚医院实现营业收入 1.3 亿元;
- 2018 年年末,英诚医院实现营业收入 1.8 亿元;

- 截至目前，英诚医院一直保持着高速增长……

在快速发展的过程中，英诚医院不仅实现了业务高速增长，而且在管理方面也有很多创新之处。

- 痛改医弊：医生不收红包，即便收了红包也会上缴给"医疗管理中心"，并返还给病人；
- 人才聚集：名医不断聚集，人才队伍由老带新，结构日趋合理化。截至目前，英诚医院拥有高级职称的医生19人，拥有副高级职称的医生31人，拥有中级职称的医生70人，普通民营医院最难的是招聘名医，大家却都愿意到这家医院来。
- 满意度高：通过问卷调查和小组访谈，这家医院服务满意度高达92%。
- 人均费用低：人均住院费用比公立医院低。
- 竞争性强：周围一些医院的投资额、名气虽比这家医院大，却竞争不过。
- 综合专科：投资界的常识是民营资本做不好综合医院，只能走专科路线，这家医院不仅效益很好而且满意度还很高。

别忘了，这一切成绩，是在一个小县城实现的！

众所周知，医疗行业投资较大，回报周期较长，发展速度相对较慢，经营风险较大。医疗机构主要靠医疗效果和口碑存活，能在六年内做到盈亏平衡就是非常棒的投资。而英诚医院在四年中就取得了如此辉煌的成就（见表11-1），在周围诸多强大的竞争对手包围之下，依然早早实现了盈利。

表11-1 英诚医院2015~2018年的经营数据

年度	营收（万元）	门诊量	出院量	手术量
2015	5544	126764	5147	966
2016	8700	160617	8063	1907
2017	13043	190075	11058	2927
2018	18000	200067	15500	3487

英诚医院成功的原因究竟是什么？让我们以四年间英诚医院的发展史以及项目组的工作为线索，剖析英诚医院的成功经验并总结案例心得，来看看这样一家医院是如何铸就的吧！

二、慈悲立心，回报为本，高屋建瓴，战略立势

1. 英诚医院的由来和战略顶层设计

一片繁忙之中，项目正式开始了。同时，由于众多的不可预知因素，项目组心中也充满了疑惑。这样一家医院，究竟应该何去何从？

带着疑惑，项目组访谈了玲珑集团创始人、董事长王希成先生。王老非常随和，待人极为亲切，年轻时为了抢救国家财产，他曾冒着生命危险暴露在浓烈的化学品空气中，视网膜严重受损，所以眼睛视力并不太好。但他精神矍铄，一开口说话，纯粹的山东招远口音朗朗传来，铿锵有力。

王老说之所以办英诚医院，主要是由于现在轮胎公司发展形势大好，企业挣了不少钱。企业有员工近两万人，但只能在当地县级卫生医院看病，医疗水平以及服务条件远远不能达到员工需求。王老认为，作为企业创始人要为员工的健康负责。过去没条件，现在有能力了，就要为员工提供更好的医疗服务，这就是王老建英诚医院的初心。为此王老还屡次强调，英诚医院的本意和宗旨不是为了赚钱，而是在为员工做好服务的同时，也为当地老百姓提供更好的医疗服务，这也是企业发展壮大后应尽的社会责任。他特别怕英诚医院的战略方向偏离了他的本意，特别担心医院为了赚钱弄得花里胡哨、表里不一，所以为此特意叮嘱数遍。

项目组在晚上整理访谈记录的时候，回顾王老的要求，感慨万千。眼前这位老人，因回馈社会、造福百姓的朴素善念，由化工行业毅然决然踏入医疗领域，此情此景，与长庚医院的创立历史，何其相似？

英诚医院的对标对象一下子就指向了长庚医院，尽管这似乎有些高远：毕竟长庚医疗集团现在是亚洲最大的医疗集团，和这家还没建完、规模不过才五百张床的医院完全不可同日而语。但梦想总是要有的，四十年后，谁敢说英诚医院就不能成为"新一代的长庚"呢？

当项目组将这个战略方向设想，向王老以及英诚医院的项目管理委员会汇报的时候，所有人报以热烈的掌声。英诚医院在2011年就开始准备各种手续，在此之前，他们根本就不知道长庚医院这个案例和背后故事，只是本能和善念在驱使着他们前行。

更令人惊讶的是，英诚医院这个名字也具有极其特殊的意义。玲珑集团副董

事长王峰和总裁王琳在决定医院名字的时候,为了回报自己的父亲(玲珑集团创始人王希成先生)和母亲的养育之恩,从二老的名讳中各自摘取一个字组成了英诚医院。英诚医院的名字由来与长庚医院正可谓"殊途同归",也许这就是所谓的巧合和冥冥天意。

所以,当我们提炼出英诚医院的企业使命、愿景和价值观时,大家很快就达成了共识,没有过多的言语介绍,因为这本就是企业的初心。

使命:通过提供更加优质、便捷的医疗服务,为提高所服务群体的生命质量而不断努力。

愿景:成为中国覆盖广泛、百姓信赖的健康产业集团。

价值观:精勤、诚信、关爱、创新。

这些使命、愿景和价值观对于外人来说可能只是一段简单的话,但作为一个跟踪这家企业四年的咨询机构来说,却深知其中的意义。从建立之初的纯粹之心,到实践中患者的良好反馈,无不昭示着英诚医院的不凡。这种以终为始的恒久坚持,初时不见威力,但数年后回首却发现竟然是如此的重要。一家企业的使命、愿景和价值观不是体现在华丽的辞藻上,而是体现在企业能否知行合一上。

2. 到底该如何起步?不忘初心,方得始终

在访谈中,项目组得知这个项目很早就立项了,但一直处于论证中。刚开始,玲珑集团决定自己独立运作,投资、运营、管理贯穿始终,独立发展。但现实的问题是,整个企业基因都充满了化工橡胶行业的特点,人才储备、管理经验都围绕化工橡胶行业展开并积累。而医学事关人的生死大事,没有专业的业务人才和管理人才是难以为继的。在王老的主导下,集团决定仅负责投资,医院的建设、运营等交由专业的团队来执行。经过层层分析和选拔,玲珑集团最终决定和山东最好的医疗机构山东大学第二附属医院合作,整个医院的建设、运营、管理全部委托它们

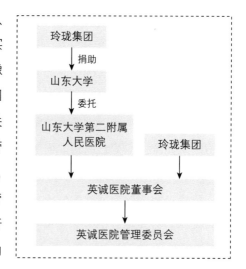

图 11-1 英诚医院法人治理结构图
——民营公管

来执行（见图11-1）。

很明显，这种模式的出发点，一开始就完全没有考虑盈利的问题。王老在访谈中也肯定地表达了自己的想法：先不要谈赚不赚钱，只要不亏太多，就要持续投下去，初心就是为员工和老百姓提供优质的医疗服务，是回报家乡父老的爱心体现。

这种模式打破了以往中国民营医院"谁出钱谁说了算"的固有思维。投资方虽然在法理上说了算，但具体的业务全部交由运营托管方负责，董事会仅有监管权。

这种模式在当前民营医院中独具特色：出资方为民营资本，而整个医院运营管理，却由三级甲等公立医院来承担。治理结构的合理性、管理的专业性、运营的科学规范性，保证了整个医院体系构建在全面规范的基础上，这和当前其他民营医院的运营管理体系完全不同。

从和君咨询三大效率的理论来看，结构效率大于运营效率，运营效率大于管理效率。在上层法人治理结构中彻底将所有权和治理权分开，从而实现良好的治理结构，也从另外一个侧面说明董事会的高瞻远瞩和事业格局。

3. 英诚理念：到底为谁服务

几乎所有的医院都会响亮地回答："为患者服务！"但是仔细深究，有多少医院真的做到了"以患者为中心，为患者服务"？英诚医院提出了这个理念，不是简单地停留在口头上，而是真真切切以此为基点，重构了整个医院的作业单元和业务流程。

为患者服务，不是随口说说，也不是表面上所谓的微笑式服务上，而是让患者能真切地感受到这种服务。"在医院这个特殊场景中，患者相对来说是心存卑微的，毕竟是有求于人，这可以理解。但作为医者，不能因此而生轻慢之心，每一名医者都要把患者放到心里面，而不是挂在口头上。"英诚医院的管理人员这样认为。

董事会和经营管理团队在建立医院之初就在这点上达成了共识——以患者为中心，并提出以下理念和想法。

第一，建立"大专科，小综合"的区域医院。这所医院为此放弃了做专科医院挣钱的想法，而是坚定不移地做一家区域性综合医院。行业常识是做私营医院最佳道路就是做专科，因为综合难做。但英诚考虑的不是赚钱，而是为社会服务，坚定不移的初心决定了这个模式；

第二，建立以医疗和养老为导向的医疗机构。医院服务要全、规模要大，要建立生物制药、医疗、健康养老为一体的大型医疗机构；

第三，一定要有学术研究能力，不能光为了挣钱。要向公立三甲医院看齐，在学术研究上领先；

第四，要导入现代化的医院管理模式，为中低收入的百姓服务，为老百姓带来不贵且优质的综合性医疗服务。

传统的医疗投资强调的是单一学科、专业至上、短小精悍、区域连锁，投入小、产出快、风险低。而这家医院的举措和公立医院非常类似，具有典型的公立医院属性。那么，这样做能挣钱么？

这家医院的初心就不是挣钱，而是为百姓服务！这些理念和服务宗旨与四十年前王永庆先生的理念如出一辙，要做就做纯粹的医疗，不为赚钱，只为心中的念念不忘。

三、业务运营规划

厘清了战略顶层设计，项目组紧接着遇到了新的挑战，那就是英诚医院到底应该建立什么学科，凭什么在市场立足？

人们心目中理想的就医场所，往往是综合性三级甲等医院，其具备大而全的学科配置，在那里什么病都能治，进入医院就觉得心安。但是若用此标准来指导英诚医院的学科建设，那么整体投入和管理都将面临前所未有的挑战，风险极大。这么重大的决定，显然不能凭感觉行事。在英诚医院的协同下，项目组立即展开了详细的市场调查和诊断分析。

1. 市场分析

（1）总量预估和测算

经过初步调研和分析，针对这家医院一期设有 500 张床位，二期设有 1000 张床位，三期将设有 1500 张床位的业务规划，项目组发现，若仅仅局限于招远一地，难以满足医院总体容量，因此必须考虑烟台区域甚至扩张到整个胶东半岛的范围。

通过模型测算,我们得到了市场的预计总体规模。2013 年,山东省、烟台市、招远市的规模分别为 2377 亿~2528 亿元、160 亿~170 亿元、14 亿~15 亿元。

(2)区域医院竞争格局判断

从各项数据来看(见表 11-2),烟台毓璜顶医院在等级、职工人数、建筑面积、科室数量等方面都领先于其他区域医院,属于区域龙头型医疗机构,短期内英诚医院难以超越。当地最直接的竞争对手就是招远市人民医院,而莱阳市中心医院、龙口市人民医院和莱州市人民医院不仅规模和能力都没法和英诚医院的母体山东大学第二附属人民医院相比,且因地域和距离的问题,它们都不是英诚医院的竞争对手。

表 11-2 区域竞争对手医疗结构对标

医院名称	医院等级	医院职工数/名	医院建筑面积/万平方米	科室数/个	特色技术	床位数/张	高级职称及特殊人才/名
烟台毓璜顶医院	三甲	2938	28	68	移植、微创、内窥镜、介入	1610	549
莱阳市中心医院	三乙	950	7.5	60	骨髓、干细胞、微创、介入	700	527
龙口市人民医院	二乙	810	4	-	介入、微创、关节	529	-
莱州市人民医院	二甲	1300	12	82	心外、微创、介入	1150	421
招远市人民医院	二甲	829	7	-	心脏、介入、肾移植、透析	550	984

在招远市及周边乡镇中,西部地区的患者主要流向招远市区,患者重复到达次数最多;东北地区的患者主要流向烟台毓璜顶医院;东南地区的患者主要流向莱阳市中心医院。

(3)患者就医行为分析

通过样本抽样调查(见图 11-2、图 11-3),项目组发现当地患者医疗花费主要分布在 1000 元以下、1000 元至 3000 元和 3000 元至 5000 元这三个档位,大额医疗花费不高。患者大病都不在当地看,当地市场以基础性医疗以及常见病服务为主。从数据来看，超过60%的患者到当地县级医院就医，然后依次为乡镇卫生诊所与社区医院、中医院、烟台毓璜顶医院、莱阳市中心医院。

亲友的推荐和就近治疗是患者选择医院的主要原因。亲友推荐受医院的口碑影响，口碑的背后是一位位患者的治疗体验，这说明医疗的品牌影响带有鲜明的滞后性。患者一旦对医院产生兴趣，有超过65%的人会选择直接来医院咨询，不到20%的人会选择电话咨询，网站、微信、QQ等渠道很少被使用（见图11-4）。这些信息说明两点：其一，体验是建立信任的核心手段和方法；其二，随着微信的兴起，通过社群建立医院和患者之间的信任具有极大的空间。

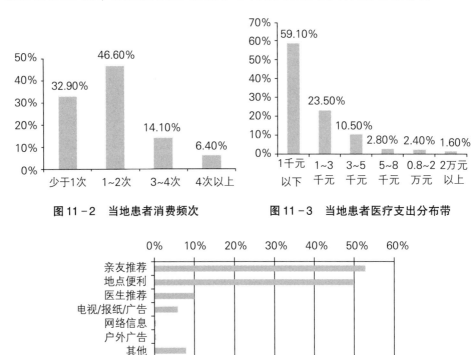

图11-2　当地患者消费频次　　图11-3　当地患者医疗支出分布带

图11-4　患者就医行为驱动因素分析

从媒体接触点看，招远电视台、烟台电视台、中央电视台为代表的电视台是该区域患者接触的主要媒体传播通道，百姓感觉央视频道具有权威性，因地域关系对于本地发生的事比较关注，再加上地方台播放内容比较轻松自由，符合中国县域消费特点。但对于传统的电视广告或户外广告，患者显然是不买账的，这对于后期的品牌定位和传播方式起到决定性的指导作用。而以往医疗卫生领域内，尤其是民营医院，市场化运作的打法基本都是沿寻传统的操作思路——高举高打，以强势的广告拉动患者。现实的媒体接触点以及患者的认知，为后面的营销通道选择及媒体投放和方案设计起到了关键性作用。

2. 业务模式设计

聚沙成塔，把上述想法一一汇总，英诚医院的业务模式顺利构建完成。

业务定位：放弃大综合概念，因地制宜，构建"大专科，小综合"的业务思路，先从核心学科建设开始，聚焦主业，培育医院的核心能力。

学科建设方向：从消费端考察常见病的种类，可从心脑血管、糖尿病、呼吸系统疾病、妇科疾病、消化系统疾病、骨科疾病中筛选医院重点学科。

区域竞争策略：在该区域内的发展目标应当是人民医院和中医院，加强对市区和周边乡镇的辐射力，并获取从市区内和东部乡镇流向烟台毓璜顶医院、莱阳市中心医院和山大医院的患者。

目标群体选择：可选取价格导向的患者为主要目标群体，务实型导向的患者和附加产品导向的患者为次要目标群体。

品牌价值主张：以主要目标群体最重视的维度为主，兼顾次要目标群体，提炼相应的价值理念。继续扩大医院品牌知名度、建设和培育品牌口碑、采取多种手段为患者提供交通和地理上的便利、设置便于患者咨询的服务系统（医院现场和电话平台）。

传统媒体内容重塑：建议在传统媒体上采用"招远电视台一套（晚间时段）+烟台电视台一套（晚间时段）+齐鲁晚报"的媒体组合方案，并在分众媒体辅以大量的传播手段，以健康知识传播为主，避免硬性广告。

3. 盈利模式设计

过去，民营医疗机构因其对利润的过度追求，导致患者对其不信任，核心问题出在以药养医、过度检查等几个关键环节。

如何保持合理的盈利水平，但同时又能在平等条件下比公立医院费用更低，让患者享受更多的实惠？这是英诚医院盈利模式设计的难点。项目组和院办领导经过充分沟通和交流后，大家一致决定从供应链和检疫两个最大、最难的环节入手，建立起新的经营模式。

思路清晰后，董事会和院办实施了一个大胆的举措，将整个药品、器械、耗材供应链业务全部外包给一家专业的医药供应链管理公司，并按三级医院药房管理标准,对药房和服务商进行联合管理。药房的人员由医院聘用,但药房租赁给合作伙伴,库存和人员均受合作方管理,院方为其提供月度流动资金,下个月按销量完成情况及时补充,收益按双方约定的考核协议执行。

确定了稳定的供应商且限定了上限,供应商就不会在公关营销上花太多的费用,而是聚焦在供应链管理和效率提升上,这样大大降低了双方的成本和费用,英诚医院不仅药物耗材比大幅下降,而且每年获得的利润分红也很可观。这种大胆的改革肯定会触动不少人的利益,因为在过去,部分医生是靠药物提成来获得自己的收入,为了提高个人收入会多开药、开贵药。

如果说药品处在供应链上游,控制的是医院的成本项的话,那么检疫科室的改革就是从医院费用分类上入手降低费用。

现代医学是建立在"询证研究"的基础之上,检验是判断和分析的基础,这就导致医疗体系的检验检疫是费用支出的大项,三级医院的检验检疫费用更高。如果所有的检验检疫都在医院独立建设的话,这项费用投入极大,而且规范性建设的费用也很高。

为了降低医院经营管理费用,院方实行了检验检疫共赢合作的方式,与合作方联合成立检验检疫中心,共同投入。和药品管理类似,该中心人员由院方提供,但管理和考核都交给合作方来执行。同时,因该中心的检验检疫设备极为高端,周围很多二级医院无法完成的检验检疫都送到这里来,甚至区域龙头烟台毓璜顶等医院都使用中心的检验服务,无形中提高了其品牌影响力,同时也为医院提供了额外的收入。

四、英诚医院的管理方式创新

回看长庚医院的管理,在刚开始时也并不太好,一直亏损。王永庆先生决定将台塑集团的组织设计和管理制度引入到长庚医院,推行"管理制度化、制度表单化、表单电脑化",开创了医院管理的新典范,成为各大医院竞相效仿的学习标杆,管理学者将之称为"长庚模式"。

四十年后的英诚医院,也面临几乎一样的管理问题。

在英诚医院建立之初,业务量比较小,科室建设也不完善,所以基本都是业务、学术带头人带领大家一起来完成工作,逐渐形成了典型的"院长+科室主任"

的管理模式。这种组织模式和寻常的职能管理模式没有什么本质不同，金字塔式的管理结构下，底层通过层层汇报向上请示，上级下达指令再往下层层落实。

随着业务量的增大，这种管理模式遇到越来越多的挑战。医疗行业的本质是依赖于医生的技术能力和合作模式，再加上医学对象是人，而不是冷冰冰的物体，这就使得这些专业医生几乎将所有的时间和精力都消耗在手术台和诊疗环节，长此以往，带来的结果必然是医院管理效率的下降。

在英诚医院发展到第三个年头的时候，院方意识到了这个问题，希望项目组能够帮助其解决管理模式的问题。

从管理的角度来看，"长庚模式"的核心是将科学的管理思想，尤其是精益生产的思想融入医院管理之中，同时通过"医管分治"来实现业务线和管理线的协同配合，将专业医师的宝贵时间从烦琐的日常管理中脱离出来，由专业的管理团队来为整个医疗业务服务。这两个团队彼此独立又相互协调，使得医疗经营和管理相得益彰。

长庚医院"医管分工合治"的模式（见图11-5）有以下四大核心要点。

第一，医疗专业中心：负责课题研究、门诊、临床、检验、医护、医技/护理、专科。

第二，行政管理中心：负责行政、品控、感染、卫生、院区管理、人资、财务等。

图11-5　长庚医院的"医管分工合治"模式

第三，幕僚参谋人员直接隶属于行政管理中心，由中心直接委派并考核，业务线无权指挥。

第四，幕僚参谋等对业务也同样没有指挥权，但拥有沟通、协调、审核、稽核等权利。

这种模式是基于总经理经营决策的管理模式。在20世纪，这种模式是先进的，并且符合当时的时代环境。如果照搬"长庚模式"，英诚医院也能获得一定的提升，但两者之间有着显而易见的区别。

首先，台塑集团资金实力雄厚，足够支撑起长庚医院的运营；其次，长庚医院聘请的管理和专业团队都属于顶级配置，投入巨大；最后，王永庆先生亲自投入精力来抓医院的管理体系建设。长庚医院的管理模式，有许多值得英诚医院学习的地方，但显然，生搬硬套难以取得良好的效果。

经过仔细研究和探讨，我们提出了"结合现有团队能力，分阶段走，分步实施，逐步实施医管分治"的管理理念。在具体管理体系设计上，以科室为核心管理单元，创新设计了"双首长制"模式。

"双首长制"模式本质上是管理学中"分权"的体现，让专业的人管专业的事，将不同的工种和职业序列有机地结合在一起，使整体效率提升。

英诚医院的"双首长制"（见图11-6）在每一个科室中，设科室主任和行政主任两个"首长"。科室主任是一把手，分管科室的业务线，而行政主任则负责日常管理以保障科室业务的运营，以业务为主线来完成和实现管理职能。行政主任要服从科室主任并向其汇报，非业务管理类第一责任人都归属于行政主任分管，科室主任具有协管权利。

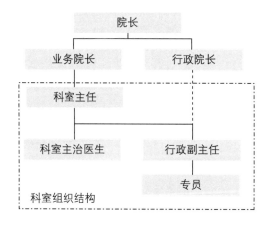

图11-6 "双首长制"模式

"双首长制"中行政主任这个岗位强调的是对员工的赋能而非管控。赋能的意思就是要想方设法将本科室人员的思想境界、素质涵养、业务水平都提高到业务线达标或需要的水平。

科室主任和行政主任联合组建管理班子，采取民主集中制的管理模式，关于本科室的重大议题投票表决，但科室主任有否决权，如科室主任和行政主任意见不一致时，可以上报上级领导来协调解决。

由此，"双首长制"的本质是"齐抓共管、民主集中"，主要体现在以下几个方面。

- 业务院长：负责课题研究、门诊、临床、检验、医护、医技/护理、专科。
- 行政院长：行政、品控、感染、卫生、院区管理、人资、财务等。

- 科室主任拥有整个部门整体决策权，对整个部门绩效负责。
- 行政副主任为科室主任直接下属，受行政院长职能领导。
- 决策采取民主集中制。

思路清晰了，为了保障这个管理模式落地，英诚医院又推出了"述职模式"的民主集中周例会来落地执行。项目组设计了周、月述职体系，不断分层分级盘点计划和执行情况，通过述职体系建设来促进上下级的沟通交流。

为了防止"提成模式"对医院经营带来的巨大损害，英诚医院推行"高薪养廉"，按贡献合法获得收入，打破常规薪酬模式。管控采用"KPI+积分制模式"，形成清晰的行为痕迹进行管控，将一些不希望出现的事项按照级别分类扣分，鼓励的事项或付出行动的科目采用加分项。

通过综合系统的管理组合拳，英诚医院的管理逐渐摆脱了复杂、低效的状况，取得了良好的效果。

五、英诚医院的营销创新

几乎所有的民营医院发展都受制于两个瓶颈，一是如何找到专业的专家团队形成学科建设体系；二是如何能为医院带来足够的患者群。对于一家新医院来说，第二项可能更为重要。没有足够的患者群，即便邀请了顶级专家，其不到三个月也会离开医院。所以新医院的第一驱动力就是市场营销。

英诚医院的宗旨和使命与其他的民营医院不一样，一开始就没有将医院的盈利作为重大考核指标，而是允许阶段性亏损，这为整个运营管理团队提供了坚实的发展基础。为患者服务、以患者为中心是整个医院营销的初心和灵魂。

为此，我们将目标群体充分聚焦，锁定目标群体为招远市的城镇乡村老百姓，而且为中低收入群体提供服务。经过不断碰撞和思考，英诚医院品牌定位确定为"大医英诚，健康相伴"，广告的口号语提炼为"健康，以相伴之名"。

由于前期做了大量深度访谈和消费者问卷调研，所以我们为英诚医院设计的营销方案精准地把握了用户的需求。我们设计了以体验为核心的新营销模式，核心点包括以下几个方面。

第一，针对老年群体的传统电视渠道专栏传播；在视频传播方面，结合当地百姓的视频观看特点和频道特性，我们最终选择在烟台电视台做"健康频道"，由英诚医院的专家定期给当地百姓讲授生活常识、保健知识、医学科普等内容，节目播出后广受好评，有不少患者因为看了这个栏目，主动挂特定大夫的号来英诚医院看病。

第二，通过年轻化的新媒体渠道做新模式传播：电视渠道覆盖人群基本都是年龄较大的群体，针对年轻群体我们通过微视频、微信、抖音、快手等新媒体渠道来宣传、推广，吸引了大量的年轻群体观看节目。

第三，通过公益基金模式进行公益活动传播：通过企业的一系列公益活动在社会群体中提高影响力，让患者群体和品牌要传达的精神产生共鸣。举办公益活动的主要目的是打通营销价值链的社会"焦点"，使得"卖点"和"焦点"产生共鸣。

第四，抓住意见领袖，树立良好的医疗口碑，做口碑营销。一个好的医院，不是靠广告打造起来的，而是通过患者的口碑建立起来的，所以在策划中我们非常注重维护那些治好了病、对医院高度认同的老患者，引导其通过口碑或自媒体来帮助品牌传播。为了更好地管理老患者群体，英诚医院成立了病友会，由老患者构成。这部分群体通过亲身体验和感受，对医院有自己独到的评价。通过病友会，医院和他们可以进行一对一的沟通交流，提供生活上的指引和帮助，同时病友之间也可以互相沟通、交流经验、分享心得。

通过这种立体式的体验，让已经离开医院的患者、正在医院看病的患者以及未来潜在的患者都能得到各种有效帮助，并最终形成自己的心理感受。

六、心得与体会：

项目组数年的贴身服务，最终使英诚医院获得了良好的发展。作为一个咨询公司，我们无比自豪地看到一个有情怀的医院在残酷的市场竞争中生存并发展了起来。它们是令人尊敬的实践者和创新者，以"医者仁心"之道，向创立一家伟大的医院不断地前行。在陪伴英诚医院的路上，项目组也总结了自己的心得与体会。

创新就是打破自己的固有认知，突破障碍的过程就是不断创新的过程。传统医院的营销、经营、管理模式，经历数十年的发展，已经形成了固定的模式与套路。假如项目组和英诚医院始终不能摆脱固有思维，眼光总是停留在有限的行业思维内，恐怕很难设计出供应链托管、"双首长制"等这些创新的模式。

战略初心很重要，在关键时刻甚至可以决定企业的生死。大多数企业在创立之初都怀有赤诚之心，但走着走着就走偏了。迷茫时请回归初心，想想自己创立这个企业的初心是什么？是尽快上市获利？是急功近利地猛冲？还是想打造一个基业长青的百年老店？既然想做的是百年企业，那么为什么要在意三五个月，甚至三五年的短暂痛苦，然后做出完全偏离初心的战略及行为选择呢？

要相信善良和慈悲的伟大力量。做一家医院，本心就应该是善良与慈悲。而被救治的病人、救人的白衣天使，无疑会回馈给我们更多的善良与慈悲。这种力量，甚至超越商业可以理解的范畴。我们可曾听闻任何一家对患者负责任、以慈悲为怀的医院关门了？

品牌建设篇

新经济时代,品牌力已经成为企业发展的重要推动力,忽视品牌就是忽视发展。品牌价值来自市场的评价,品牌被遗忘往往意味着企业在走向衰败。和君历史上有很多成功的品牌咨询案例,本章以有限篇幅为读者进行个别案例探究与展示,希望能引发共鸣,共同思考推动企业发展的品牌之道。

第十二章
特大型央企的品牌战略
——中国中车

作者：熊威

一、背景

过去几年，国企改革不断深化，央企整合波涛汹涌，一批批央企被合并重组，从而诞生了"神车""神矿""神钢""神核""神船"等诸多新的"巨无霸"央企，而中国中车就是那辆"神车"。从成立之初，中国中车便受到了广泛的关注，它是央企整合的典范，是中国高端制造业的代表，是中国的"国家名片"。

1. 3000亿元级"巨无霸"的诞生

2015年6月8日上午，由中国南车股份有限公司（简称中国南车）、中国北车股份有限公司（简称中国北车）按照对等原则合并组建中国中车股份有限公司（简称中国中车）在上交所和香港联交所鸣锣上市（见图12-1），世界上最

图12-1 中国中车登陆资本市场

大的轨道交通装备制造企业——中国中车同步登陆"A+H"股。同年9月28日，由中国南车集团公司和中国北车集团公司重组合并而成的中国中车集团公司正式成立，标志着历时将近一年的南北车重组工程圆满完成。整合后的中国中车拥有46家全资及控股子公司，员工17万余人，以轨道交通装备为主，年收入将达到3000亿元，一个新的"巨无霸"诞生了，中国高铁向世界递出了一张崭新的"国家名片"!

2. 拥有百年历史的"新中车"

2015年合并成立，很多人都认为中国中车是一个年轻的企业，但实际上这家企业拥有百年的历史。中车的历史，最早可以追溯到1881年，那一年，李鸿章的"开平矿务局"建立了"胥各庄修车厂"，这是中国铁路机车车辆工业系统第一家企业，建厂当年就开始制造货车，并利用开矿用过的卷扬机锅炉和蒸汽机，制造了中国第一台蒸汽机车——"龙号机车"，在中国机械工业史上留下了光辉的篇章，开启了中国铁路机车车辆制造的新纪元。

1949年，新中国成立后，铁道部下设厂务局负责铁路机车车辆的生产，再到后来又历经了"铁道部工厂总局""铁道部工业总局"和"中国铁路机车车辆工业总公司"等单位建制；2000年，"中国铁路机车车辆工业总公司"与铁道部脱钩，分立组建中国南车公司和中国北车公司，归国资委领导和监管；2015年，国资委又将南北车合并，组建中国中车，开启了中国高铁的新时代。

3. 为鼓励竞争而分拆，为避免恶性竞争而整合

为了鼓励竞争，中国北车、中国南车于2000年由中国铁路机车车辆工业总公司一分为二。之后，得益于中国在轨道交通领域的大力投资建设，中国南车和中国北车的业务均取得了快速增长。在合并之前，中国南车和中国北车营业收入均已达千亿元规模，接近这两家公司刚成立时收入的10倍。

但是，随着业务的发展，两家公司的竞争也越来越激烈，并且逐步出现了恶性竞争。中国南车和中国北车的竞争，在一定程度上削弱了中国轨道交通设备制造的国际竞争力，尤其是面对国际上的巨头——比如德国西门子，加拿大庞巴迪，法国阿尔斯通、美国GE和日本川崎等，两家公司除了国内市场和体量上的优势，在技术研发方面仍落后于国际竞争对手。中国南车、中国北车合并，在减

少因压价而缩减的营收的同时，可以加强技术研发，提高国际竞争能力。于是，中国中车出现了，它将代表中国与国际巨头在世界舞台上竞争。

4．多元化的中国中车，不再只做轨道交通

基于中国南车和中国北车的发展积累，新成立的中国中车已经是全球规模最大、品种最全、技术领先的轨道交通装备供应商，能够专业提供从设计、研发、制造、维保到零部件供应、投资管理、金融服务等全产业链系统的解决方案，并积极向新能源、环保、新材料等新兴领域延伸。实际上，此时的中国中车已经初步构建了包括轨道交通装备、产业投资、金融投资、地产置业、职业教育、资产管理等多个业务在内的业务架构，不再是拥有单一业务的公司，而是一家多元化发展的集团。

成立之初，中国中车领导便提出了新的发展战略思路：全面打造"承接国家战略、立足高端装备、多元投资运营"，以战略引领为方向、产业投资为目的、资本运营为手段，以高端装备制造为核心，多元发展、跨国经营的世界一流投资集团。

5．承担国家使命的中国中车

从 2010 年开始，以研制时速 380 公里高速动车组为标志，中国的机车事业从无到有、从落后到开始领跑全球。作为中国制造业转型升级的代表产业，高铁不仅是中国高端装备制造业的代表，也是外交舞台上展示国家形象的一张名片。

中国中车合并之前，国家领导人就十分重视高铁行业，对中国南车和中国北车合并也寄予厚望，希望做大、做强高铁行业，提倡高铁行业要组成"联合舰队"协同出海，形成包括装备、运营、工程设计、研发基地、高校、相关配套产业在内的"混编舰队"，协同走向世界。

可见，中国中车的使命十分重大，它肩负着中国制造业转型升级、将高铁行业推向国际并参与高端竞争的重任。

二、品牌需求

中国中车合并之前，无论是原来的中国南车还是中国北车，都十分重视品牌

第十二章 特大型央企的品牌战略
——中国中车

管理。经过多年的品牌建设，两家公司品牌价值都取得了巨大的增长，均超过了 300 亿元。可以说，中国南车、中国北车已经经历了品牌建设的初级阶段，为中国中车奠定了一定的品牌管理基础。因此，2015 年中国中车成立之初，就开始考虑未来的品牌建设工作了，希望尽快制定一个五年品牌战略规划。

但是，作为一个新成立的大型央企集团、中国高端制造业的代表，中国中车承载着许多人的期望，这让它与许多企业有所不同，要完成它的品牌战略，需要从三个方面来思考它的品牌战略命题。

1. 作为一个代表国家的央企，品牌该怎么做

中国中车不是一般的央企，它是代表着中国高端制造、承担国家使命的央企，这样的一个企业，它的品牌战略应该从国家层面来思考。

确立什么样的品牌定位？
诠释什么样的品牌价值？
塑造什么样的品牌形象？
如何讲好自己的品牌故事？

每一个企业在做品牌建设时都需要考虑这些问题，但是加上"国家使命"几个字以后，答案恐怕就不是那么简单了。

2. 作为一个大型集团化企业，品牌该怎么做

如前所述，中国中车已经不再是一个只做轨道交通装备的单一业务企业，而是一个有着多种业务的多元化集团。同时，中国中车还有数量众多的成员企业，各级子公司数量加起来有 400 多家，从事的业务和经营情况各不相同。这样的一个大型集团化企业，它的品牌战略需要回答以下几个问题。

中国中车应该有几个品牌？一个，还是多个？
如果有多个品牌，它们之间的关系如何确定？
是不是所有的成员企业都可以用中国中车品牌？哪些不能用？为什么？
集团与子公司的品牌管理工作应该如何分工和协同？
集团与子公司的品牌各自由谁来管？怎么管？

3. 作为一个 B2B（工业品）企业，品牌该怎么做

与我们平常接触较多的服装、食品、酒水、手机等 B2C（消费品）企业不同，中国中车是一个典型的 B2B（工业品）企业。B2C 企业面对的主要是个体消费者，这些人数量多、范围广、更关注感性价值，很多时候都是凭借主观决策购买产品，因此企业在品牌塑造上通常依靠广告或其他大众传播渠道来打造品牌形象和辨识度，从而在消费者心目中创造一个关于该品牌独特的、吸引人的价值形象。而 B2B 企业则主要面对的是数量较少、需求更复杂的组织（政府、企业）客户，它们更关注理性价值，更多时候具有结构性、组织性的特点，并且它们的购买决策相对客观，因此企业在品牌塑造上需要组织更加集中的、个性化的品牌活动。

像中国中车这样的 B2B 企业，它的品牌战略必须要回答以下几个问题。

中国中车品牌面对的"客户"都是谁？有什么特点？

这些"客户"对中国中车品牌的认知是什么样的？对中国中车品牌有什么期望和要求？

中国中车品牌应该如何与这些"客户"进行沟通？

三、课题及方案

要想回答上述这些问题，需要建立一个系统的品牌战略框架。令人高兴的是，中国中车已经有了比较好的品牌认知基础，不再停留在一提品牌就只讲 LOGO 和广告的层面。针对中国中车，针对其新使命、新发展阶段，我们以"一战略（定位、架构）、四体系（品牌价值体系、品牌形象体系、品牌传播体系、品牌管理体系）"的品牌战略框架，对其品牌战略进行了系统规划（见图12-2）。

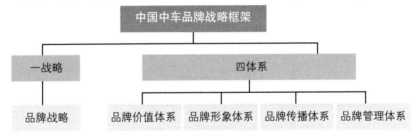

图12-2 中国中车品牌战略框架

1. 品牌定位——中国中车，不只是高铁

品牌管理的核心就是管理品牌的定位。品牌定位是企业在市场定位和产品定位的基础上，对特定的品牌在文化取向及个性差异上进行的商业性决策，是建立与目标市场有关的品牌形象的过程和结果。简单说，就是为某个特定品牌确定一个适当的市场位置，使商品在客户或消费者的心中占据一个特殊的位置，当消费者突然产生某种需求时，随即想到该品牌。比如，一说到怕上火，人们就想到"王老吉"，一说到豪华跑车，人们就想到"法拉利"。

刚刚成立的中国中车，从诞生之日起就得到了广泛的宣传，加上国家的高度重视，让这一品牌迅速获得了极高的知名度。从那时起，很多人一提到中国中车，就想到高铁；一提到高铁，就想到中国中车。可是，中国中车的品牌管理者却不希望这一品牌仅仅局限于"高铁"，因为，中国中车的业务范围不只是高铁，甚至已经不只是轨道交通装备了。

通过调研我们还发现，客户对中国中车品牌的认知与品牌管理者预期还有一定的差距。虽然中国中车品牌的中高端定位已经得到国内各类型客户的普遍认可，但海外客户则更多地认为中国中车是中端品牌，具有性价比优势，这与中车员工对自身的品牌定位看法存在差异（见图12-3）。

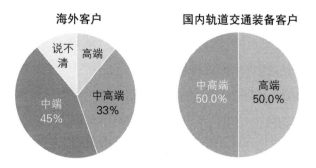

图12-3 海内外客户对中国中车的品牌认知

那么，我们应该如何给予中国中车品牌新的定位？中国中车品牌应该是什么样的呢？

我们认为，中国中车的品牌定位要充分考虑未来的业务战略，要有足够的前瞻性和包容性。在深入理解公司的发展战略思路、分析公司的业务结构、听取相关人员意见并在相互之间多次研讨之后，我们找到了几个关键词——高端、轨道

交通装备为核心、综合解决方案、客户价值（见图12-4），然后，我们将其总结提炼为"以高端装备为核心的全价值创造者"，核心是"高端"和"全价值创造者"这两个词。这一全新定位，表明中国中车将从单一的轨道交通装备供应商向综合价值创造者转变，并立足"高端"，结合数字化、智能化等手段，展示中国中车在铁路装备、城市基础设施建设、通用机电、新能源、环保、现代服务等多个业务领域提供系统解决方案的能力，打造中国中车独特的竞争优势——为用户创造最大的价值。

图12-4　中国中车的品牌核心词

2. 品牌架构——"统一"下的"不统一"

与企业管理中的"组织架构"类似，多品牌的集团型企业也需要构建品牌架构（或者叫品牌组合），用以明确各个品牌之间的关系。品牌架构是品牌战略的重要组成部分，科学的品牌架构应该是清晰的、协调的，它使品牌保持平衡，避免重心模糊、市场混乱和资金浪费现象。

理论上，品牌架构的模式一般可以分为单一品牌模式、主副品牌模式、背书品牌模式和多品牌模式（见图12-5），每种模式都有各自的优缺点和适用范围。

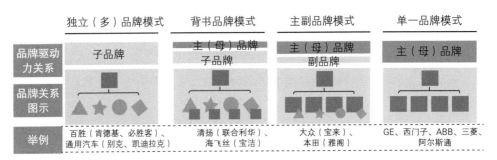

图12-5　品牌架构常见模式

第十二章 特大型央企的品牌战略
——中国中车

一般来说，由于 B2B 企业的客户相对聚焦，且大多是组织（企业或政府）客户，因此大多数 B2B 企业都选择单一品牌模式。这种模式可以聚焦资源打造主品牌，品牌管理也相对简单，强大的主品牌为企业的各个业务都能提供强有力的支撑作用。

过去几年，中国南车和中国北车均推行了单一品牌模式，也就是说，两家公司所有的成员单位必须统一使用"中国南车"或"中国北车"的品牌。但是，由于两家公司都是由多个子公司（比如株洲所、唐山机车车辆厂、四方股份、长客等）整合而来，而子公司的历史更为长久，其品牌也都有一定的市场知名度，因此，刚开始推行单一品牌模式时，很多子公司都不愿使用刚刚创立不久、缺少知名度的"中国南车"或"中国北车"品牌。所以，中国南车和中国北车只好采取强推的方式，严格要求所有子公司必须使用统一品牌，形成合力，集中资源打造有国际竞争力的品牌。

统一品牌的好处很快就在两家公司得到了体现，因为一个强大的"中国南车"或"中国北车"品牌，对每个子公司的业务开展都能有很大的支撑作用，原本不愿意使用统一品牌的子公司，都改变了看法。也因此，中国中车成立后，"同一个中车"这一主题在各个子公司中很快获得了高度认可，公司上上下下都希望统一使用"中国中车"这一品牌。

但是，在调研过程中，我们却发现中国中车品牌管理部门对品牌架构的设计纠结不已，怎么回事呢？原来，随着公司业务的发展，合资合作和并购业务增多，带来了一些新的品牌，中国中车品牌还没有像西门子、GE 那样强大，有时需借力被收购品牌或合资对象品牌。集团经营主体是子公司，这一历史沿革，让子公司尤其是强势子公司也有保留自己品牌的意愿。这样，品牌管理部门在考虑品牌架构时，面临的问题就有很多。

新收购的业务是保留原来的品牌还是用中国中车品牌？

较为低端的产品能不能用中国中车品牌？

当中国中车的产品进入同行企业的时候还要不要打上中国中车的 LOGO？

对于进入技术水平比轨道交通更高的行业，比如航天、船舶，这些行业对中国中车品牌的认可度不高，品牌应该如何处理？

对于进入跨度比较大的行业，完全不属于轨道交通领域，比如贸易服务，品牌应如何选择？

合资、合作的企业要不要用中国中车品牌？

中国中车品牌同轨道交通、新能源、房地产、金融等产业品牌之间的互动关系如何构建？

各产业品牌同具体产品品牌之间的互动关系如何构建？

如何进行科学合理的品牌延伸，在追求利益最大化的同时防范品牌稀释风险？

……

通过调研我们还发现，子公司层面仍有几十个独立品牌在使用，有的是用了几十年的产品品牌，比如"QRRS"；有的是收购品牌，比如"BOGE"；有的与主业毫不相干，比如"大自然"床垫，这些连中国中车的品牌管理部门都没有想到。即使"单一品牌"模式在中国南车和中国北车推行了多年之后，居然还有那么多子品牌在使用，而且许多子公司仍然希望继续使用。

怎么办？这些品牌还能不能用？怎么决策？怎么管理？

这个时候，中国中车的品牌管理部门十分纠结，"欲求统一、实难实现"。想要"统一"，是因为之前的经验告诉中车，这样做是有好处的；但另一方面，确实有很多新的情况，不能实现完全"统一"。不管怎样，简单的统一品牌已经不再适合中国中车的发展，中国中车需要根据实际情况对品牌使用情况进行灵活处理。

在系统分析之后，我们着眼于集团业务的发展需要，并解决之前"统一品牌"策略所面临的困惑，为中国中车构建了"主体统一、局部混合"的品牌架构模式。也就是说，中国中车主体采用"单一品牌架构"模式，"中国中车"是整个集团的母（主）品牌，各级公司及产品在原则上应使用"中国中车"品牌。在特殊情况下（如被收购品牌、合资品牌或与主业不相关等），可保留或使用"中国中车"之外的品牌。同时，针对不同情况，灵活采用背书、联合、主副等品牌形式，让主品牌与次品牌建立联系与协同。这样一来，中国中车的品牌管理部门就不用再纠结于"统一"和"不统一"了。

此外，由于中国中车系统庞大、业务多元、成员众多、构成复杂，因此，为了将品牌架构化繁为简，我们还结合集团业务架构，将中国中车品牌架构划分为四个层级，每个层级都有各自的功能定位。这样一来，整个集团将以"中国中车"品牌为核心,各级品牌各有侧重,集团品牌将强有力地驱动各类利益相关者认同和支持,引领整个中国中车品牌舰队前进,为各次级品牌提供品牌势能支持,并为旗下企业获取资源提供有效担保功能,营造良好外部经营环境(见图12-6)。

图12-6 中国中车各级品牌定位

基于新的品牌架构,我们还使用品牌决策树对特殊情况的品牌做了分析(见图12-7),并对以后的使用方法做了规范,做到了"有法可依",一改之前一事一议、没有制度或办法可以遵循的不利局面。

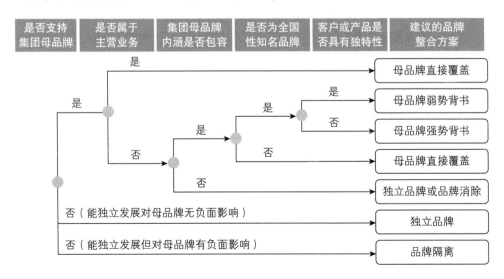

图12-7 中国中车品牌决策树

通过科学的品牌架构设计，既能展现集团多元发展的业务架构，又可以实现各层级品牌的良性互动，有利于建立强大的中国中车品牌形象。

3. 品牌价值——给客户一个承诺

品牌核心价值是指品牌承诺并兑现给客户的最主要、最具差异性与持续性的理性价值、感性价值或象征性价值，它是一个品牌"最中心、最独一无二、最不具时间性"的要素。它应该来自客户的期待。

那么，中国中车的客户都有谁？应该给他们什么样的承诺？

作为一个大型 B2B 企业，中国中车的客户不只是一般意义上的直接客户，是一个广义的概念，除了直接客户，还包括员工、政府、媒体、合作伙伴等利益相关者。因此，要想给客户做出郑重的承诺，首先必须了解这些客户对中国中车的认知和期待。

根据调研发现，内部员工认为未来中国中车品牌的核心价值应该突出品质、创新、领先、绿色、环保、智能、智慧等内容，并且要有一定的包容性（见图12-8）。

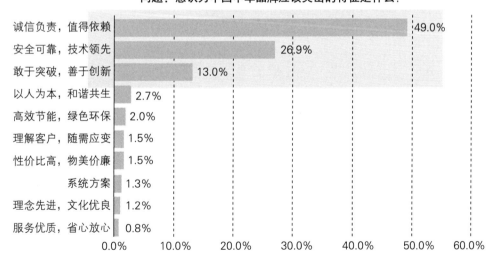

图12-8 内部员工对中国中车品牌核心价值的认知

国内外客户则认为中国中车的核心价值集中体现在：安全、可靠、创新、绿色环保、国际化等方面（见图12-9）。

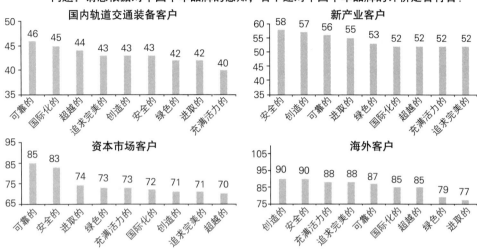

图12-9 国内外客户对中国中车品牌核心价值的认知

基于对客户声音的倾听,我们将中国中车的品牌核心价值提炼为:客户导向的(Customer-oriented)、负责任的(Responsible)、可靠的(Reliable)、创造的(Creative)。其中,"客户导向的"强调客户为中心;"负责任的"强调敢于担当;"可靠的"强调值得信赖;"创造的"强调持续创新。这四个词的英文首字母缩写为"CRRC",恰好也是中国中车的英文品牌名称,内外兼修的中国中车以此来表达对用户永远的承诺。

需要强调的是,品牌核心价值不是停留在口头的几个词语,而是要将其贯穿于生产经营的各个环节,使产品准确掌握和体现品牌核心价值,并让受众真正感知到,才能避免出现品牌与业务的"两张皮"情况,与客户的认知"同频"。

4. 品牌形象——一个"有血有肉"的中国中车

品牌形象是存在于人们心里的、关于品牌各要素的图像及概念的集合体,是企业的文化图腾。品牌形象的作用,在于让目标受众产生一个直观的认知。个人需要精心对自己的形象进行设计、打造,展示自己的个性、特点和魅力,一个品牌也同样需要对自己的形象进行设计、打造。

突出的央企身份并不利于与GE、西门子、庞巴迪、阿尔斯通等国际巨头竞争。因此,中国中车迫切希望重新设计自己的形象,设计一个能代表中国高端制造业的、有亲和力的形象。

结合调研结果，经过反复讨论，我们最终为中国中车品牌赋予了一个"有实力、能成事的中青年专家"的人格化形象（见图12-10），增强了中国中车品牌形象的亲和力，让中国中车品牌形象可感、可知、有血有肉。

中国中车——"有实力、能成事的中青年专家"
姓名：中国中车
国籍：中国
年龄：40岁左右
专业水平：专家级，能力强
性格：诚实、可信、阳光、有活力

图12-10 中国中车的人格化形象

5. 品牌传播——让中国中车更生动、更有温度

传播是品牌力塑造的主要途径，是企业的核心战略，也是超越营销的不二法则。

所谓品牌传播，就是企业以品牌的核心价值为原则，在品牌识别的整体框架下，选择广告、公关、销售、人际等传播方式，将特定品牌推广出去，以建立品牌形象，促进市场销售。品牌传播是企业满足客户需求，培养客户忠诚度的有效手段。

一直以来，由于工业产品的专业特点，它给人的感觉大部分时候都是冰冷、生硬的，离大众的生活也很远，无论企业怎么宣传、介绍产品和品牌，都无法引起大众的兴趣和关注，那些所谓的能够刺激感官、触动心灵的传播活动，似乎只是消费品企业才会做的事情。在很多人的脑海里，工业品品牌还是严肃、稳重一点比较好。更有人认为，工业品品牌的客户就那么几个，根本不需要做品牌传播。

但是，近些年GE、西门子、杜邦、陶氏等一批世界知名的工业巨头都纷纷与时俱进地采用更加生动的品牌传播方式，让自己的品牌更生动、更有趣、更贴近大众，在很多时候，它们甚至比消费品企业做得更好。强大的品牌传播能力，不仅实现了这些工业巨头的销售增长目标，也造就了一个又一个品牌传奇。

在中国中车成立之前，中国南车和中国北车在品牌传播方面也做了很多工作，取得了不错的成绩，但与国际企业相比，还有较大差距。一方面，传播手段

单一、受众面窄，客户多是通过媒体新闻、宣传手册、企业参观、行业展会等接触到两家公司品牌；另一方面，传播内容比较传统，大多数时候都是生硬地展示冰冷的工业产品，没有温度，也没有趣味（见图12-11）。

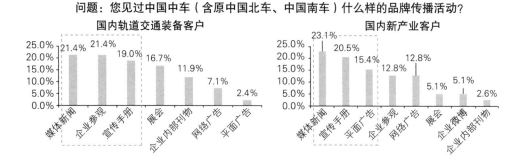

图12-11　中国中车品牌传播活动调研情况

为了更好地传播中国中车品牌，我们为其构建了"全球思维、内外兼顾、手段多元、内容丰富"的品牌传播体系。中国中车品牌传播的内容和方式，要让各类目标受众，尤其是新生代年轻受众，能够看到中国中车的理念、内涵、品格、情感和故事细节等元素，让中国中车品牌的传播更生动，也更有温度。在传播渠道方面，中国中车也要创新，在巩固展会、广告等传统渠道的基础上，加强微博、微信、客户端、脸书、推特等国内外新媒体平台的运营建设，形成全方位、多层次、立体化的渠道组合，实现品牌整合传播，达到最优传播效果。

此外，在企业实力、产品、技术、市场、服务等传统传播内容的基础上，中国中车融入文化故事、社会责任、人才理念等内容，逐步打造包括一线员工、专业人才、高级管理人员在内的系列品牌代言人，真正讲好中国中车的品牌故事。

6．品牌管理——让品牌回归管理

每一个成功品牌的背后，都有人持续不断地为其付出心血！品牌价值的形成与维护是一个相当复杂的管理工程。与企业管理中的其他职能一样，品牌管理也是一个体系，需要建立一系列的组织、制度、流程（见图12-12）。

```
■ 要在组织内部建立强有
   力的、以品牌为导向的
   品牌管理模式，使公司
   品牌化

                    1.确立科学的          ■ 确定具体的品牌管理部门
                     品牌管理模式              及岗位职责
                              2.建立品牌管
                               理部门并明确
                               职责

■ 通过导入业绩管理体系，  5.建立以品
   将品牌战略管理贯彻到    牌为导向的
   每个人每天的工作中      业绩管理模式
                              3.改进品牌    ■ 通过对业务流程进行改进
                               管理的业务       将会使品牌战略管理更顺
                               流程           畅地运行
                    4.制定品牌
                     组合及各
                     品牌的管理
                     内容

              ■ 制定品牌组合的管理内容
                 制定品牌管理制度
```

图 12-12　品牌管理体系

我们认为，品牌不仅是 LOGO 和广告，一定要让品牌回归管理。中国中车虽然有一定的品牌管理基础，但在品牌日常管理工作中，还是面临着一些问题。

一是品牌管理组织体系还不够完善，集团与各子公司之间的分工不明确。拿品牌传播工作来说，集团该负责传播什么？子公司又该传播什么？集团上下并没有明确的规定。

二是品牌制度化管理不足，有制度但不全面、不完善。比如针对新的品牌架构，有的企业可以使用中国中车品牌，有的企业却不能，这时候就需要一个品牌准入管理制度。

三是品牌与业务结合不紧，品牌与业务"两张皮"，品牌对业务的支持性不够。比如投资部门在收购企业的时候，不会想到去找品牌部门沟通，等到收购完了，才发现遇到了品牌问题——收购的品牌要不要保留？

针对这些问题，我们从以下几个方面提出了方案。

一是完善品牌管理组织。在整个集团范围内，建立起包括品牌决策层、品牌管理层与品牌执行层在内的三级品牌管理组织。系统梳理品牌管理职责，并分解至各部门，形成统一规划、分级管理、权责明确、协同推进的工作机制。

二是完善品牌管理制度。修订、新增了十几个制度，包括《品牌管理办法》

《品牌准入管理制度》《品牌供应商管理制度》《展会管理制度》《舆情监控管理制度》《VI管理制度》《新闻报道管理制度》《广告传播管理制度》《品牌危机管理制度》《品牌资产管理制度》等，真正做到了品牌管理制度化。

三是加强品牌与业务间的协同。明确品牌部门与强相关业务部门在品牌管理中的职责，让每个相关部门都知道自己与品牌相关的工作有哪些。此外，还设计了相关流程，将品牌工作嵌入关键事项中。

四是完善品牌考核管理。为了保证品牌建设工作的顺利开展，我们还将品牌管理与考核结合起来，制定了品牌贡献率考核办法，依据品牌管理要求和年度品牌工作计划进行考核，定期公布考核结果，将其纳入企业整体考核体系，并设置了专项奖进行正向激励。

通过品牌的"组织化、制度化、协同化、考核化"，中国中车的品牌管理更加系统，更加能够落地了。

四、效果

"一战略、四体系"帮助中国中车系统规划了品牌战略，明确了品牌定位，设计包括：品牌顶层架构，设计了品牌价值体系、品牌形象体系、品牌传播体系和品牌管理体系，让中国中车的品牌建设更有方向、更成体系、更有章法。

项目结束后，中国中车按照品牌战略，坚定不移地执行品牌建设工作，持续做了大量的工作。

对内，中国中车品牌管理部门通过系统的品牌管理体系，大力宣传品牌重要性、宣贯品牌战略方案、推广品牌行为规范，在短时间内提高了员工对品牌的意识、理解和重视程度，形成了良好的品牌文化。它们还将品牌建设融入企业的设计、研发、制造、营销、服务、社会责任等各环节当中，着力打造高端品牌，有效促进"大品牌体系"的形成。

对外，中国中车则是"强传播、树形象、立口碑"，有效提升了中国中车品牌的知名度、美誉度和忠诚度。中国中车借鉴世界著名企业的国际传播经验，运用国际先进的传播方式，创新适合自身的品牌传播模式和路径，开展了一系列传播，并形成了一系列叫得响的品牌活动，比如"走进中车""中国高铁美国梦之旅""中车文化之旅"等，取得了显著的成果。中国中车还充分利用互联网热点事件，借"老外"之口讲中国故事，提升了中国中车品牌的可信度，如"英国小伙的中国火车穿越故事""中国高铁硬币8分钟不倒""俄罗斯叶叔讲高铁"等。这些故事被中国中车抓取到后，精心策划，通过自己的传播平台和渠道，进行二次传播和升华传播，在脸书、推特、油管（YouTube）等网站都产生了很大的影响（见图12-13）。

图12-13 中国中车宣传热点故事

目前，中国中车的品牌价值不断增加，已经成为央企品牌建设的典范。

在Brand Finance发布的"2018年全球品牌价值500强"排行榜中，中国中车位列第254，品牌价值超千亿元。

2017年和2018年连续两年中国中车在中央企业品牌传播力榜单中名列前茅。

2019年7月，中国中车位列美国《财富》杂志发布的"2019年世界500强"榜单中第359。

2019年在中国制造业企业500强榜单中，中国中车排名第29位。

……

中国中车用系统的品牌建设完美地诠释了"从中国产品向中国品牌转变"！

五、启示

品牌的重要性已无须多讲，很多制造业企业对品牌建设工作都非常注重。但由于起步晚、底子薄、缺乏经验，加上市场竞争非常激烈，如何建设品牌成为很多制造业企业普遍的困惑。作为央企、高端制造业的代表、多元化的集团企业，中国中车的品牌实践为中国制造企业的品牌建设起到了一个非常好的典范作用，我们可以得出以下几点成功经验。

1. 对品牌既要高度重视，又要有正确认知

品牌是目标受众对一个企业、一个产品所有期望的总结，是企业向目标市场传递企业形象、企业文化、产品理念等有效要素并与目标群体建立稳固关系的一种载体，也是一种产品品质的担保及履行职责的承诺。

定义如此，事实也是如此。品牌不是单一的某个方面，而是一个整合的概念。品牌不是标识，不是定位，不是口号，不是包装，不是广告……品牌是所有因素的总和，仅仅产品好，或者包装好、概念好、广告做得好，都不够。品牌是客户认知中有关产品经验的总和：从产品品质、包装、价格，到标识设计、广告风格、公关策略，到销售环境、销售话术、服务态度、员工行为，再到企业社会责任、媒介舆论、大众口碑等，所有细节都会影响消费者对一个品牌的理解，最终影响购买决策。因为客户有太多的选择，一旦发现一点不足就有可能选择其他品牌，所以企业必须重视品牌的全面建设，在每一个细节上竭尽全力。

2. 要将品牌建设上升到战略高度，制定品牌战略

企业战略里面包含总体战略、业务战略和职能战略。品牌战略虽然是职能战略的一种，但却是非常重要的职能战略之一。品牌战略的核心是品牌愿景、品牌定位、品牌核心价值、品牌口号、品牌架构等关键命题。品牌愿景是指一个品牌为自己确定的未来蓝图和终极目标，明确告知人们品牌今天代表什么、明天代表什么。品牌定位是为品牌在市场上树立一个清晰的、有别于其他竞争对手的、符合目标市场客户需要的形象和特征，从而在目标客户心中占据一个有利位置。品牌核心价值是指企业品牌能够获得客户差异化认知的关键词，这些关键词也一定是客户的价值点和利益点。此外，拥有多个品牌的企业，还要考虑品牌架构（或称品牌组合）的问题，要正确处理企业品牌、业务品牌和产品品牌之间的关系。

在品牌战略中，对品牌愿景、定位、核心价值的提炼和诠释尤为重要，这个诠释将是企业品牌建设的统领和品牌行动的最高指南。没有品牌战略信息的重要输入，品牌标识的设计就会"无神"，品牌传播就会"无根"。和君咨询经过多年实践后发现，很多企业都是在做了大量的品牌工作之后，回过头才发现，真正要回答的还是品牌战略的关键问题。

因此，制造业企业要结合企业总体发展战略、企业文化传承等因素，加强顶

层设计，制定或完善适合本企业的、具有独创性和吸引力的品牌战略，并与企业发展战略同步实施、系统推进。将品牌战略作为最高竞争战略，围绕品牌战略，优化资源配置，促进品牌建设与业务发展协同。

3. 要科学设计传播策略，有效传递品牌价值

制造业企业往往都是生产型或技术型的（消费品等行业除外），它们很容易秉持"酒香不怕巷子深"的精神，认为只要将产品做好就行了。但强势品牌的形成，是需要做大量品牌传播工作的。企业品牌传播的渠道有很多，比如电视媒体、纸质媒体、户外媒体、行业协会、论坛、互联网媒体、移动终端媒体等，究竟哪一个是有效且高效的？很多企业并不清楚。在不清楚的情况下，企业往往选择对所有媒体都进行投入，胡子眉毛一把抓，最后变成了无限投入、有限产出。

我们建议企业应该梳理并优化传播策略，针对不同媒介找到最佳的传播形式，抓住各种有利时机，充分利用各种媒体媒介，特别是有效运用新媒体，做好形象公关，讲好自己的故事，广泛传播品牌形象，传递品牌价值。品牌传播还要紧跟市场变化，增强品牌传播的及时性、有效性，凝聚品牌传播的正能量。

4. 要建立组织保障，加强品牌管理

企业的品牌建设需要专业的品牌技术、专项资金投入、专业的品牌队伍，三者缺一不可。企业应建立、健全品牌管理组织机构，明确相应的品牌管理职能，优化品牌管理流程，构建系统规范的品牌管理体系，形成快速高效的工作机制。同时，还要加强品牌管理工作的制度化、规范化，以市场为导向，逐步建立品牌战略、品牌传播、品牌危机、品牌资产、品牌应用等一系列品牌管理制度和流程，使品牌管理工作有章可循。

企业还应使品牌制度和流程渗透设计、研发、采购、生产、营销、售后服务等企业生产经营的各个环节，形成协同效应。建立完善的品牌资产和品牌建设工作的评估体系，对企业品牌建设工作和成果进行评价。有条件的企业还可以积极探索将品牌建设工作纳入业绩考核体系，采取相应的激励约束措施。此外，企业还应加强对品牌专业人才的培养、引进、使用，不断提高品牌管理队伍的能力和水平。

第十三章
区域公用品牌全生命周期的规划与实施
——齐鲁粮油

作者：贾晓轩、陶红

"十二五"期间，中国粮业完成了"广积粮、积好粮、好积粮"三篇文章，"十三五"期间，中央又提出乡村振兴、品牌强农等战略，不断推动农业供给侧改革，使农产品有望成为商品市场的下一个风口。为了落实以上政策导向，国家计划重点培育全国影响力大、辐射带动范围广、国际竞争力强、文化底蕴深厚的国家级农业品牌，各省纷纷响应，各类与农业相关的区域公用品牌不断涌现。

以全球视角来看，农业区域公用品牌的成功案例在其他国家早有先例。1979年，日本正式实施了"品牌农业"战略，下发了"一村一品"政策，即每个行政村都要培育出一种有代表性的农产品。日本后续对区域公用品牌的投入持续升温，各地方政府联合行业组织和相关企业，大力推广区域公用品牌，试图通过区域公用品牌来扩大产地的影响，降低企业的宣传推广成本，提高产品附加价值。日本政府耗费了近30年的时间来建设区域公用品牌，最终涌现了一批典型案例，例如闻名世界的"和牛"等。

"齐鲁粮油"，是山东省的公用品牌之一。山东省资源丰富、土壤肥沃、经济发达，又是儒家文化的发祥地，粮食产量稳居全国第三，拥有丰富且雄厚的品牌建设基础。目前，中国还缺少农业区域公用品牌的典型标杆案例，山东省具备粮食产业发展基础，拥有丰富的历史文化底蕴，加以品牌建设与推广，有望进一步促进中国粮食产业发展，成为粮食领域区域公用品牌建设的新标杆。

那么，"齐鲁粮油"能不能像日本"和牛"一样，成为世界闻名的区域公用品牌，为山东农业屹立于中华大地乃至全球做出杰出的贡献呢？

本案例将全面还原"齐鲁粮油"区域公用品牌全局化、体系化规划的过程，讲述"齐鲁粮油"顶层战略设计的故事。

一、公用品牌建设的大背景

2018年，中华人民共和国农业农村部正式下发了《关于加快推进品牌强农的意见》，提出要打造300个国家级农产品区域公用品牌、500个国家级农业企业品牌、1000个农产品品牌。在政府的积极推动下，中国区域公用品牌迎来了全新的发展时代，各省份、各行业纷纷打造区域公用品牌，这对于推动品牌农业的打造有着重要意义。

那么，如何理解区域公用品牌呢？区域公用品牌的建设对于推动品牌农业的打造有什么重要意义呢？

从字面意思来看，区域公用品牌通常限定了特定的地理区域，由政府或行业协会控制、主导，提供给该区域内多主体共同使用、享受品牌带来的利益。因此，区域公用品牌的建设通常是在政府主导下，由多主体共同实现。

区域公用品牌一般是产业集群发展的结果。如在某地理区域内，一个产业的中小经营者居多，企业在市场中竞争能力有限，并且创建有竞争力的企业品牌困难重重，成功率低，同时各企业所持有的知名度不高的品牌既无溢价能力，又带来了互相倾轧，甚至打价格战的恶果。在此种情况下，由同一区域内的同产业参与企业共同以一个统一的整体形象对外进行传播、营销，更易形成合力，发挥规模优势，形成较强竞争力。同时，可以有效地聚合产业链上、中、下游品牌等各方面资源，促进产业链延伸、实现营销效果最大化。

而具有农业性质的区域公用品牌建设，还能够增加农民收入，发展新型乡村。对于传承区域文化，提升区域文化自信，带动其他产业发展等方面，也有一定的推动作用。我们身边就有不少大家耳熟能详的农业区域公用品牌，例如日本的区域公用品牌"和牛"、国内粮食领域区域公用品牌"吉林大米"等。

日本打造的国家级公用品牌"和牛"是由政府引领，日本全国农业协作组织联合会、日本畜牧业协会、全国和牛登录协会等多方组织参与打造的公用品牌。日本政府对"和牛"区域公用品牌的重视、提倡和引导，使"和牛"产业不只是农户的一己之任。政府方面不遗余力地支持、背书与保护，建立严格的产品质量体系，建立优质品牌联盟，提高"和牛"质量，对每头"和牛"的培育、宰杀直至牛肉烹调，每道工序都内含精密的控制与检验；开拓高端国际市场，增加"和牛"销量；切实把握传播良机，充分展示品牌自信，将"和牛"推向东京奥运会舞台，强关联品牌形象与国家形象，高效提高知名度，融合民族精神，使"和牛"从本土品牌成长为世界级品牌，带动了国家经济发展。日本是"和牛"强大的荣誉背书，"和牛"是日本自信的品牌标签。

中国吉林省具有较好的稻米生长环境，省粮食和物资储备局打造稻米公用品牌"吉林大米"，以联盟形式促使优质企业抱团出击、开拓市场，实施"产业联盟+"战略。在"吉林大米"公用品牌的引领下，大联盟、区域联盟、企业联盟融合互动，不断塑造产业合力，逐渐向高端市场延伸。严守产品质量，助力品牌化发展，产业联盟深入产业链条，严守产品品质，建立标准体系、直销体系、质量追溯体系、产业联盟约束体系等，促进吉林大米实现从"优品"到"名品"、从品质高端化到品牌高端化的突破。

通过这些例子大家就能看出，做一个区域公用品牌，不仅需要天然的优势资源，还需要投入大量的人力、物力，而且传统的区域公用品牌打造基本都是"时间的玫瑰"，需要很长时间的积累才能在广大消费者层面形成认知。

区域公用品牌的打造不能局限于鼓舞人心的广告文案、夺人眼球的包装设计或一味迎合市场的传播活动，而需要在政府部门的带领下，倾注民族情感和人文精神，系统性地雕琢品牌细节、培育品牌气质、规划品牌路径，将区域公用品牌建设看成一项伟大事业。

在区域公用品牌建设的落地层面，大家面临的问题更多。区域公用品牌的建设涉及产业发展重心应该如何选择？区域公用品牌的模式应该如何建立？省级区域公用品牌和市级区域公用品牌应该构建怎样的品牌关系？区域公用品牌建设取得有效的资产和声誉后，各企业要如何应用？又如何管理各个企业？一系列问题有待思考与解决。

在这种背景下，山东省粮食和物资储备局决定，邀请和君咨询来帮助解决这些基本命题，打造适合山东省粮油行业发展的区域公用品牌建设模式。2019年1月，山东省粮食和物资储备局与和君咨询围绕"优质粮食工程"、打造山东省粮油领域区域公用品牌"齐鲁粮油"，进行了深度交流。

山东省粮食和物资储备局对"齐鲁粮油"区域公用品牌的建设有着明确的目标："齐鲁粮油"是由山东省粮食和物资储备局打造的粮油领域区域公用品

牌，旨在提高粮油优质品率、培育地域特色粮油产品、打造企业产品品牌、促进粮油产业升级，集中统一宣传、推介山东省优质粮油产品，带动和支持山东省粮油企业"走出去"。此外，山东省粮食和物资储备局还传递给了项目组更加美好的期望：希望"齐鲁粮油"能够成为山东省的一张名片，向全国人民乃至全世界人民传递山东的农耕文化与健康生活理念。

山东省是全国产粮大省，拥有非常优质的自然环境资源与深厚的核心文化，为品牌建设提供了基础。但也正因为是产粮大省，粮油包含细分品类多、加工企业多、分支地域特点多，所以需要全盘评估和顶层设计：以山东省优质粮食发展为主线，制定适合区域公用品牌"齐鲁粮油"发展的品牌战略模式、品牌定位以及品牌传播。

总体来看，区域公用品牌建设的机遇与挑战并存，那么"齐鲁粮油"这一区域公用品牌的建设，又该怎样进行呢？

二、扎实的基本工作：详细的项目调研与分析诊断

山东省粮食产业发展的现状如何？山东省粮食产量连续多年稳居全国第三。

山东省粮食产业独特的核心竞争优势是什么？

自然条件资源给予了山东省粮食原材料什么样的特性？

山东省粮食加工产品所体现的特性与优势有哪些？

山东省各粮油加工企业对区域公用品牌的认知是什么？它们对政府、对区域公用品牌建设有哪些诉求？它们是否有品牌建设意识？

山东省龙头企业的核心竞争力体现在哪些方面？

山东省终端消费者选择粮油产品的维度有哪些？

山东省以外的其他省份的企业、品牌产品在主打什么概念？

……

这些问题只是项目组调研分析的冰山一角。区域公用品牌建设涵盖了品牌定位、品牌战略、品牌架构、品牌传播、品牌设计，是一个体系化的大工程。省级区域公用品牌往往涉及主体较多，项目组需在项目开展前就具备全局战略发展观，对所涉及的问题，不断地深挖，找到对应的答案。

在这次项目实施过程中，需要解决的最大问题便是"齐鲁粮油"包含两大

品类——粮与油，产品线范围较广，品牌定位以及核心理念如何能够同时包含这两大品类？这也是客户内部存在较大疑问的地方。因此，项目组用 4 周时间，进行了山东省范围内的走访调研，挖掘研究资料。

在调研研究的过程中，一个个问题被突破，一点点论点被补充，项目组的每个人都很兴奋。就像是侦探破案，将所有"证据""论点"找出后，便会逐步接近真相了。

1. 山东省具有特优的粮食种植自然资源

山东省属暖温带季风气候区，光、热、水等自然条件配合较好，适宜多种农作物生长，有一年两作的基础；"山水林田湖"自然禀赋得天独厚；土壤呈多样化，适合部分优势作物；水源分为黄、淮、海三大流域，境内有黄河、大运河及众多小河流、湖泊。山东省地处北纬 34°～38° 的谷物种植黄金地带，为粮油生产提供了优势的原材料资源。

2. 山东省粮油加工转化综合能力强

2018 年，山东省纳入粮食部门统计范围的粮油加工企业有 1468 家，完成工业总产值 4009 亿元，继续高居全国首位。各粮油加工企业不断地布局粮油科技创新领域，在科技研发环节大举投入，鲁花、西王等多个企业参与了国家、行业质量标准的起草和修订。

3. 山东省历史文化底蕴深厚

山东省是中华文明的重要发祥地之一，历史文化底蕴深厚。中华文明有两条主线可以贯穿始终，一是农耕文明，二是儒家文化，而这两条主线与山东省都息息相关。关于农耕文明，齐鲁是我国传统"农本"思想的重要发源地；关于儒家文化，齐鲁大地则是发源地，儒家思想的创立人孔子出生于山东曲阜、孟子出生于山东邹城。此外，墨家思想的创始人墨子、军事家孙子等也都出生于山东，历史文化底蕴可谓相当深厚。

4. 部分品类强势但部分品类存在短板，缺少品牌聚集效应

食用油领域以鲁花、西王为强势品牌代表，产品辐射全国，有较高的知名度

及认知度。在面粉领域中，中裕的产品辐射全国，已成为国内知名品牌，但目前称不上强势领导品牌。面粉领域暂时缺乏全国性的强势品牌，粮油市场缺少品牌聚集效应。

5. 粮油加工企业多且散，各领域品牌梯队不明晰

山东省目前已具有全国性品牌，且市场认知度较高，但也有众多的区域性小品牌，仅在地市级领域有相应的知名度。这些小品牌有较强的加工生产能力，却默默地在为其他大品牌做代工，自有品牌只在当地有市场，品牌附加价值不高。

企业品牌知名度参差不齐，全国性品牌较少，大部分为地区性品牌，且品牌间的梯队不明晰，后续各企业在应用"齐鲁粮油"品牌时如何管理，这是项目组需要解决的难点问题之一。

6. 涉及主体众多，各方诉求各异

齐鲁粮油的品牌建设，涉及国家、省级、地市等各级政府、各类企业、全国各地和各层次的消费者等多种主体，每个主体的诉求各不相同。国家政策以粮食安全为首要核心任务。其他省份粮油区域公用品牌核心理念多集中在产品品质、安全天然、健康放心等方向。大量的粮油加工企业对品牌建设路径不明晰，需政府指导与扶持。消费者则是既重感情又重品质，对营养功能性需求更为个性化、多元化。项目组通过调研发现，消费者青睐那些与自己价值观契合、具有独特风格的品牌，对粮油产品的安全信赖度的要求很高。

通过一系列的调研与分析，项目组总结了以上优劣势与各方诉求，客户均表示认可。但如何兼顾这些优劣势，又能够跳出表象将所有的点连成线，输出"齐鲁粮油"的核心定位、梳理"齐鲁粮油"的品牌发展模式？这是客户在认同项目组的分析与诊断后提出的尖锐问题。

三、风险规避：项目中的小波折

正当大家紧锣密鼓地进行"齐鲁粮油"品牌战略模式构建的时候，项目组突然发现有公司恶意申请抢注了"齐鲁粮油"商标。一直以来，商标被抢注的

现象已经屡见不鲜，注册商标成功等于拥有了一项隐形资产，市场中不乏有很多公司对商标进行恶意抢注，以达到获利的目的。

"齐鲁粮油"一旦被其他公司抢注或使用，将会对客户造成极大的损失。一是"齐鲁粮油"最初建立起的知名度，将随"齐鲁粮油"商标的被注册，从一个区域公用品牌资源，变成一个企业独享的个体资源，山东省的粮油区域公用品牌建设面临清零的尴尬局面。二是"齐鲁粮油"一旦变成一个企业独享的个体资源，将造成消费者对品牌认知的混淆，对产品认知的混淆，易对山东省粮油区域公用品牌产生负面影响。

这对于项目组来说也是巨大的考验。品牌商标是品牌资产的核心，"齐鲁粮油"已经引起了市场的关注，若此知名度流失，重新设计品牌名称意味着要重新起步，对客户的信心打击也很大。

万幸的是我们发现的时候，对方的商标注册尚未完全生效，还有追回的机会。项目组立即协助客户对该公司注册的"齐鲁粮油"商标进行驳回。

有幸于山东省粮食和物资储备局对品牌商标的高度重视与大力支持，当下加班加点协调各部门准备相关证明材料，我们得以快速地推进驳回相关事宜。最终驳回请求获得了有关部门的支持，我们顺利地解决了商标被抢注的问题，保留了已积累下的品牌认知度与品牌资产。

这次的小波折虽然给项目组增添了很大的压力与额外的工作量，但正是因为这件事，项目组发现及时且处理妥当，我们的专业能力又得到了进一步认可，同时客户当机立断的决策能力与迅速、认真执行力也给予了我们很大的信息与决心，项目组才能有序地推动对于商标注册正确的把控方向。我们与客户之间的信任关系更为紧密了。

这次事件后，在后续的品牌战略与品牌传播规划中，项目组提出了系统及明确地保护品牌资产及快速重新积累品牌资产的策略与建议。

四、解决问题的出发点：全局最优的思考

追回了品牌，项目组接下来又把全部精力投入解决"齐鲁粮油"区域公用品牌的建设中。基于上述分析与诊断，山东省自然资源突出、粮油加工能力领

先、历史人文底蕴丰厚，核心优势众多。山东省粮油加工企业也多，但发展阶段与能力分层，各领域品牌梯队不明显，如何输出统一的定位，涵盖整个省份的优势？如何进行统一管理，避免发生"公地悲剧"与"搭便车"现象？这是项目组需要考虑的长远性全局最优的解决方案，能够长久持续地输出品牌价值，而不是局部最优。

由于公用品牌的使用与共享主体较多，在公用品牌的建设过程中，很容易发生"公地悲剧"与"搭便车"现象，我们输出的方案要避免发生这样的情况。那么什么是"公地悲剧"和"搭便车"现象呢？

"公地悲剧"：一块公有草地，人人有权利使用，却无人有义务维护。每个牧羊人都会带大群的羊来吃草。在短时间内，每个牧羊人的羊都有草吃（局部最优），大家明知草地承受不住，却不愿落后于人，本能选择就是考虑如何让自己的羊在更短的时间里吃到更多的草，而不是想办法维护草地。时间一久，公地便不复存在，这就是"公地悲剧"。区域公用品牌切莫仅仅考虑短期利益，作为区域公用品牌的管理方，政府要以标准定企业、以规范管理企业，不可随意使用、透支政府的信任背书，损耗品牌资产，最后造成"公地悲剧"。

"搭便车"："公地悲剧"稍做变化，就成了"搭便车"现象。还拿公有草地来举例，由于大家看到了"公地悲剧"的效应，有人提出大家可以共同来维护草地，使得所有的羊都有足够的草吃。但有人很快就发现，由于草地并没有归属权，即使他不花钱，也一样可以把自己的羊赶来吃草，所以就选择"搭便车"，不花钱享受公地的便利。这样的人越来越多，维护的人认为自己的行为受到了伤害和不平等的对待，因此不愿意继续花钱维护草地。当所有人都不愿意花钱维护草地的时候，公地很快就又不复存在了。一个公共品不付钱也能被使用的时候，每个人都倾向于不付钱（局部最优），但所有人都不付钱的话，就没公共品可用了。所以，企业使用区域公用品牌不但要有一定的"门槛"，还要有一定的"付出"，这样才可以长久地使用区域公用品牌，并在区域公用品牌的引领下，不断壮大发展。

那么，如何防止"齐鲁粮油"的区域公用品牌建设出现"公地悲剧"或者"搭便车"的现象？这就要求我们做到全局最优，需要"顶层规划"及"高度与长远的视角"。在输出成果中，我们需要囊括与思考如下问题，才能做到最大可能的全局最优。

1. "齐鲁粮油"涵盖粮与油两个大品类，多个细分品类；

2. "齐鲁粮油"作为省级的区域公用品牌，如何兼顾地市优势、带动全省产业资源、实现对各梯队企业的帮扶？

3. 如何让"齐鲁粮油"拥抱市场，在 TO B 和 TO C 中形成影响力，形成代表性的名片？

五、系统的解决方案：道不尽"齐鲁粮油"好

图 13-1 开始构建"齐鲁粮油"品牌体系

基于以上的分析与诊断和对全局最优方案的思考，我们开始构建"齐鲁粮油"的品牌体系。

1. 品牌定位与核心理念

首先我们要回答一个基本问题："齐鲁粮油"是什么？

我们认为，"齐鲁粮油"是一个特定的政府认证标签。贴上这个标签，意味着政府、产业、消费者等多个维度对标签产品的认可——它们是齐鲁大地和齐鲁文化孕育出来的、质朴厚道的山东粮油生产者，传承齐鲁农耕文化，仰赖自然馈赠的好原料，运用全国领先的现代化粮油生产技术，生产出有高品质的粮油好

产品。

这样的品牌定位并没有聚焦在一个点上，而是融合了人、原料、技术、产品等4个优势点，这是我们在定位上依据"齐鲁粮油"客观事实所做出的创新，也是为了更好地匹配"齐鲁粮油"区域公用品牌深度融合模式。区域公用品牌本质上是一种政府信誉背书标签，通过授权使用区域公用品牌，政府向企业、产品赋能，向企业、产品颁发信任状，这样的品牌定位必须要涵盖区域内所有相关特色产品、企业产品，因此需要考虑的要素必须全面。

这样一来，人、原料、技术、产品，就构成了"齐鲁粮油"的核心价值。

人：人的要素，我们一分为二，第一是为（wèi）人，所谓民以食为天，"齐鲁粮油"品牌的出发点、使命，一定是为了满足人，为了消费者的营养、健康、饮食愉悦；第二是人为（wéi），一切的安全、好品质、好味道、营养，归根结底是人造就的，好粮油来自有德有能、勤劳智慧的劳动人民的双手。

原料：好原料是好产品的基础。齐鲁大地拥有上天恩赐的、适宜的自然气候，以及得天独厚的地理环境。北纬34°~38°，正是谷物种植的黄金地带，是中国麦作文化的发源地，这里繁衍了齐鲁农耕文明，延续着自然好原料。

技术：技术是产业、产品的根本保障，现代农业早已脱离"靠天吃饭"的境遇，"齐鲁粮油"的优质、安全、健康、营养来自强有力的技术保障；种植及加工等基础技术、装备研发制造技术、新品种研发创新技术等，保证了山东省粮油产品种植、运输、仓储、加工的高效安全运转，保证了高品质粮油产品持续稳定的产出。

产品：我们总结"齐鲁粮油"好产品叫"两强三高"。"两强"分别是面粉和食用油，面粉筋道、口感好，食用油浓香、口味好；"三高"分别是产品品质高，安全可靠性高，营养价值高。

品牌的顶层架构搭建起来了，还需要有落地的、对外宣传的手段。那么，"齐鲁粮油"的口号是什么？什么才能让大家容易记住、能够体现"齐鲁粮油"的品牌理念、定位、价值等一系列要素？

答案是："道不尽齐鲁粮油好"！

品牌口号依托于品牌定位，"齐鲁粮油"品牌定位展现了人、原料、技术与产品4个层面的优势，因此口号的表述要涵盖这4个方向的特点。"道不尽齐鲁粮油好"本质上是向公众和消费者宣告被授权使用"齐鲁粮油"的企业、产品,有道不尽的好,即有很多方面的好,而具体有哪些好,如何好,好到什么程度,在这一句口号中没有言尽,给公众和消费者留下了充分的想象空间,意犹未尽。

"道不尽齐鲁粮油好"主要分为四个层面的"好":德能兼备的"好"人、自然天赋"好"原料、现代化农业"好"技术、高品质粮油"好"产品。这些层面的"好",是基于口号"道不尽的好"之下,设立的二级口号,在二级口号中将再一次详细说明"道不尽的好"主要有"好"人、"好"原料、"好"技术与"好"产品。二级口号也可在不同的场景下进行传播。

"好"人层面的口号——淳朴好民风,实在好粮油

德能兼备"好"人:承载着深厚的历史和厚重的人文底蕴,塑造了山东淳朴的民风、善良实在的性格,实在人种好粮、收好粮、加工好粮。

"好"原料层面的口号——传承赋予,天造好粮

自然天赋"好"原料:适宜的自然气候与得天独厚的地理环境,地处北纬34°~38°的谷物种植黄金地带,是中国麦作文化的发源地,繁衍了齐鲁农耕文明,延续着自然好原料。

"好"技术层面的口号——加工技术遥遥领先

科技创新"好"技术:山东省粮油加工转化综合能力居全国首位,精深加工能力强。加工技术的领先是"齐鲁粮油"的核心竞争壁垒。

"好"产品层面的口号——面筋道,油浓香

品质粮油"好"产品:中高筋是山东小麦粉的特点,浓香是花生油味道的最高评判,也是消费者对山东食用油的认知点,所以选取筋道、浓香作为关键词。

整体来看,山东省粮油产业、粮油企业、粮油品牌、粮油产品,能够提炼出众多与公众及消费者价值取向高度吻合的特性,"齐鲁粮油"这一区域公用品牌最终博采众家之长,提炼出了数个关键维度,强调了"齐鲁粮油"的多重特性,与公众和消费者的多层面诉求进行了多维度、立体化的匹配,实现了更高的契合度。

2. "齐鲁粮油"战略型品牌模式塑造

图13-2 "齐鲁粮油"品牌架构规划

（1）"齐鲁粮油"金字塔模型

依据"道不尽齐鲁粮油好"，我们创新打造了齐鲁模式，构筑了"齐鲁粮油"金字塔模型（见图13-3）。

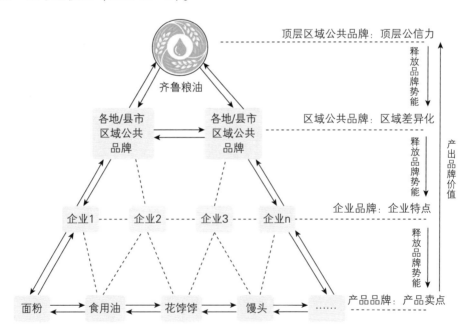

图13-3 "齐鲁粮油"金字塔模型

在这种金字塔模型中，省级区域公用品牌"齐鲁粮油"代表着公信力，是一种"道不尽齐鲁粮油好"的政府认证标签，省级政府来高举高打，背书"齐鲁粮油"多层面的"好"；接下来，各地方区域根据区域特点寻找差异优势来完善区域定位——"好"人、"好"材料、"好"技术、"好"产品四个方向，地方区域公用品牌可以更好地聚焦品类、聚焦地方差异化优势；再下一层级企业需理清企业品牌，找准企业特点，更好地跟随区域公用品牌，相互扶持发展。各企业具体落地产品需要对应梳理产品卖点，不断地进行市场推广与拓展。

从省级区域公用品牌到地方区域公用品牌，再到企业品牌与产品品牌，构建了一个网状生态系统。顶层区域公用品牌不断地向下释放政府资源、信誉、品牌势能，下端的产品品牌不断地拉动市场吸引力、拉近消费者情感距离、形成复购，再向上输送品牌资产与品牌价值。在这个以省级区域公用品牌"齐鲁粮油"为引领的生态系统中，各个层级相互间产生作用力，协调与发展，不断地推动产业升级、产品销售。

（2）"战略统合管理＋分级治理结构＋分层品牌目标管理"

"齐鲁粮油"区域公用品牌的发展路径其实是品牌战略模式的塑造，由省级政府统一引领，地方政府进一步跟进聚焦发展，企业积极跟随，多层次主体不断形成合力，积累品牌势能。山东省粮油加工企业众多，并且发展程度差别较大，为了更好地进行管理，完成山东企业与产品突破地区型品牌限制，成为全国性品牌甚至国际品牌，同时完成"齐鲁粮油"品牌资产的累积，我们根据企业的业务发展程度、品牌发展程度等多个维度，将企业分为A、B、C、D、E等五个级别。

A类企业：业务发展最完善，品牌建设相对成熟，属于龙头品牌，在市场中有一定的品牌认知度。

B类企业：业务发展相对完善，品牌处于发展机遇期。

C类企业：业务发展已初具规模，具有较大的上升空间，品牌处于生存期。

D、E对应在业务发展与品牌发展程度方面逐渐减弱的企业。

对省级政府或省级区域公用品牌建设而言，建设策略是主抓A类企业起到拉动作用、帮助扶持B类企业使其尽快突破、兼顾布局发展C类企业，使其快速成长。对地方区域政府或地方区域公用品牌建设而言，建设策略则为主抓B类企业，帮扶 C 类企业，培育 D、E 类企业。

分级治理结构能够使品牌管控范围逐渐扩展，令帮扶型企业队伍逐渐壮大，不同级别的企业通过政府不断扶持与兼顾而更加茁壮成长的同时，"齐鲁粮油"区域公用品牌也可以不断地聚集品牌势能。

省级区域公用品牌、地市级区域公用品牌、企业品牌分别有各自的品牌发展目标，省级政府依据不同的品牌目标进行管理，通过统一规划带动区域政府与企业共同统合品牌发展战略，更好地形成合力。不同层级的企业起到不同的作用，并且政府能够扶持更多企业突破现状，真正达成企业间的抱团发展（见图13-4）。

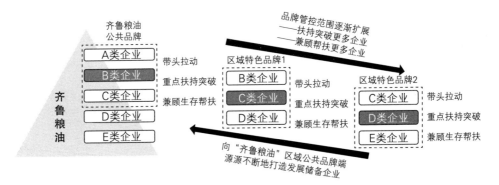

图 13-4　"齐鲁粮油"抱团发展

六、落地执行："齐鲁粮油"的好，真的道不尽

咨询方案做得再好，也要落地才行，执行的情况又如何呢？

产业联盟的成立："齐鲁粮油"成立粮油产业联盟协会，建立优质粮食产品标准、凝聚行业力量、加快推进"齐鲁粮油"品牌建设。

品牌建设培训：项目组为"齐鲁粮油"进行定期品牌建设培训，增强企业的品牌建设意识与知识，更好地推进"齐鲁粮油"品牌的建设、推进山东省粮油企业品牌、产品品牌的建设。

品牌传播与活动：依据项目组为"齐鲁粮油"制定的传播策略与规划，不断进行落地传播活动，省内外的传播、大型公益活动的执行、"齐鲁粮油"全国性的推介会等，在宣传品牌知名度、打造信赖度的同时，促进企业与外部资源进行连接，更多更广地销售产品。

品牌IP形象"齐麦麦"与"鲁果果"的打造:"齐鲁粮油"有两大品类:粮与油。项目组挖掘了山东最有代表性的原粮,以小麦与花生为代表进行IP形象的打造,设计了两个卡通形象——"齐麦麦"与"鲁果果"(见图13-5)。目前,两个IP形象不断在"齐鲁粮油"的传播中露出,深受大众喜爱,它们的品牌价值正在不断积聚与释放。

图13-5 "齐麦麦"与"鲁果果"

七、思考与启示

中国区域公用品牌正值风起云涌之际,各省纷纷响应国家政策,落实国家战略规划,但区域公用品牌建设并不简单,必须要从顶层战略出发,以战略观、全局观来进行统筹规划,推动产业升级,带动区域经济,引领企业发展,使当地的产品能够远销全国,促进产业兴旺、企业增效、农民增收。区域公用品牌建设,并非是简单地做LOGO设计,开发布会,投广告,政府部门需要努力做好引领,做好扶持,做好为民。

之前,我们听到对品牌咨询最多的误解便是:"哦,品牌咨询和广告公司一样吧""做品牌就是砸钱的事,哪儿能和大公司比""你给提个创意吧"……

而实际上,品牌咨询更多的是从战略的角度去构建适合的品牌发展模式,这种模式是长久的、可持续性的。做品牌,做的是人心,而做区域公用品牌更是如此。区域公用品牌的受众不只有消费者,不仅是为了销售产品,而是要推动产业升级发展,培育壮大产业经营主体,真正地发挥区域整合能力。所以,区域公用品牌的建设切勿急功近利、重形象不重战略、求名不求实。

本案例的撰写是一次基于区域公用品牌建设的、创新型品牌定位与战略型品牌模式塑造的双重思考与应用,"齐鲁粮油"金字塔模型也适用于其他区域公用品牌建设,这也算是和君咨询为中国公用品牌的建设做出的一点微不足道的贡献吧!

第十四章
全国性消费品名企的品牌文化建设
——习酒

作者：刘广磊、郭涛

"华夏泱泱，酒史绵长；酒沃神州，惠播四方。

品类之盛，满目琳琅；黔岭莽莽，酝酿琼浆。

国酒茅台，玉液之冠；贵州习酒，天下称觞。"

《习酒赋》开篇几句便点出了中国酒文化与历史之源远流长。

贵州和四川省界的赤水河，也是一条酿造酱香型白酒的美酒河。特别是从茅台镇到习酒镇（对面是四川古蔺县二郎镇）这49公里流域，被誉为"中国酱香白酒黄金产区"，和白兰地、威士忌名酒的发源地并称为三大世界级的酿造宝地，诞生了茅台、习酒和郎酒等著名酱香型白酒。

2017年，郎酒发布全新的广告片：云贵高原和四川盆地接壤的赤水河畔，诞生了中国两大酱香型白酒，其中一个是青花郎。一石激起千层浪，很多业内专家和媒体都纷纷发表意见，酒水行业一时间热闹无比。

事实上，郎酒的销量和市场份额与茅台完全不在一个量级。茅台作为行业龙头，其市场份额已经超千亿元，而郎酒不过是百亿元级别。郎酒绑定茅台营销引起争议，其大背景是近年来酱香型白酒的兴起，酱香型白酒正在成为白酒行业的黄金赛道和资本风口。在茅台的带领下，原属小众的酱香型白酒（简称：酱酒）正逐渐被大众认可，并被冠以"高端""稀缺"的标签，越来越多的酒企加入酱香型白酒的市场争夺战中。但显然谁也无法撼动茅台的冠军地位，各大品牌都在拼命争夺"酱酒亚军"的位置。而郎酒高调对标茅台，其主要目的就在于快速占据亚军位置。

然而，郎酒似乎忽略了二郎滩对岸的老对手：贵州习酒。面对此情此景，习酒又会如何选择？让我们从一个咨询的角度，来看看这家历史悠久的酒厂，如何在酱香型白酒市场站稳脚跟、异军突起吧！

一、项目背景：承前启后，转型跨越

贵州茅台酒厂（集团）习酒有限责任公司（以下简称习酒公司或习酒），其前身为创建于明清时期的殷、罗二姓白酒作坊，1952 年习酒公司通过收购组建为国营企业，1998 年加入茅台集团，成为茅台集团全资子公司，是中国名优白酒企业，国家大型二级企业。习酒公司酒厂地处贵州高原赤水河中游、红军长征"四渡赤水"的二郎滩渡口。二郎滩一侧是贵州的习水县，另一侧就是郎酒的产地——四川泸州的古蔺县，整个二郎滩依山傍水，绵延十里，有"十里酒城"之称。

2018 年恰好是习酒加入茅台集团的第二十个年头。这一年，习酒累计销售 56 亿元，超额完成"销售突破 50 亿元、窖藏占比超 50%、省外占比超 50%"的"三五"目标，品牌价值达 382 亿元，位列"华樽杯"酒类排名第九名，时隔二十多年再次跨进全国白酒前十阵营。

2019 年，正值茅台集团由"茅台文化"开始向"文化茅台"战略转型的元年。习酒公司也开始承前启后、转型升级，力争实现 2019 年营收 76 亿元、2020 年冲击"百亿习酒"的战略目标，并提出 2025 年实现产能翻一番，规模大一倍，为茅台集团贡献更多力量。

2018 年 12 月，经过激烈的角逐，和君咨询成为习酒公司品牌及文化咨询项目的合作方。本案例呈现了和君咨询陪伴着习酒，在这场竞争中厚积薄发、力争上游的雄心壮志和胜利成果。

二、环境理解：产业、战略、文化与品牌四大维度

要为企业做好服务，首先需要深度了解企业所处的外部大环境。结合和君咨询的十六字诀，项目组决定从产业、战略、文化与品牌四个方向，来扫描习酒所处的酒业，尤其是酱酒行业的大环境。

1. 产业为本：酱酒赛道异军突起，"大市场"大有可为

要解决企业的发展问题，必须回到产业本身。2018 年，在国际、国内大环境趋冷、流动性枯竭、各类不确定的大背景下，中国白酒产业仍"逆市飘红"，延续 2017 年的向好趋势。

在巨大的白酒产业中，酱酒市场虽仅占冰山一角，但随着消费市场的进一步升级，"稀缺"与"高端"的价值标签突显，酱酒市场开始呈现爆发式增长，成为引领白酒产业的新风口与主赛道。

市场容量：2018 年，酱酒产能为 50~60 万千升，约占白酒整体产能的 4%；销售收入约 1000 亿元以上，约占行业的 20%；酱酒净利润约在 430~440 亿元，约占行业的 35%。低比例的产能、中比例的产值、高比例的收益，酱酒的价值不言而喻。

增长速度：2018 年，酱酒销量高于白酒行业平均增速 2~3 倍，在北京、河南等酱酒消费大省，酱酒消费人群已经由五年前约占白酒市场的 10% 提升到目前的 20%。

资本动向：资本是酱酒产业崛起的强大推手，以产定销的供需特性，吸引了华昱、海银、华林等多路资本不断涌入。

产能投入：茅台集团酱酒产能（含习酒）将在五年后突破二十万吨级，形成酱酒产业超级航母；郎酒未来三至五年，酱酒年产将达到 5 万吨，基酒库存达到十几万吨级；主要的酱酒企业均在竭力扩充产能以应对未来的市场增量。

区域扩展：除贵州外，酱酒在北京、河南、山东、江苏、广东、上海、浙江、福建、广西等地遍地开花。总体来看，南方好于北方，经济发达区域好于次发达区域，主流市场的酱酒消费趋势已经形成。

高端消费：中国高收入家庭的增加和健康理念驱动白酒长期的结构性增长，尤其在高端和超高端消费人群，酱酒占比已经过半，这股风潮将给酱酒市场带来十年以上的消费红利。

2. 战略为势：亚军之战就是酱酒的"冠军之争"

细分赛道的格局决定了企业竞争位势。酱酒赛道异军突起，整体呈现为：围绕茅台、习酒与郎酒形成的"一超两强"竞争格局。

茅台占据了酱酒千元价格带 90% 以上的市场份额，销售额突破 1000 亿元，

相较之下，习酒和郎酒（酱酒：青花郎+红花郎）销售额均不足百亿元，特别是达到千元价格带的产品更是寥寥无几，而其他三线品牌销量更低，根本无法进行竞争。由此可见，茅台超级巨头的地位无法撼动。

茅台一骑绝尘之后，"稀缺"和"高端"的价值标签为其他酱酒品牌留下了巨大的想象空间，总不会人人都去喝茅台酒吧！因此，除了青花郎推出"两大酱香白酒之一"的宣传以外，国台酒也喊出"茅台镇第二大酱香白酒"的口号，一夜间"酱酒亚军"成为各大品牌纷纷抢占的战略高地，酱酒的"冠军之争"开始演变成"亚军之战"。

3. 文化致远：文化力正上升为酒企的核心竞争力

以酒载文，以文兴酒，无论是技艺的传承还是白酒的消费，中国的酒文化不仅代表国人的生活方式，更是国人的精神滋养。可以说，酒已经成为一种精神、一种文化、一种社交、一种场景，而酒企的竞争也已从简单、传统的营销竞争上升到复杂、现代的文化竞争。文化力正逐渐成为酒企的核心竞争力。

茅台集团的使命一直在强调中国的文化和生活。2019年年初，茅台集团提出从"茅台文化"到"文化茅台"的战略转型，正式开启以"文化茅台"为引领的新时代。五粮液集团则是围绕"天地精华、民族精神、世界精彩"的独特文化内涵讲述中国好故事。不仅茅台集团、五粮液集团将文化建设作为企业的战略核心，其他头部酒企也都更加注重自身的文化建设（见图14-1）。

企业名称	茅台集团	五粮液集团	洋河股份
文化品格	中国文化	民族文化\中庸文化	狮羊文化
使命	弘扬茅台文化，创领生活梦想	弘扬历史传承的精髓，用我们的智慧、勇气和勤劳来造福社会	快乐健康
愿景		科学发展，构建和谐、员工富、企业强、社会贡献大的世界名牌公司	酒业帝国
核心价值观	天贵人和，厚德致远	为消费者而生而长	以客为先，以人为本，以奋进者为纲
企业精神	爱我茅台，为国争光	创新求进，永争第一	领先领头领一行，报国报民报一方

图14-1 部分知名酒企的企业文化理念摘录

企业名称	泸州老窖	古井贡	迎驾贡酒
文化品格	诗酒文化	贡献文化	迎宾文化
使命	凡华人之所到，品味泸州老窖	贡献美酒，乐享生活	崇尚待客之道，传承礼仪文化，酿造美好生活，服务幸福社会
愿景	做中华酒业巨子，成中华酒文化旗手	做中国最受欢迎、最受尊重的白酒企业	国人的迎宾酒
核心价值观	传承文化，持续创新，专注客户，创造财富	做真人，酿美酒，善其身，济天下	以酒合人，以酒合天
企业精神	敬人敬业，创新卓越		脚踏实地，开拓创新，勤于学习，善于研究

图14-1　部分知名酒企的企业文化理念摘录（续）

4．品牌制胜：以文化力塑造品牌力，勾兑心智引发共鸣

白酒消费的本质是泛文化的消费，是人们以精神价值和文化价值享受为基础而产生的"感性消费"。白酒行业在经过多年的深度调整之后，已开始由"高速发展"向"高质量发展"阶段转变，而各大品牌都在拼命强调其独有的性格品味、精神内涵和文化感染力，努力与消费者越来越高层次的需求形成共鸣，尤其是中高端品牌。酒企正在纷纷通过调整品牌战略，不断强化品牌塑造，来谋求更多的消费青睐和更广阔的未来。

2019年年初，为促进"文化茅台"战略的转型，茅台集团开始以中国文化为魂，以"一带一路"为轴，以"文化茅台，多彩贵州"为主题，进行全球巡展，塑造"香飘世界百年"的龙头风范。同时，为强化茅台品牌的穿透力，茅台集团实施"133战略"围绕品牌架构进行梳理、瘦身，以实现对高、中、低产品线和国内外市场的全覆盖。

"1"——倾力打造一个世界级核心品牌：飞天茅台；

"3"——3个全国性战略品牌：茅台王子酒、茅台迎宾酒、赖茅；

"3"——3个区域性重点品牌：汉酱、仁酒、贵州大曲。

五粮液倡导"中国的，世界的五粮液"，生动诠释"天地精华、民族精神、

世界精彩"的独特文化内涵，以大开放促进大发展的全球视野积极融入"一带一路"倡议，在世界范围内持续释放品牌效应。

自2018年以来，五粮液也提出了相应的"品牌瘦身"计划，实施"1+3"产品策略："1"是指做精、做强核心产品52度新品五粮液，强化其高端浓香白酒领袖地位，并强化五粮液品牌核心产品体系延展"3"个维度：打造独特、稀缺、个性的高端五粮液系列，打造年轻化、时尚化、低度化的五粮液系列，打造全新的国际版五粮液系列产品。

从提出"让世界品味中国"的泸州老窖到"盛世剑南春"的剑南春、从提出"中国第一坊"的水井坊到"中国第一贡"的古井贡、从提出"你可以品味的历史433年"的国窖1573到"智慧人生，品味舍得"的舍得，酒企品牌所传达的早已不是简单的符号和口号，更多的是一种深层次的文化认同。

三、洞察本质：文化致远、品牌制胜

习酒交给项目组的任务是做文化与品牌的双重建设，但项目组绕了这么大一个圈子，去探讨行业的发展规律、现状、趋势，探讨竞争对手究竟在做什么，是不是有点"不务正业"？绝对不是！我们对文化与品牌的理解，首要要素是它们一定是为企业发展、战略实现服务的。所以，要想建设企业文化与品牌，必须深度理解企业下一步的发展战略，并让所有的文化与品牌建设，都落地到企业战略上。

文化致远、品牌制胜，远在企业的长远可持续发展，胜在市场竞争中企业的脱颖而出。所以，我们坚持从战略出发，让文化与品牌成为战略的落地支撑。

1. 战略上：持续快速奔跑，坚决打赢酱酒的"亚军之战"

酱酒赛道的爆发式增长，为企业留下了巨大的想象空间，凭借着产业东风，习酒一路高歌猛进，超额完成"三五"目标。相对于其他酱酒品牌来说，习酒不论是资源优势、工艺技术、酒质口感还是品牌势能和市场表现，都具有更强的爆发力。

第一，习酒占据着"酱酒核心产区"的区位优势，资源禀赋得天独厚。

第二，习酒自1952年组建，在60多年发展沉淀中与茅台酒一脉相承，在工

艺技术、酒质口感上都无限接近于茅台酒，力压其他酱酒品牌。

第三，习酒作为茅台的全资子公司和独立子品牌，能更好地承接茅台集团的品牌势能；

第四，习酒2018年实现全年营收56亿元，而与之相比的郎酒酱香系列产品全年营收（红花郎和青花郎）约30～40亿元左右，其他三线品牌与习酒更是相差甚远。

从战略的角度来看，习酒拥有成为"酱酒亚军"的优势。而在核心策略上，既然酒企的竞争已经从简单促销等低层次营销竞争，开始向占据消费者心智认可的文化竞争转变，那么毫无疑问，习酒需要考虑如何以文化赋能品牌，助推目标的实现。

2. 战术上：深入诊断研究，探明文化和品牌建设具体问题

酒企的企业文化本身就是传统文化、社会文化、行业文化、组织文化和品牌文化的集合体。

习酒自殷、罗二家白酒作坊开始，在几百年的传承中不仅融合了赤水河当地文化、红色文化，在加入茅台集团之后又深受集团文化的影响，以及伴随着新员工的大量涌入带来的一些新思维、新观念，文化基因既底蕴深厚又丰富多元。

但习酒的文化和品牌，也面临不少的挑战，有以下几个主要问题。

（1）文化层面的矛盾与问题

习酒的原有文化体系，以"君品"为核心，被称为"君品文化"。这一文化体系从名字来看就呈现出大气的特点，隐喻"君子之品"，显示出其定位的高端与不凡。

习酒原有的文化理念体系（君品文化）

企业使命：塑习酒品牌、建和谐酒城、为国酒增光、担社会责任

企业愿景：百年习酒、百亿习酒、百年福祉

核心价值观：崇道、务本、敬商、爱人

企业精神：爱我习酒，苦乐与共；兴我习酒，奉献社会

企业氛围：阳光、坦诚、信任、和谐

质量方针（君子之为）：以诚取信、以质取胜、锐意创新、追求卓越

营销理念（君子之守）：无情不商、服务至上

人才理念（君子之风）：相才、育才、护才、用才

企业核心竞争力（君子之能）：员工、品牌、质量、文化、技术、环境

产品是酒中君子：表里金玉、惠而不费

酿酒人具有君子之风：勤劳、淳朴、仁义、包容

卖酒人具有君子之德：公平、诚信、自律、服务

饮酒人具有君子之好：文明、尊贵、典雅、谦和

合作伙伴体现君子之为：信守承诺、厚德仁爱、有所为有所不为

习酒追求：君子之品、酒中君子、至善至美、至诚至信

习酒倡导：健康饮酒、文明饮酒、和谐饮酒、快乐饮酒

但由于企业发展速度超过大家的想象，习酒的使命愿景等核心目标面临"被实现"的风险。自 1952 年正式组建开始，习酒已经经历了 68 年的发展沉淀，实现"百年习酒"的目标已近在眼前；2018 年，习酒实现全年营收 56 亿元，2019 年实现全年营收 80 亿元，按照这个速度，"百亿习酒"的目标在 2020 年可能就被超越了；2018 年，习酒首次实现省外销售占比超过省内销售占比，开始从"区域强势品牌"向"全国知名品牌"迈进，"塑习酒品牌"基本任务完成，接下来要考虑的是品牌的深度发展问题；茅台集团已从"国酒茅台"调整为"贵州茅台"，所以"为国酒增光"的使命目标有待调整。

此外，习酒发展过程中几经波折、"大开大合"，特别是在特定的历史时期，老员工大量流失，同时近几年为满足业务的急速扩张大量招聘，新进人员（不满 2 年）约占总人数的 50%（为扩大产能，未来两年计划再扩招 3000 人），新员工的大量涌入导致企业文化正在不断被稀释。这是习酒面临的另一个比较大的问题。

（2）品牌层面的问题与矛盾

习酒品牌定位虽为"酒中君子"，但君子概念过于宽泛，并且缺乏有效的传播载体。在习酒的产品包装、广告宣传中，也均未涉及"酒中君子"的相关呈现，造成品牌定位与消费认知不匹配。

习酒聘请了陈道明老师为形象代言人，但宣传方式传统、陈旧，缺乏在"85 后"和"90 后"等新晋消费人群中的品牌感召力。从对偶像认知的角度来

看，产品期望被年轻的新一代消费者认可，但却选择了一个中年人群更认可的形象代言人。

习酒市场定位为次高端，但在多次消费升级的稀释下，习酒的窖藏系列产品已逐渐沦为中端产品，亟须新的龙头产品来拉升品牌的高端形象。

在习酒现有产品结构中，窖藏系列产品销售占比约为50%，单一系列产品销售占比过大，并且产品提价困难。

四、解决方案：战略导向，助力文化与品牌建设双着陆

问题清晰了，接下来就是解决之道。经过和君咨询与习酒的不断探讨，最终大家决定，以战略发展为切入，以企业文化四层次模型为基础（见图14-2），系统地帮助习酒规划企业文化与品牌建设方向，并提出相应的实施路径，以促进文化与品牌建设双着陆，助力习酒打赢"亚军之战"。

和君企业文化四层次理论

精神层：主要研究企业文化价值诉求与需求层次现状

制度层：主要研究组织建设和人才经营状况

表象层：主要研究员工行为、媒介与活动、品牌传播状况

社会层：主要研究企业对外互动和社会责任活动开展现状

建设与推广

- 通过品牌推广、举办交流活动、其他扩大企业声誉等方式将企业文化融入社会认知中
- 构建文化平台，培养员工习惯，打造工作氛围
- 以理念体系为指导，形成有效管用的规划、规范和流程

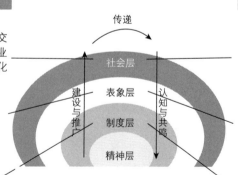

认知与共鸣

- 企业品牌、口碑在社会上被广泛传播，对企业形成初步感知
- 感受产品和服务、观察员工面貌、了解企业环境，对企业进行评价
- 了解企业规范、相关制度、组织形式、发展思路，判断企业价值

图14-2 和君企业文化四层次理论

1. 系统谋划，绘制具有习酒特色的文化管理地图

文化建设，在习酒已经上升到战略层面，但仍然会有不少领导产生这样的疑虑：习酒的企业文化建设到底要做哪些事？都说企业文化建设是全员的事，是不是要扩大企业文化部的职能权限？企业文化部与战略、品牌等其他部门是什么关系？

为了解决大家的种种疑问，项目组为习酒系统地绘制了一张企业文化管理地图（见图14-3）：通过战略管控系统承接企业战略方向，通过组织管控系统强化文化建设的功能权限，通过应用管控系统规范文化落地的具体呈现，通过传播管控系统扩大文化在企业内外部的影响力。

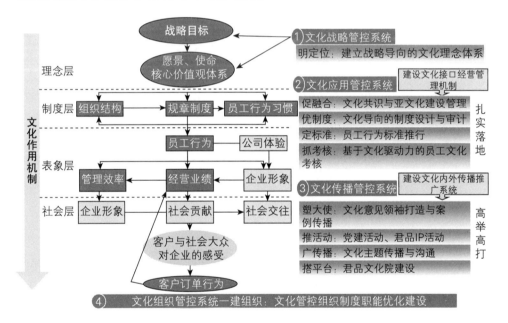

图14-3 习酒特色的文化管理地图

值得注意的是，既然企业文化建设并不仅是企业文化部门的事，而是需要公司每个人都深度参与其中，那么在不改变企业文化部职能权限的情况下，如何将其他部门纳入其中？这成为文化落地成功与否的关键所在。

为此，项目组建设了一套君品文化三级组织管控系统（见图14-4），要求公司高层亲自挂帅，强化文化建设的重要性和控制力；人力资源部、工会、党委宣传部等相关部门参与进来，强化考核与监督；部门或车间负责人和基层党群工作负责人作为文化落地的基层抓手。

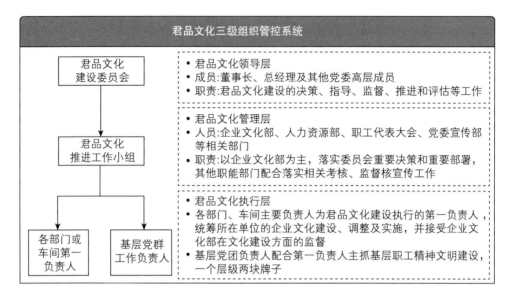

图 14-4　君品文化三级组织管控系统

2. 重点推进，促进新版君品文化的导入宣贯

文化建设是一个漫长的过程，绝非一朝一夕就能实现，所以项目组建议用三年时间分主题、按步骤将新版君品文化渗透和融入企业的方方面面，而现阶段我们的首要任务是围绕新版君品文化的优化与导入，重点解决现有文化的"老化"和"断层"问题，实现文化的新突破。

（1）以战略为指引，优化君品文化理念体系

在优化君品文化理念体系之前，习酒明确提出：对老一辈习酒人留下的精神财富，要继续坚守，我们只能在此基础上进行部分优化，绝不能推翻。

理念体系，不仅体现的是新时代背景下习酒人独有的精神风貌，更是在战略的指引下为习酒描绘了一个更美好的未来，所以究竟如何才能在尽量不改变的前提下，实现华丽的转变？此时的项目组就像"一只被套上脚镣在跳舞的大象"。

习酒新版君品文化理念体系

企业使命：弘扬君品文化、酿造生活之美

企业愿景：百年习酒世界一流

核心价值观：崇道、务本、敬商、爱人

企业精神：爱我习酒，苦乐与共；兴我习酒，奉献社会

企业氛围：酒香、风正、人和
质量方针：以诚取信、以质取胜、锐意创新、追求卓越
营销理念：无情不商、服务至上
人才理念：相才、育才、护才、用才
核心竞争力：环境、品质、品牌、人才、文化
产品是酒中君子：表里金玉、惠而不费
酿酒人具有君子之风：勤劳、淳朴、仁义、包容
卖酒人具有君子之德：公平、诚信、自律、服务
饮酒人具有君子之好：文明、尊贵、典雅、谦和
合作伙伴体现君子之为：信守承诺、厚德仁爱、有所为有所不为
习酒追求：君子之品、酒中君子、至善至美、至诚至信
习酒倡导：健康饮酒、文明饮酒、和谐饮酒、快乐饮酒

在经过几轮讨论之后，项目组决定仅对"使命、愿景、企业氛围、核心竞争力"进行调整（见图 14-5），同时在原有理念体系的基础上进行重新解读，赋予其时代新意，系统地解答习酒的种种疑问。

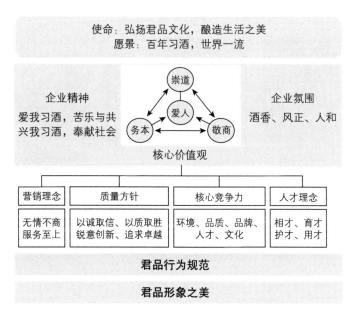

图 14-5 调整"使命、愿景、企业氛围、核心竞争力"

"百年习酒"——这是习酒公司发展的时间线，指习酒拥有悠久的酿酒历史

和深厚的文化底蕴，秉承守正创新的理念，追求企业的长远与可持续发展。

"世界一流"——这是习酒公司发展的空间线，指习酒以高质量发展为基础，致力于建设成享誉全球的一流酿酒企业。而世界一流，不仅体现的是产量规模一流、营收效益一流，更是生态环境一流、品质一流、品牌一流、人才一流、文化建设一流，满足人们对美好生活的追求。

（2）以讲师团为抓手，推进新版君品文化理念导入与宣贯

文化理念体系确定之后，接下来就是要在公司内部进行大面积的宣贯，让新、老职工对新版君品文化理念熟记于心。可令项目组意想不到的是：第一，习酒企业文化部 2018 年刚成立，目前在编员工只有 6 个人，其中 2 人还是战略部编制，如果要进行高频次、大面积的培训宣讲，仅仅靠这几个人肯定是远远不够的，那么人从哪里来？第二，随着前几年习酒老职工大量流失，新职工对公司的历史并不完全了解，那么"文化断层"如何才能被接上？

正在项目组同事一筹莫展的时候，突然看到了习酒职工参加"贵州省演讲比赛"获奖的消息，顿时心中大喜，这些不正是我们需要的"宣讲员"吗？于是，项目组决定打造一支以传播君品文化为基础的专业内训师队伍——君品文化讲师团，并以此为抓手，促进理念体系在公司内部生根发芽（见图 14-6）。

图 14-6 习酒君品文化讲师团的培训及调研活动

在运营过程中，项目组围绕讲师团三大定位——"文化资讯的通讯员""文化宣讲的内训师""文化活动的策划人"，对学员进行系统的培训与指导。

特别是为了填补习酒"文化断层"问题，重拾散落在老一辈员工记忆中的

文化遗产，项目组组织学员分散到习酒镇当地居民、退休老职工家中进行故事采编活动（见图14-7）。学员从他们的口中不仅深刻地了解到习酒的过去，丰富了文化故事的案例素材，甚至有些学员还辗转联系到了习酒建厂之前罗家白酒作坊的第三代传人，带回了许多珍贵的影像资料。

图14-7　学员进行文化故事采编活动

这次采编活动在公司内部引起了极大的反响，获得习酒的高度重视。项目组同事以罗家为基础，不断翻阅四川、贵州多地县志，反复取材考证，最终追溯到明清时期的殷、罗二家的白酒作坊，将习酒的起源整整向前延伸两百多年。

除此之外，学员们还在公司各种场合自发策划组织大型的文化活动（见图14-8），将传统的君品文化与现代舞台剧相结合，以一种全新的形式让习酒文化"活"起来，深受公司领导及广大职工好评。

至此，企业文化这条线已经逐渐清晰、明确，可是品牌这条线呢？特别是如何通过文化的塑造来赋能品牌？还需要项目组进一步梳理和呈现。

图14-8　学员策划组织的文化演出活动

3. 在市场的变与不变中，重塑习酒品牌价值

营销本身就是一门"从市场中来，到市场中去"的学问，要想做好市场营销，就必须深入一线，在变与不变的底层逻辑中寻找属于增长的机会。项目组首先对白酒的消费进行了深度研究，总结出白酒消费的"变"与"不变"。

(1) 消费场景不变

白酒特有的文化价值产品属性，使其区别于其他快销产品，在白酒的消费场景中：社交宴请占比达 40%，节日送礼占比达 34%，收藏占比达 23%，自饮消费占比仅为 14%；

(2) 消费动机不变

白酒的消费场景决定了消费者的购买动机，特别是作为社交宴请和节日送礼的第一选择，看重口感和品牌的消费动机分别占 81% 和 79%。

(3) 消费年龄结构不变

白酒的实际消费人群主要集中在 35～60 岁之间，占总消费人群 68%；同时白酒的实际购买人群主要集中 25～45 岁之间，占总购买人群 70% 以上，其中 35～45 岁之间的消费者是白酒重度购买、消费人群。

(4) 消费人群在改变

随着年龄的不断增长，"90 后"正在快速成长为白酒的核心购买、消费人群，而原本"70 后"已经逐渐转向消费人群。

(5) 消费层次在改变

随着消费的不断升级，原来的中高端白酒价值被不断稀释，开始逐渐转向大众消费，其中约 50% 以上的饮酒人群消费价格带已经上升到 500～1000 元之间。

习酒目前的核心消费群体主要集中在 35～49 岁之间，这部分人群通常都有一定的事业基础和美满的家庭生活，既对未来有畅想又脚踏实地，属于中高收入群体，正处于追求高层次美好生活的跨越期，其共性是重视社会身份、品位、品质、健康。

虽然习酒品牌定位为"酒中君子"，但缺乏整体的价值呈现，造成品牌形象紊乱，所以项目组决定以"玉"为元素，将"酒中君子"的品牌定位具象化。习酒多年来始终坚守纯粮固态发酵工艺、酒质纯正、惠而不费，正如"君子般温润如玉"，其中以"君子品格"来诠释工艺与自然的平衡与温润，以"玉之美"来呈现源自东方的生活美学，这也与习酒的广告语"君子之品·东方习酒"形成高度统一（见图 14-9）。

其次，我们在品牌调性塑造上做了

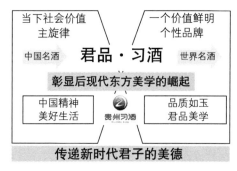

图 14-9 传递新时代君子的美德

适当调整，提前布局并影响正在快速成长的"90后"消费群体，为后5~10年的市场增量做铺垫。

4. 开发高端战略性大单品，重塑价值新龙头

在酱酒赛道中，千元价格带的大单品寥寥无几，除了飞天茅台就是青花郎（其他零星产品销量微乎其微），虽然青花郎标价格是1198元，但市场实际成交价约在800~900元，所以位于千元价格带的飞天茅台一枝独秀，基本上垄断了90%以上的市场份额。而近几年飞天茅台实际成交价不断上涨，千元价格带的市场份额得以迅速释放，巨大的市场空间将成为其他酱酒品牌的战略性机遇。

习酒虽然市场定位为次高端，但在多次消费升级的稀释下，产品结构整体已经开始下移，习酒窖藏系列产品已逐渐成为中端产品，特别是作为核心单品的"窖藏1988"标价是828元，而市场成交价仅为500~700元，市场中的消费者已经形成认知，产品提价也存在困难。

在此背景下，项目组建议习酒开发高端战略性大单品——君品习酒（见图14-10），紧随茅台价格，占据千元价格带，对内提振产品结构、重塑价值龙头，对外力压竞争对手。

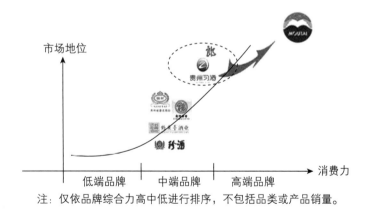

注：仅依品牌综合力高中低进行排序，不包括品类或产品销量。

图14-10 习酒开发高端战略性大单品

既然是力压竞争对手，那么君品习酒的定价定多少比较合适呢？有人提议："价格也不能太高，要么就定1200元，现在青花郎标价是1198元，我们比它贵2元也是贵。"但项目组建议价格还需与青花郎拉开差距，因为随着茅台的价格上涨，未来一段时间包括青花郎在内的酱酒品牌将迎来一股涨价潮，我们要提前

把青花郎涨价因素考虑进去，如果现在不拉开差距，后面君品习酒的处境会更加尴尬，最终在双方不断探讨下，君品习酒直接定价1399元。

君品习酒在产品设计上主要以"华夏金和君品玉"为核心元素，通过这瓶酒很好地将"君品文化"与"酒中君子"的定位合二为一，其里如玉，其表如金，金声玉振，六合同春。

项目组重新帮习酒梳理了产品结构，通过划分战略产品和战术产品，进一步明确了君品习酒的战略定位：紧跟茅台，卡位高端酱酒标准制定者，"阻击"郎酒青花郎，抢占酱酒第二。

习酒产品战略

战略主力产品：开发千元高端产品——高端酱香新品开发，君品习酒
　　　　　　　升级中高端核心主力产品"窖藏1988"，成为独立大单品
　　　　　　　中端竞争主力产品为金钻习酒和金质习酒

战术补充产品：生肖酒系列、习水系列、老习酒系列、浓香系列、特许品牌系列
　　　　　　　电商系列、窖藏总经销系列等

五、价值实现：产品人才广受认可，习酒地位持续上升

1. 君品习酒顺利推出，奠定习酒的高端地位

2019年7月19日，随着产品升级策略的落地，习酒标志性酱香高端大单品——君品习酒正式发布，产品价格锁定在1399元，承接飞天茅台（官方定价1499元）的高端溢出效应。

"君品习酒"的上市是习酒迈向高端阵营的开始，它是飞天茅台之外的第一备选，高端酱酒领域"一超一巨"雏形乍现。

10月9日，君品习酒全国品鉴推广活动"君品×雅宴"正式开启，首站位于上海，活动举办后反响热烈。

2. 品牌价值飞升，力压竞争对手，赢得亚军之争

借助君品习酒的推出，习酒成功实现从区域强势品牌到全国知名品牌的跨越。随后，习酒荣膺2019年第十八届"全国质量奖"、第11届华樽杯中国酒类

品牌价值 200 强第 9 名（486 亿元）。

"窖藏 1988"以 367 亿元的品牌价值，位列全球酒类产品第 32 名，并在入围的中国白酒中位列第 8 名，力压老对手郎酒青花郎（全球酒类产品第 34 名、中国白酒第 9 位，价值 342 亿元）。

3. 君品文化凝聚人心，后备力量助推企业发展

君品文化的系统规划、推广与落地，促进了习酒新、老员工对君品文化的传承和发扬，极大提升了整个公司的文化凝聚力。

君品文化讲师的选拔，成为习酒培养品牌文化人才的重要机制。44 位讲师既是文化讲师，也是习酒发掘和培养的青年后备力量，为习酒弘扬君品文化培育了火种。"星星之火，可以燎原"，这些青年骨干正在成为护航习酒高速发展的人才梯队保障。

六、思考与启示

启示一：每一家消费品企业的品牌文化打造都需要基于行业研判和内部调研定制解决方案。

品牌管理和文化管理是促进战略目标实现的抓手之一。对于消费品企业而言，品牌是显性核心竞争力，文化属于隐性核心竞争力，两者的运营管理分别针对内外不同的人群，但核心哲学是相通的。

消费品品牌建设与企业文化工作的最大特点是必须匹配战略、服务业务、促进销售、直达终端。在当前消费升级的时代，文化已经成为品牌的内核和战略的外延，消费品企业的品牌文化都需要根据实际状况，特别是终端消费人群的喜好，提出定制化解决方案。

启示二：产业为本、战略为势、文化致远、品牌制胜，形成品牌文化人格的表里如一。

要解决企业品牌文化问题，必须回归产业本质，认清产业大势、市场现状和消费者需求，以战略眼光明晰竞争格局和自身优势。

根据和君的企业文化四层次模型，文化理论与实践方法是围绕文化层次展开的，同时强调企业文化各层次之间必须存在较强的相互关联和逻辑协同，才能使

企业形成知行统一、合力向上的运营氛围。

构建企业文化通常是由内而外的：理念−制度−行为−视觉。首先规划企业文化理念体系，然后通过精神体系运用制度通道对文化表象进行塑造，进而向社会推广泛化，同时利用企业与社会的开放性，对精神体系进行优化提升。

品牌建设则往往是由外而内的：视觉−行为−制度−理念。分析品牌传播表现，洞察品牌基因，确定品牌本身独特的价值和差异化定位。从（企业文化）理念−制度−行为−表象（品牌建设）最终殊途同归，都是为了实现业绩提升与发展战略。

启示三：品牌文化塑造的"三家论"，需要经历从理念到实践的循环。

一般而言，在企业的品牌文化塑造过程中，作为咨询顾问，都要经历以下三个阶段，我们戏称为"三家论"。

第一阶段：战略家。以战略的高度和哲学的眼光审视和思考文化体系和品牌定位，规划使命、愿景、价值观等核心理念。

第二阶段：文学家。以优美的笔触阐释理念体系内涵及主张，形成文化手册、宣讲教案、培训教材、品牌故事等文本。

第三阶段：实践家。躬身入局，亲身实践，共谋发展，打造亮点，落地推广，检验评估，总结经验和教训，形成 PDCA 闭环。

营销突破篇

本篇为读者呈现三个以"创新"贯穿始终的营销案例。通过创新的营销系统建设,快速提升企业的营业规模与竞争实力,进而优化、提升内部管理水平。营销不能纸上谈兵,创新也不是空中楼阁,实现业绩提升才是营销咨询的硬道理。

第十五章
从 100 亿元到 600 亿元的工业品营销革命
——海科化工

作者：祁红波

  3 年的营销管理咨询和辅导实施服务，让一家传统的生产加工型化工企业在同行亏损的大环境下，销售额逐年递增：从 2011 年的 141 亿元增长到 2014 年的 434 亿元，3 年增长了 220%，净利润也同步大幅增长。"海科营销神话"一时间成为当地同行谈论的热点、模仿学习的对象。到 2019 年，海科集团销售额更是超过了 600 亿元，从 2012 年我们咨询团队入场时的一个地方炼厂，成长为中国企业 500 强，排名第 290 位，在中国制造企业 500 强中排名第 129 位，在中国石油化工企业 500 强中排名第 19 位。

  海科营销团队的努力耕耘，结合和君咨询的专业服务，创造出了一个被客户高层誉为"海科营销神话"的满意业绩。这个过程中有打破常规的勇气、有承受质疑的坚持、有开拓市场的辛酸，然而对于我们咨询师而言，留给我们更多的是获得客户认可的喜悦。

一、缘起：2012 年的咨询电话

  2012 年 3 月 5 日上午，海科集团致电和君咨询，邀请和君咨询为海科集团提供销售技能方面的培训，提升其开拓客户的能力。常规的培训公司可能简单了解客户情况后，派一个讲师去讲讲通用的营销课就结束了。但对于一家专业的咨询公司来说，我们认为，即使是一个看似简单的营销培训，也需要深度了解企业的问题和培训对象的需求，然后组织有针对性的培训课程，才能获得更好的效果。海科集团对我们负责任的心态和理念都很赞同，但表示事情比较着急，希望我们尽快配合。于是在 3 月 6 日，也就是第二天，和君咨询的项目组就紧急奔赴东营市，到海科集团实地调研，了解海科集团的营销中存在的问题和销售人员对培训内容的需求。

东营市，位于山东省北部，是国务院批复确定的中国黄河三角洲中心城市、中国重要的石油基地，著名的胜利油田就位于东营市。1961 年 4 月，石油勘探队伍在东营地区打出"华八井"，获得日产 8.1 吨的工业油流，油田由此诞生；1962 年 9 月 23 日，石油勘探队伍在东营市又打出一口日产 555 吨的"营二井"，这是当时中国日产量最高的一口井；1982 年 8 月，为了更好地发展油田产业及黄河三角洲，经国务院批准，东营市成立了。可以说东营市因石油而生，因石油而立。在整个城市里，胜利油田的采油磕头机随处可见，到处都弥漫着石油的气味。

进入海科集团，人力资源部的领导就已经按我们提前制定的营销人员座谈计划表安排好了访谈对象。几组座谈会开完，我们发现，海科集团面临的并不是简单的营销问题。原油市场的不可控及地炼企业的同质化竞争造成企业利润率太低，这才是导致海科集团营销难的根本原因。一年忙到头，营业额看着不错，但是几乎留不下利润，通过提升销售人员的销售技能只能解决一小部分问题！想要有大的改变，必须对营销系统进行大刀阔斧的变革。

要让销售人员具备客户开发能力不难，但这样只是解决了"会干"的问题。然而，工业品企业要系统解决"干什么？怎么干？会不会干？想不想干"等问题才能有好的结果，前面两个问题指向了营销战略和营销策略，后面两个问题指向了营销能力与营销动力，这四个问题要同时解决，才能势如破竹，所向披靡。

在座谈会结束的当天，我们用了不到一个小时的时间，简单整理了访谈发现及应对策略，向海科集团的高层领导进行汇报讨论。在汇报会上，项目组毫不留情地指出了海科集团在营销战略与策略、营销组织、营销管理等方面存在的诸多问题和解决办法。同时，项目组提出要解决这些问题，需要进行系统的营销管理咨询，并在咨询的过程中培训提升销售人员的技能，简单的培训课程根本无力解决海科的营销问题。这一想法得到了海科集团董事长杨晓宏先生及其他高管的高度认同，并让我们准备营销管理的建议方案。由此，海科营销的变革开始了。

二、课题：让"油窝子"中的传统炼化企业赚钱

2012 年 5 月 4 日，和君咨询项目团队正式入场海科集团，开始了以营销变革为主题，以扭亏为盈为目标的营销咨询项目。

海科集团成立二十多年，是集石油化工、精细化工、氯碱化工和生物制药为

一体的综合性化工企业集团,也是东营市规模较大的地方炼化企业之一。石油化工板块占海科集团产业板块的绝对主导地位,年销售额已经突破百亿元大关。

海科集团看起来在东营市规模、体量都还不错。但东营市是全国著名的"油窝子",除了胜利油田之外,大大小小的地方炼化企业有100多家。地方炼厂是一个特殊的行业,许多企业都没有自主进口原油的权利,生产原料要从"三桶油"(中国石油、中国石化、中国海油)采购,但有上百家地方炼化企业进行低价竞争,想卖出高价比登天还难。在这种竞争态势下,销售利润率低成了必然结果,企业只能"靠天吃饭"。

海科集团也一样靠天吃饭,石油化工板块每年销售额过百亿元,但企业利润极少,在盈亏平衡点上下徘徊。我们接到的任务就是要在这种貌似必然不赚钱的商业逻辑中,找到赚钱的方法。在项目启动会上,海科集团董事长明确表达了对和君咨询项目组的期望:导入先进的营销管理理念及方法,培训海科的销售人员,提升营销利润率,使海科集团的石油化工板块扭亏为盈。

入场后,我们对海科集团石油化工板块的营销现状进行了更加细致的调研诊断。接触到更多信息后,项目组也大吃一惊:企业的炼油板块在2011年销售额为140多亿元,但竟然完全没有利润。在这种恶劣的形势下,企业部分领导对石油化工板块的发展已经失去了信心,高层会议上大家争论的焦点,甚至不是如何盈利,而是是否应该把石油化工板块业务尽快剥离掉。

在访谈过程中,有高管半开玩笑地说,将来该业务是否剥离,很大程度上取决于和君咨询这次营销咨询的效果。虽说是玩笑话,但背后"海科人"的无奈、压力与对项目的浓浓期望,也让我们感到心中沉甸甸的。

三、突围:倾听市场的声音

想解决问题,就得先仔细地了解问题。项目组开始花费大量的时间与精力来深度了解,为什么海科集团的石油化工板块不赚钱呢?

让我们先来看看石油化工板块的价值链分布(见图15-1):石油勘探开采之后生产出原油,原油经过炼油厂加工,主要分两个方向:一条线是进入精细化工产业链,最后生产出合成树脂、合成纤维、合成橡胶、药品、香料等进入各个领域;另外一条线是生产出组分油、沥青等,组分油经过再加工生产出标号汽柴油,经过加油站销售。行业里有一些贸易商，它们从炼厂采购组分油自己加工成符合销售标准的汽柴油，从中赚取利润；也有贸易商直接采购标号汽柴油，赚取差价。

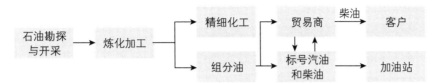

图15-1 石化行业价值链简图

从业务上来看，海科集团的主要业务模式是采购原油，经过炼化加工生产组分油。组分油相当于白酒行业的基酒，经过生产装置二次加工及调和成为加油站销售的标号汽油或柴油。在石化行业价值链上，炼化生产环节的行业平均利润率仅有1%，如果遇到原油市场上涨，炼化环节就极容易亏本。这是海科集团有销量无利润的产业层面原因。

2012年第一季度，石油和天然气开采业利润同比增长8.2%，但石油加工业由盈利变为亏损。1990年至2009年国内主要行业石油消费情况显示（见图15-2），全社会石油消费量不断提高，这显示了中国社会发展对油品需求的依赖，特别是在工业化、城镇化不断提速的情况下，这种依赖性将更为明显，成品油行业在一定时期内仍将在社会需求的推动下保持较为稳定的增长，在石化行业价值链高利润环节大有可为。

1990~2009年国内主要行业石油消费量情况（单位：万吨）

	1990	1995	2000	2005	2009
石油消费量	11485.6	16064.9	22495.9	32537.7	38384.5
其中：					
农、林、牧、渔、水利业	1033.6	1203.2	788.5	1451.7	1308.1
工业	7321.6	9349.3	11248.5	14245.1	15692.9
建筑业	327.3	242.8	840.6	1502.2	1942.3
交通运输、仓储和邮政业	1683.2	2863.6	6399	10709.5	13548.5
批发、零售业和住宿、餐饮业	77.6	333.9	247	375.6	429.7
其他行业	757.8	1390.3	1635.9	1969.2	2296.3
生活消费	284.5	682	1336.5	2284.4	3166.8

图15-2 国内主要行业石油消费量情况

要提升利润，就必须改变营销方式，找到能提升利润的点。工业品营销和快消品营销不同：快消品营销的对象是消费者个人，自己做主，感性决策，产品经过渠道商到销售终端，提升销售的方式一般围绕产品、价格、渠道和促销，即营销4P，做策略的优化组合；工业品营销对象是企业或组织机构，它们集体理性决策，销售过程中要接触采购部门、技术部门、生产部门、高层管理者等，采用销售人员直销的模式比较普遍。所以，对用于再生产原料的工业产品销售，除了产品、渠道、价格和促销外，销售人员能力和动力也是销售结果的重要决定因素。

由此，项目组提出两点假设。

假设一：产品升级，做标号油是否可行？终端机构客户和加油站采购的都是标号汽油或柴油，把组分油深加工成标号油是否会提升利润空间？同时，2012年炼化行业的产业政策方向是"优化布局、抓大放小、节能环保"，目的是提高产业集中度，淘汰小炼厂，降低污染物含量，减少污染物产生和排放，提高资源能源利用效率。所以，为了长远发展，可以考虑做标号油，提高自身产业规模，避免成为淘汰对象。同时，做标号油，必须高举高打，做高质量标准的标号汽油或柴油，提高产品附加值。

假设二：成品油直销行不行？像其他工业品营销一样，由销售人员到市场上找客户，赚取贸易商的差价，同时利用各区域市场产品价格信息不对称的优势，提高产品的利润空间。如果成品油的直销模式能走通，就能掌握销售的主动权，利润更有保障。

如果这两个假设成立，那么营销队伍建立起来之后，经过一段时间的客户数量积累，就可以开展油品贸易业务：采购同行企业的组分油，深加工成标号油卖出，赚取差额利润。这种模式，显然可以降低重资产投入风险，灵活地赚到更多的利润。

但假设毕竟是假设，究竟行不行，由市场说了算。项目组立即分成两路，历时半个月，调研了山东省周边的成品油市场，包括北京市、天津市、河北省、河南省、山西省、安徽省、江苏省、内蒙古自治区，得出的核心结论是：终端机构客户愿意买，终端市场需求量足够大，部分地区的利润空间非常高，最终浓缩为三个字：值得干！

值得干，那么具体应如何干？项目组认为，核心在于两件事情：卖具有更高附加值的产品，卖给需要且有足够支付能力的客户。

1. 卖高附加值的产品

海科集团以生产销售组分油为主。项目组从海科集团下游的贸易商客户那里调研了解到，从组分油调和成标号油，有5%左右的利润空间，这可比炼化生产环节1%的利润率高多了！海科集团有20多年的生产技术积淀，油品调和技术肯定没有问题，从卖组分油升级到卖附加值高的标号油，把这5%的利润赚了，就是实实在在的利润提升。

如果这5%的利润稳定，那么海科集团可以在原油成本上升的时候，减少加工量，减少加工炼化环节导致的亏损，同时从东营市同行企业采购组分油调和成标号油，形成稳定获利。这种模式意味着海科集团要从传统的炼化加工企业，转变为"生产+贸易经营型"企业，不用投入资金设备就能多赚钱。

此外，项目组在北京市场调研时还有意外发现：当时加油站老板都在谈论京标汽油，但都不知道京标汽油的产品标准是什么，只知道硫含量极低。各大媒体也相继报道北京在2012年8月会试点销售京标汽油。如果海科集团能把京标汽油研发出来，就能把产品附加值直接提高到行业巅峰，在大家都没反应过来的时候，获得先入者优势，并在前期凭借物以稀为贵，获得更大的利润增长点。

2. 找有钱人做生意

产品变了，销售模式自然也要跟着变。海科集团要提高利润率，就必须逐渐淘洗现有这些讨价还价的贸易商，要深入市场，寻找价格敏感度低、需求量稳定的终端机构客户，或找价格敏感度同样低的外资石油公司合作，只有和这些客户做生意才可能把产品卖出稳定的高价格。

地方炼化企业把成品油卖给石油公司没有问题，很早之前海科集团就是中国石油和中国石化的优秀供应商。只是原来供应给中国石油、中国石化的是组分油，附加值低，利润微薄，几乎无利可图。供应京标汽油就大不一样了，利润丰厚。曾经有一段时间，北京市场的95号汽油，大部分是由海科集团供应。

但是，要卖给终端机构客户，比如公交公司、物流公司、煤矿、大型生产企业等，就意味着我们要和中国石油、中国石化、中国海油竞争，还没有地方炼化企业这样做过。成品油的机构客户市场到底是不是一块能被海科集团抢占的蛋糕？客户会不会买地方炼化企业的产品？这个市场有多大容量？利润空间是否足够？

　　调研结果解答了我们的疑惑。项目团队在上述城市，对各行业的用油大户进行了陌生客户拜访和深度访谈，一边调研一边销售。项目组走访了 100 多家客户，在获得了翔实的一手市场信息的同时，还洽谈了多家有采购意向的客户。

　　进行陌生拜访的终端客户有 50 家，对汽油几乎没有批量采购需求，对柴油每年的总体需求量有 45 万吨，绝大多数用于为各种车辆、矿山机械及船舶提供动力，每家终端机构客户年度柴油采购量近万吨，足以满足海科集团当时的自产柴油销售需求；每家民营加油站都有汽油或柴油的采购需求，总量很大，消化海科集团的汽油或柴油产品也没有问题。所以，市场需求量完全没有问题。

　　然而让项目组兴奋不已的还是各地的价格差异。在调研的城市中，相比东营市当日的汽油或柴油销售价格，扣除运费，有的城市能高出 350 元/吨，有的高出 100 元/吨，如果能通过直销卖出 50 万吨油，那至少能增加 5000 万元的利润！所以利润空间也没有问题，绝对是有利可图的。

　　另外，72% 的客户都愿意和民营性质的海科集团合作，但要满足几点要求：其一，产品质量要好，油品的各项指标要满足客户的质量标准；其二，配送及时性，按客户要求的时间送到，而且不能造成运输过程中对油品的污染；其三，供应连续性，要保证在油品市场供应紧张的时候不断供。市场的要求，就是企业的追求。为了提升产品质量，海科集团成立了专门的化验子公司，陆续投入了几千万元采购化验设备，挑选了公司技术拔尖的化验人员到化验公司任职，所生产的产品标准远远高出客户要求。为了保证配送的及时性和质量，起初海科集团选择和知名的第三方物流公司合作，但效果不好，后来索性自己组建运输车队，第一次就买了 200 多辆油罐车，一下子解决了运输问题（现在这个车队已经发展成了一家能独立盈利的危险品运输公司，准备剥离出来单独上市，这是后话）。

　　此次调研的结果表明：成品油直销给机构客户完全可行！为了得到最真实的市场信息，项目组在整个调研过程中都化身为海科集团的销售人员，以销售人员身份对客户进行陌生拜访与洽谈，同时也遭遇了各种困难。对于咨询师而言，放弃所谓的"办公室尊严"，体验客户业务人员的实际辛劳，这是非常重要的。在调研结束之后，项目组立即总结经验，撰写了一篇《如何开展陌生客户拜访》的文章。文章发表在海科集团的内部刊物上，通过高质量的文笔、展现了实际市场走访的做法，使得这篇文章受到了一致好评。

四、亮剑：落地标杆客户，咨询并不是纸上谈兵

2012年6月初，项目组完成了海科集团的营销诊断调研，正兴致勃勃地在办公室撰写咨询方案。这天，海科集团董事长走进项目组办公室，听取了前期调研结果及后续思路汇报。项目组以为董事长会沿着汇报思路进行探讨，没想到他简单直接地说："你们的咨询方案写得再漂亮，估计都难以打动我们公司的高管团队。他们这么多年固有的生产导向思维，你们要推动这次营销革命，最好能开拓几个终端机构客户，以客观事实来增加说服力！"

当前的咨询合同服务内容并不包含要开发客户，但营销咨询项目的确是要以结果说话。当晚项目组就紧急召集会议，针对董事长提出的建议重新进行人员与工作分配，从方案撰写人员中抽出了营销实战经验丰富的顾问，带领海科集团新成立的直销队伍到北京进行样板市场开拓。

样板市场之所以选择北京，是因为项目组通过调研了解到，北京从2012年8月开始，要提升汽油品质，换成京标汽油，符合我们"找有钱客户做生意"及"提高产品的附加值"来进行营销突围的思路。2012年7月，项目组进驻北京，在北京地图上标出了所有的加油站、油库及石油公司位置，用近一个月的时间进行地毯式拜访、洽谈。在排查洽谈之后，有多家客户都有合作意向，项目组立即打铁趁热，对有合作意向的终端客户及时跟进。同年8月，两家终端客户开始向海科集团采购京标汽油，价格能高出其他成品油10%。零的突破极大地鼓舞了海科集团营销队伍的士气，大家对项目组的方案、打法立刻有了信心！

五、倒逼：一切服从于"营销龙头"

营销突破思路确定了，但是营销并不是简单的一个点子，真正使营销提升还得靠整体的系统提升。根据海科集团的实际情况，项目组在海科集团内部推动了一场营销革命：第一，结合新的营销模式，调整营销组织结构；第二，以客户需求为导向，倒逼研、产提升；第三，选拔销售人才，激活销售队伍，提升销售能力。

1. 结合新的营销模式，调整营销组织结构

海科集团石油化工板块有两家子公司，生产的产品都是汽油和柴油，但产品指标略有差异。每个公司都有一个销售部门，销售人员主要是和"上门采购"的贸易商打交道，有时候一个贸易商会先后打听完两家产品的指标和价格，然后择优采购。两家公司都是独立经营，没有发挥协同效应，甚至出现两家公司的销售人员内部竞争的局面。

海科集团要把石油化工板块的营销做强，必须改变现状，对两家子公司的营销队伍进行整合，统一作战思路。因此，我们建议海科集团在集团层面成立石化营销公司，实现产销分离。新的石化营销公司负责两家子公司的石油化工产品销售，全面开展销售与贸易业务。营销公司设立直销部，增加了一批年轻的销售人员探索直销模式，并逐步增加直销的销售份额，逐步优化原来的客户结构，提高销售利润率。由于新增贸易模式，新的营销公司开始着手建立供应商库，考虑到未来的组分油采购渠道，成立了采购部，实施生产加工型向贸易经营型企业的转型，增加利润增长点。

2. 以营销为龙头，倒逼生产和研发与客户需求接轨

随着销售团队与不同终端客户的深入接触，各类终端客户对产品的需求有一定差异，需要研发和生产以满足客户需求为核心进行生产方案与工艺调整。特别是京标汽油的研发，刚开始研发和生产部门不太理解研发京标汽油的必要性，调整生产方案与工艺又要进行技术研发与突破，存在一定技术难度，研发和生产部门一致认为京标汽油的研发任务完成不了。

但市场的需求是企业努力的方向。经过项目组和集团高层论证沟通，大家一致认为：京标汽油是新鲜事物，是海科集团树立高端品质形象、实现弯道超车的机会，所以再苦再难，也必须研发出来。为了提高研发人员的积极性，海科集团董事长提出："京标汽油研发成功，奖励10万元！"生产研发部门一下子沸腾了！

随后，海科集团成立了专门的研发生产小组，经过一个多月的努力，终于突破了技术难关，研发出了符合质量标准的京标汽油。但核算成本后发现产品的生产成本要高于销售成本——产品是研发出来了，但成本太高，不能算成功。在集

团总裁办公会上，总裁明确指出：生产研发人员要和市场需求接轨，不能闭门造车，技术突破了，成本也要符合市场预期。至此之后，生产研发人员又开始加班加点，尝试了多种生产工艺方案，最终圆满地完成了京标汽油的研发任务。恰逢当时市场上京标汽油供应量不足，海科集团的京标汽油很顺利地进入了各大石油公司的终端加油站，利润空间超出大家的预期。

3. 在工作中传帮带，迅速提升销售队伍战斗力

在教室进行营销技能培训远不如在销售实战中领悟与提升的效果好。在营销辅导阶段，我们带着销售人员跑市场，从销售区域规划、目标客户筛选、客户约访到客户拜访洽谈、合同签订、合同执行，各个环节都是先由顾问进行仔细讲解，再到客户处实战示范，销售人员在旁边用心观察领会。晚上回酒店后，项目组组织销售人员进行角色扮演，复盘和客户谈判的过程，点评剖析要点。

由项目组主导"销售业务洽谈"一段时间之后，改由海科销售人员主导与客户洽谈，项目组在旁边观察，偶尔"帮腔"。走出客户大门后，大家再一起探讨，对销售人员的洽谈过程进行点评，销售人员也会开放式地提出自己的想法并展开讨论。这样反复多次，销售人员的进步相当迅速。此外，客户攻坚也是项目组的工作之一。当各区域市场遇到难搞定的大客户后，项目组立即前往支援，根据客户实际情况，从产品指标、政策资源、高层关系等方面帮助销售人员成单。

为了让这批年轻的销售人员快速成长，项目组推进"时间路径管理"，即销售人员每天以30分钟为时间单位填写日报表，如实汇报自己从早上8点30分到晚上6点都去了哪些地方？见了哪些客户？取得了什么进展？自己有什么收获？刚开始几乎所有销售人员都一致反对，认为跑一天之后已经很累了，还要花时间填表，真是太浪费时间。但我们知道这个表对销售新人的重要意义，所以坚持要他们填，并且填表的质量和当月的绩效考核挂钩，和出差的费用报销挂钩，如果发现表上填的时间路径与车票信息不一致，那就不予报销。就这样，销售人员"忍气吞声"接受了他们被称为"变态"的管理方式。到了第三个月，抵制的声音明显减少，销售人员业务计划与总结能力增强了，每天的客户拜访路线安排得更科学合理，工作效率大幅提高。

在营销辅导实施阶段，项目组协同海科集团，采用不同的销售管理工具，对销售人员规范化地进行销售过程管理，让海科集团的销售人员养成了良好的职业

习惯，提升了销售技能。同时，也协助海科集团建立了组织化营销的模式，摒弃了之前完全依赖个人英雄主义的做法，增加了成单的机会，也增强了公司对销售的管控。

4. 营销服务升级，提升品牌溢价能力

销售人员能力增强，在市场上拿到了更多的订单。但订单仅仅是订单，要完成订单还涉及物流、售后等诸多环节，是一个系统工程。海科集团生产及商务支持部分人员的客户服务意识不足，产品交付体系的流程不畅，产品交付环节总是异常频出。客户司机来提货，等待很久货发不出；产品到客户方，因在途运输问题或产品检验技术问题，不能达到客户要求被退回；厂区工人和客户司机发生口角等。这些内部的问题不解决，外面订单拿得越多，产品交付暴露出来的问题就越严重。客户的服务体验差了，对海科集团未来市场扩展无疑是一种伤害。在这种情况下，海科集团极具前瞻性地提出打造成品油行业五星级营销服务体系的服务战略目标，并由和君咨询帮助规划落实。

成品油行业给人的印象是"油乎乎、黑乎乎"，当时地方炼化厂的销售大厅普遍简陋，海科集团也不例外，销售大厅是一个小平房。客户方的采购负责人一般都不会去生产企业的销售大厅现场。

在项目组与海科集团的共同探讨、努力下，海科集团果断投资几千万元重建营销服务大厅（见图15-3），专门成立化验检测子公司，投资建设了交付信息化系统。围绕以客户为中心的理念，项目组组织并进行了营销服务体系规划、服务流程梳理、关键岗位操作规程制定及人员培训考核等一系列工作。经过历时一年的建设，项目效果显著，各岗位人员服务水平焕然一新，交付效率大幅提升，客户赞不绝口。

令我们印象特别深刻的是一位50多岁的大姐，负责给客户的油罐车加油，说了半辈子的

图15-3　海科新的营销服务大厅

东营话。经过我们服务 SOP 和标准话术培训之后,这位大姐改用普通话严格地按照我们制定的服务 SOP 为客户提供服务,虽然普通话说得很不流利,但让我们项目组很感动!当时海科集团的产品价格高出同行竞争对手一小部分,客户却完全能接受,大家一致认为海科集团的品牌和服务值这个溢价。

六、蜕变:营销突破驱动战略升级

2015 年,经过近 3 年的营销管理咨询后,海科集团已经由传统的炼化加工企业转变成了"生产+贸易经营型"企业,从自产自销的单一盈利模式,转变为整合当地成品油资源,并通过自有销售队伍进行销售的贸易模式,重点经营价值链条中利润率高的环节,无须通过投入大额固定资产,就可以实现新的利润增长。

因为把控了终端客户,构建了贸易业务体系,海科集团受原油市场波动的影响降低,在市场疲软的时候也能达到良好的盈利水平。同样是因为把控了终端客户与构建了贸易业务体系,直接带动了海科集团危险品物流公司的业务增长,而发展物流运输业务正是海科集团战略升级方向之一。

此外,海科集团沿产业链纵向一体化发展,进军加油站终端,自创网红加油站品牌小海豚,实现了从产到销的全产业链经营(见图 15-4)。小海豚是海科集团从工业型企业向服务型企业的一次战略转型。以"做全世界最好的加油站"为使命,重塑加油站新形象,为客户提供全方位的体验式服务。并借助数字化运营体系,创新加油站行业生态模式,打造创客文化、敏捷组织。海科集团的目标是在 2025 年实现"500+"加油站网络,营业收入达到 500 亿元,打造中国民营加油站第一品牌。

图 15-4 小海豚油站

七、小结与启示

近三年的营销管理咨询历程，给海科集团带来的最大价值，是让企业从生产导向思维转变为市场导向思维，用实打实的倍增经营利润数据让企业认识到营销的价值。营销作为创新原点，又带动了生产、研发、物流、化验等部门的相关创新，为企业增添了创新的活力与发展的动力。一批刚步入销售岗位的新人通过市场实战的历练，迅速成长为一支有战斗力的营销队伍，为企业培养了一批优秀的营销人才。

通过三年的共同努力，为海科集团的战略升级打下了坚实基础，为摆脱与地方炼化企业的同质化竞争提供了更高层次的经营平台，也让海科集团与和君咨询结下了深厚的友谊。和君咨询以助力海科集团从 100 亿元到 600 亿元的奇迹般成长，在石油化工行业内更是收获了无比宝贵的口碑！

对于和君咨询而言，我们训练出了一支优秀的工业品营销队伍，不但能完成专业的营销方案，更具备落地实操的能力，能够与客户一起深入一线，把咨询方案转变成实打实的业绩指标！用结果说话、用数字说话，帮助客户实现了飞跃式的发展，这才是属于我们咨询人真正的骄傲。

第十六章
农产品的品牌营销
—— 一颗红心鸡蛋

作者：李尚鸿

越来越多的产业向"头部企业"集中，农产品也不例外。鸡蛋这个看起来不起眼的"小产业"，在旁人看来无非是每家每户菜篮子里的必备品，然而品牌鸡蛋产业已经经过了近二十年的充分竞争。在北京市场，品牌鸡蛋形成了德青源和正大的双寡头垄断现象，头部企业因规模经济优势而成本更低，因多年运营迭代而效率更高，品牌知名度和认知度也更高，抗风险能力也更强。

那么，作为挑战者，要进入已有头部企业的鸡蛋行业，是否有机会胜出？

我们先来看看其他行业的情况。

面对被诺基亚和三星双寡头垄断的手机行业，苹果手机只用一个单品，开创了万亿级别的智能机市场，不但轻松打破了双寡头垄断，还成为全球最赚钱的公司。

面对被飞利浦和松下双寡头垄断的小家电领域，戴森只用一个单品，在中国市场实现营收100亿元，全球市场获得利润100亿元。

面对玛氏德芙和雀巢巧克力的双寡头垄断，费列罗用了不到7年时间，在中国占据27%的市场份额，全球市场实现营收107亿欧元；其中健达奇趣蛋产品在中国线下市场的销售额做到10亿元，2018年销量、销售额增长达到双第一；

面对蒙牛、伊利、光明三寡头垄断，养乐多只用一个单品，销售额做到41亿元，占据低温酸奶10.9%的市场份额，是中国所有乳制品企业里，单品贡献率最高的低温酸奶。

提起羽绒服这个品类，占据羽绒服品类认知第一的一定是波司登，市场份额也最大，然而卖得更贵、更好的品牌，却是加拿大鹅（Canada Goose）。

自消费升级以来，占据中国消费总量53%和消费增量65%的新生代"80

后、90 后、00 后"高消费人群，从没有像今天这样关注"产品本身"所带来的购买时的愉悦感和消费时的体验感。面对"头部企业"的"寡头垄断"，苹果、戴森、费列罗、养乐多、加拿大鹅……虽然来自不同行业，但无一例外，都只用一款有吸引力的产品，成功改变了一个行业。对于产品同质化程度很高的农产品，是否也能如此呢？

一、消费已升级，产品未升级

青岛幸福农场有限公司（以下简称幸福农场），其母公司主营业务为鸡药和疫苗，致力于动物保护产业二十年，是美国礼来沙门氏菌禽用疫苗的中国独家代理公司，获日本住友集团注资合作，在禽药和疫苗生意方面科研力量雄厚，为鸡蛋生意奠定了良好的技术基础。由于看好农产品这个巨大市场，并且本身就有农资的背景，幸福农场决定进入鸡蛋这个行业，开启卖鸡蛋之旅。

卖鸡蛋也有卖鸡蛋的门道，幸福农场的市场部也制定了一系列品牌营销策略，核心内容包括以下几个方面。

定位：可以生吃的鲜鸡蛋，以彰显品质及食品安全。

定价：2.5 元/枚，走高端鸡蛋路线。

品名：幸福农场，突出母鸡的良好养殖环境。

分销："互联网+社区"，线下社区体验引流，线上天猫旗舰店下单；消费者下单后，产地直接配送到家，没有中间商赚差价。

组织：有丰富新零售电商运营经验的经理人带领电商营销团队，通过线下体验吸引粉丝、线上引流转化，根据订单发货。

……

幸福农场的鸡蛋定位高端，瞄准的是高消费人群，走的是线上线下结合的路线，整体品牌营销策略相当系统，并且在青岛地区竞争实力强劲，销售业绩良好。但全国更大的市场才是幸福农场的目标。品牌走出山东后，幸福农场的营销系统是否适用于外地市场？随着消费升级，以安全为导向的功能型定位是否能打动现有消费人群？尤其是北京、上海、广州等众多企业高度关注的一线市场高消费人群。

2018年，1980年以后出生的消费者也正迈向40岁。消费升级后的新生代高消费人群，关注更多的是"产品名字、LOGO设计、包装设计"等层面的东西，它们早已超越了产品本身的"口味功效"，成为产品力最重要的组成部分。

如果幸福农场的鸡蛋不能在消费者看到它第一眼时就被吸引，消费者会习惯性地购买"头部企业"的产品。如果新产品不能为新进入者带来"初次购买"，那么"口味、功效层面的产品力"根本没机会展示。

而"头部企业"，例如德青源、正大等已经在市场耕耘多年，获得了相当不错的消费者认知。作为一个新品，要想在短时间内与头部竞争对手达到同一水平线，难度可想而知。2018年年初，幸福农场在天猫旗舰店上线，线下社群小区的消费者经营也红红火火，但如何才能赶超头部竞争对手？这是幸福农场最关心的话题。

在和君咨询看来，现在的快消品市场，尤其是定位高端的产品，存在大量"价格高卖不动、经销商不进货、广告没效果"的现象，但现象产生背后的原因却往往是"消费已升级，产品未升级"。

如果产品足够有吸引力，价格对消费者来说不是问题，例如加拿大鹅和戴森的产品都不便宜，但销量都非常可观。消费升级以后，一个鸡蛋2.5元，消费者完全有购买能力，但前提是产品的卖点吸引目标消费者。如果产品不吸引人，新生代消费者也不会因为高价，就把"高价品当高端品"来买。

如果产品足够有吸引力，线下卖得好，线上销售时也会自带流量。渠道虽然变了，但渠道的终点没变，最终还是消费者。

如果产品足够有吸引力，产品本身就是最好的广告，就是最有效的媒体。2015年是传统媒体由盛转衰的分水岭。面对新生代消费者，如果产品没有吸引力，仅用传统的"定位+广告"模式，结果必然是：你定你的位，我买我喜欢的产品。

"消费已升级，产品未升级"。那么如何才能打造出一款符合消费升级的爆款农产品呢？

二、寻找挑战寡头的"第一眼爆品"

有一种说法是，新品开发的成功率不到3%。具体的成功率有多高，恐怕大家很难说清楚，但是很显然，开发一个新产品不是一件容易的事情。对于产品同质化程度很高的农产品，挑战就更大。那么什么样的产品"一眼看过去，就具备爆品潜质"，能够实现企业"挑战寡头、改变产业"的愿望呢？我们称之为"第一眼爆品"。

第一眼爆品法则：第一眼爆品＝第一眼卖点＋第一眼颜值

什么是真正的好卖点？我们认为：好的卖点，要让消费者看一眼就能足够心动、愿意尝试。所以"第一眼卖点"必须同时满足如下三条：

（1）没有任何竞品提出过、普通消费者一眼看过去就感觉大不一样；

（2）消费者心里一直有模糊的感觉，但嘴里偏偏说不出的需求；

（3）看一眼就忘不掉，看一眼就能记一辈子的创意。

幸福农场鸡蛋的原有卖点——"安全可生食"，从功效上难以被消费者直观感知，更重要的是，包括主要竞品德青源在内，很多农产品企业都主打"安全"卖点，但消费者对"安全农产品"早已审美疲劳。

因此，和君咨询的第一项任务，就是重新为幸福农场鸡蛋策划全新的"第一眼卖点"。

如果说产品策划中的"第一眼卖点"是讲道理，给消费者一个不能拒绝的购买理由，那么产品策划中的"第一眼颜值"就是讲感觉，产品能从货架和电商页面中"一眼跳出来"。"第一眼颜值"从品牌、包装、定价等八个方面入手完善后，卖点才能被清晰地展示给消费者。

三、幸福农场鸡蛋的新卖点、新颜值

1. 幸福农场鸡蛋的新卖点

我们要面对的是消费者的真实选择，目的是让消费者放弃竞品转而购买我们的产品，项目组二话不说，直接驻场。不过，这次不是在客户的办公场所驻场，而是在市场驻场。全部营销策略的产生来自市场真实数据，来自真实消费者。怎么干，项目组说了不算，客户说了也不算，只有消费者说了才算！

幸福农场项目组先后派驻十余位咨询师，进驻目标市场三个月，深度访谈批发商、关键采购人员、线上综合电商与垂直电商商户、各类一线促销员等。借助各种研究方法，洞察消费者心里一直有、但嘴里说不出的深层需求。

项目组发现："可生吃"这个概念很难打动消费者。早餐吃鸡蛋以煮为主，中餐晚餐吃鸡蛋以炒为主。这与在北京零售渠道经销商深访的结论一致。83%的消费者表示不会"生吃鸡蛋"，仅有个别男性消费者曾经把生鸡蛋倒在啤酒里喝下去，并且频率极低，动机也是为了"好玩"。更多的消费者数年也不会尝试一次生吃鸡蛋。

即使项目组宣称"生吃都安全"，消费者仍拒绝这个概念，认为口感不会好，没味道，而且有腥味。即使我们强调"鸡蛋绝对安全"，消费者仍担心生鸡蛋未经高温加工，可能有细菌存活。即使鸡蛋内部100%安全，不含沙门氏菌等，人们也担心生吃时，鸡蛋壳外的细菌可能因处理不当被吃进肚子里去，因此消费者还是觉得生吃鸡蛋不健康、不卫生、不安心。

所以，幸福农场鸡蛋"可生吃"的卖点，目标人群过于狭小，消费频率过低。即使强调"生吃也安全"，消费者仍存在诸多顾虑。幸福农场鸡蛋作为新进入者，选择"可生吃"这个"小众补缺市场"的话，教育市场投入高、周期长，短期内恐怕难以占领足够大的份额。更重要的是，"生吃也安全"的卖点不但不能打动消费者购买产品，还与竞品德青源"无添加、更安全"的卖点相比缺乏差异化。因此，无论是强调"生吃"还是强调"安全"，都难以让消费者快速将幸福农场的产品与竞品区分开来，原有卖点需要进一步升级。

接下来，项目组研究发现，93%的消费者会因为蛋黄的颜色偏红色而选择购买。消费者觉得鸡蛋黄的颜色更红，代表鸡蛋更新鲜、更有营养，母鸡吃的饲料更天然，母鸡没有被打激素、更健康。同样是以蛋黄的性状为卖点，"蛋黄不散黄，用手拿得起来"这个卖点却不会打动消费者，消费者会"怀疑添加了韧性的东西，把鸡蛋黄粘住了"。

项目组研究时还发现，消费者并不是觉得蛋黄的颜色越红越好，红到超过一定程度，则感觉即使是纯天然喂养，也可能是添加了其他添加剂。消费者期望的红心鸡蛋颜色，有如下标准：

"一看挺透亮的，自然"；
"蛋清清澈，蛋黄饱满，蛋黄不散"；
"蛋黄颜色不浑浊，不花，太花的鸡蛋不好"；
"蛋黄颜色更红、更正"；
"一打开，蛋清和蛋黄都不散"。

既然探明了消费者的诉求,项目组就立即建议幸福农场技术部门进行研发,通过添加天然饲料和采取科学喂养方法使蛋黄颜色达到恰到好处的红,以确保消费者在高"初次购买"的前提下,持续有复购,避免好的"定位、包装、命名、定价"却带不来好的转化。

基于上述研究,项目组提炼得出足以让正在购买竞品的消费者放弃原有品牌,转为购买幸福农场产品的全新"第一眼卖点"——青山绿水红心蛋(见图 16-1)。

图 16-1　全新"第一眼卖点"

从消费者对全新"第一眼卖点"的反馈来看,新卖点易感知,从未有任何竞品提出过。"青山绿水"明确向广大消费者传达了我们的产品没有任何添加剂。在对常年购买竞品的消费者进行盲测时,他们均表示出了想要购买的意愿,为企业团购市场拓展打下了良好的基础。

2. 幸福农场鸡蛋的新颜值

新卖点被找到了,接下来要按照"第一眼颜值"的八个方面,在品牌名字、包装设计、产品设计、VI 陈列等方面进行。

经过三个月的策划后,全新的"第一眼颜值"诞生了。

项目组新注册了品牌名"一颗红心",开门见山点明"卖点",具有易读、易记、易传播的特点(见图 16-2)。

产品的包装设计简洁大胆,消费者在货架的三米以外就能"一眼看到",无须用语言解释,消费者就能看得懂,使改变消费者的原有购买习惯成为可能(见图 16-3)。渠道陈列所用品牌视觉设计,都以此卖点为核心进行展示(见图 16-4)。

图16-2　新注册品牌名"一颗红心"　　图16-3　一颗红心鸡蛋外包装设计图

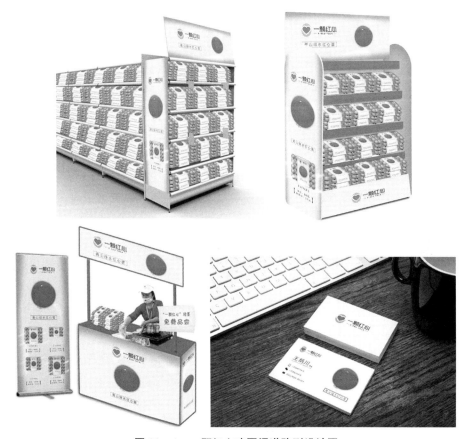

图16-4　一颗红心鸡蛋渠道陈列设计图

四、样板市场，策划落地

项目组将新卖点和新颜值策划好了，客户下一步要怎么做，才能将策划的好产品落地？项目组向客户建议，先选择一个样板市场，集中全部优势资源占领这个样板市场。在样板市场，争取实现面对"头部企业"时拥有压倒性的绝对优势，打破"头部企业"不可战胜的神话，为企业下一步进行全国性扩张树立信心，扫清障碍。

选择哪里作为样板市场呢？经过对内、外部综合评估，幸福农场发现，虽然竞品较为强大，但北京市场需求总量和增量能支撑新品牌发展，并且新品牌在北京市场一旦获得成功，将对全国的市场形成影响力。此外，负责幸福农场渠道分销的销售经理对北京市场比较熟悉，结合内、外部分析后，大家都感觉可以试一试。

北京地区消费者购买品牌鸡蛋渠道以超市、卖场（华联、物美、超市发、永辉超市等）为主，占比约为83%，在社区便利店购买鸡蛋的消费者占比约为16%。消费者更愿意去超市购买的原因是，"超市流量大，更新快，出货量大，卖的鸡蛋更新鲜，生产日期新"。

北京地区网购鸡蛋的消费者占比很少，不到1%，只有部分年轻消费者在网上购买过鸡蛋，但频率也不高。值得注意的是，几乎所有北京地区的年轻消费者都在网上买日用品甚至农产品，但唯独不愿意网购鸡蛋，主要原因是"鸡蛋是易碎品，亲自买才放心；网购送货不如自己买踏实，怕产品有磕碰""网购的鸡蛋生产日期不能保证，去超市可以看得见，比较放心；网购鸡蛋如果碎了，即使免费退换，也很不方便"。

北京地区的消费者与其他地区的消费者不同，也不愿意在"批市、菜场"渠道购买"品牌盒装鸡蛋"，主要原因是"怕有假的，太乱，品牌鸡蛋不全，人太多，挤，不方便""现在北京的菜市场很少"等。因此，北京地区消费者购买"品牌盒装鸡蛋"主渠道为超市大卖场，这将是"一颗红心"进入北京市场的必经之路。

在北京的民生超市中，物美超市系统占据几乎80%的市场份额，既然要进入鸡蛋这个产业，那么早晚要进入北京物美超市系统。幸福农场的销售人员有丰富的商超卖场拓展能力，凭借"一颗红心"产品策划案让北京物美超市采购部的采购人员眼前一亮，然后系统地展示了产品的创意过程，让采购人员对"一颗红心"为物美超市系统所带来的销售增量有了一个预判。然后幸福农场的销售人员还邀请物美采购人员前往养殖基地与公司实地验厂,并向他们展示了强大的技术研发和供应链保障实力,受到高度评价,双方顺利签订了进场合作协议。

进入物美超市系统,对幸福农场而言绝对不是简单地摆上"一颗红心"产品就卖,对于促销、售后等消费者关注的环节一样需要精心策划。项目组在后续服务中,考虑各种可能出现的情况,对一线销售代表提供了相应的"落地执行辅导"(见图16-5)。例如消费者抱怨"你们的产品价格太贵"时应如何应对;一线销售代表所在的卖场客流量不足时应如何应对;当竞品陈列位置更好、促销赠品多时应如何应对等,做好打硬仗的全面准备。

图16-5 销售精英岗前培训

2018年9月,"一颗红心"鸡蛋凭借精心的策划顺利进入北京物美超市系统,未投放任何媒体广告的前提下,仅借助"第一眼卖点"和"第一眼颜值",抵住了德青源鸡蛋和正大鸡蛋陈列位、促销员、折价等针对性竞争。截至2018年12月底,"一颗红心"进入北京物美超市系统仅4个月,就超越第二位的正大鸡蛋,勇夺高端鸡蛋(大于等于1.0元/个)17%的市场份额;仅次于德青源,占据北京物美超市系统中高端鸡蛋第二的位置⊖(见图16-6)。

⊖ 数据来自2018年9月—12月北京物美全系统POS机自有数据

图 16-6 "一颗红心"进入北京物美超市系统

五、"一颗红心",全面开花

在样板市场获得成功,只是"一颗红心"鸡蛋前进的第一步。还有更多的渠道、更大的市场空间等待我们去开发!

成功聚焦样板市场后,"一颗红心"鸡蛋第二步执行关键词是燎原——星星之火,可以燎原,以样板城市为标杆,以点带面,全面开花,逐步拓展进入更多渠道,走向全国。

1. 从"线下渠道"拓展到"线上网红直播带货、明星直播带货"

在2019年1月10日的淘宝年货节中,淘宝带货达人薇娅向全国观众推广"一颗红心"鸡蛋,令人惊喜的是,马云在直播中出镜5秒,该场直播最终成交34万枚。

2. 从"平价超市"拓展到"高端超市、高端百货"

顺利在物美超市系统站稳脚跟后,"一颗红心"鸡蛋又逐步进入了新世界等北京地区高端超市,同样获得了消费者青睐,销售成绩斐然。

3. 从"线下关键商超卖场"到"团购+企业团购渠道"

随着各大商超的认可,"一颗红心"在北京地区的影响力迅速扩大。2018年12月24日,"一颗红心"成为北京天安门国旗护卫队赞助蛋品提供商,企业团购渠道也逐步拓展。

4. 从"线下关键商超卖场"到"经销商与批发市场"

一系列的举措让"一颗红心"鸡蛋在北京市场彻底打开了,原有竞品经销商也开始关注幸福农场的产品,在各大批发市场上,"一颗红心"鸡蛋也成了抢手货。

事实证明,"一颗红心"的策划案,有力地帮助幸福农场在激烈竞争的鸡蛋市场闯出了一片新天地。最终能够取得良好的品牌知名度和销售业绩,既有幸福农场各级员工的奋斗与努力,也离不开和君咨询项目组的辛劳与汗水。

六、案例背后:"第一眼爆品"与"定位"理论

在消费升级的背景下,借助定位改变消费者心智认知,对实际购买行为影响可能并不像大家想象中那么大。即使消费者的心智认知被某个品牌所占据,也完全可能购买其他品牌。研究表明,70%的购买决策是在售点发生的,而不是在建立认知和改变心智时发生的。即使消费者心中有一个品牌,但当他身处真实购物环境时,更容易受琳琅满目的备选竞品产品线、独特的商品包装、新鲜的产品命名、大胆创新的陈列、友好的促销气氛等"看得见、摸得着"的"实物型"购物环境因素刺激,而产生冲动性购买。而"花巨额广告在消费者心智中建立的看不见、摸不着的认知",在真实购物环境中,往往会败给能够帮助消费者实现"所见即所得"的"第一眼爆品"。

这就是为什么消费者明明列了购物清单,但逛了一圈超市,实际购买了很多"没做过广告,认知中从未听说的品牌"产品。很多消费者行为学专家认为:对企业营销实战来说,相比于占据消费者心智认知,促成消费者实际花钱购买更为重要。

如果说定位的目的是"占据心智",那么"第一眼爆品"恰恰能解决定位理论难以解决的"购买"问题。

在本案例中,农产品快消企业首先要有一款"不借助广告",仅靠卖点,就能让消费者产生购买欲望的"第一眼爆品";再借助渠道的力量,让"第一眼爆品"能从电商网页、实体店货架上的数十个竞品中"跳出来"。之后,借助售点促销等落地推广措施使消费者完成初次购买。如果凭借产品力能给消费者带来更美好的消费体验,并且与"第一眼爆品"所宣传的卖点一致,我们就能在消费者心智中建立认知,促进消费者进行重复购买,最终形成一个商业闭环。

七、启示与结语

在消费升级的时代，我们认为几乎每个消费品都值得重新策划。面对产业集中，要挑战"头部企业"，好的策划是重中之重。没有经过专业策划的产品，不能在卖点上远远超过"头部企业"产品的话，消费者会习惯性地购买"头部企业"的产品，挑战者绝无机会成功。经过精心策划的产品，是渠道开发、样板市场打造之本。没有经过精心策划的产品，无论销售人员与渠道商关系多好，产品都难以进入渠道销售；即使进入了渠道，也不能为渠道商赢得消费者，无法与渠道实现共赢；进渠道难，出销量难，自然难以吸引和留住优秀的销售人才。

产品策划好仅仅是一个方面，持续、有计划性进行市场投入和坚决执行，对营销成败同样至关重要。通过 AC 尼尔森的研究发现：600 个在中国市场失败的新产品中，200 个失败新品归结于没有足够的市场支持（包括投资、营销、渠道等方面），上市一年后，企业对于新品分配的预算通常会缩减。实际上，产品在上市第二年还能有竞争力，如果企业在产品上市第二年就减少投入，后续的产品铺货率必然下滑。所以，"养新品"就像"养孩子"一样，至少要投入三年。这就是为什么大部分新品会在上市后第二年销量下滑。

从上文的执行路径来看，我们至少要在"头部企业"的竞争和反击下，持续投入"样板－燎原－盈利"三个阶段，才能初步在市场上站稳脚跟。对企业来说，在产品正式投放市场之前，需要预测三个阶段的竞品反馈，做出三年的投入预算。"头部企业"珍惜自己所占据的市场，看到挑战企业进入自己的终端渠道、占据自己的陈列位置、抢走自己的消费者、夺走自己的利润，必然会组织反击。因此，与产品策划相匹配的预算意义重大。

产品功效等自身要素决定消费者是否会重复购买。我们把企业家自己觉得好，但消费者用了会失望的产品，统称为"自嗨品"，市场上此类产品比比皆是。消费者初次购买产品之后，是否能重复购买，就要看产品本身了。如果产品自身不够硬，不能带来复购率的话，再好的策划和再强的执行力都难以挽回失败的结果。

营销没有"一招鲜"。任何看似"一招鲜"的背后，都是营销人系统的思维、科学的策划、强大的团队与执行力在支撑，这才是使"第一眼爆品"成功的真正核心原因。

第十七章
移动互联时代的社区化营销
——五粮液邯郸永不分梨酒业

作者：李振江

假如你面对这样一家酒水企业：

1. 产品只在一个城市里销售；
2. 品牌谈不上有任何影响力；
3. 品牌谈不上有任何渠道优势，消费者在终端市场基本看不见这个企业的产品；
4. 没有足够的资金来做营销，企业能活下去就不错了；
5. 本地竞争对手是企业经营规模的六至七倍；
6. 整体行业都不景气，各个企业经营都遇到阻碍；

……

在一系列不利因素的影响下，这家酒水企业陷入困境，于是它决定请你来做咨询，那么你打算从哪里入手来解决这个企业的问题呢？2014年，由五粮液集团控股的邯郸永不分梨酒业股份有限公司（简称：永不分梨酒业）就面临这么一种发展境况。然而在和君咨询的帮助下，7个月以后，永不分梨酒业回款突破7500万元，产品在所有终端渠道实现动销，在40%的终端渠道被重复进货，从产品上市初期与邯郸当地最大竞争品牌的动销比1:10，到7个月后的1:2，成功实现低成本竞争突围。2015年邯酒大单品销售接近1亿元，永不分梨酒业整体市场规模突破3亿元。

这些靓丽的成绩，是怎么做到的？答案是：社区营销！

所谓"一事精致，便能动人"。复杂的酒水营销，在极度精致的社区营销策略下，帮助永不分梨酒业成功地摆脱了不利的市场环境，打了一场漂亮的翻身仗。一起来看看这个业内至今仍津津乐道的案例吧！

一、永不分梨的艰难困局

2014 年的酒水行业，经过 10 年高速发展期，进入平缓发展期，品牌集中度加强，市场趋于饱和状态，竞争压力巨大，多数区域品牌面临洗牌。

永不分梨酒业于 2008 年成立，以本土团购市场为经营重心，主打差异化产品，经过几年的发展，销售额勉强做到了几千万元，却无畅销产品、无品牌影响力、无渠道商业，成为一个标准的"三无"企业，后续成长乏力。

2013 年 8 月，五粮液集团投资控股永不分梨酒业，永不分梨酒业股权开始多元化。加了"五粮液"这个金字招牌在前面，原以为企业从此一飞冲天，然而事情远没有大家想象中那么简单，股权多元化以后，大家的首要任务反而变成了股东之间的相互磨合。2014 年的永不分梨酒业就这样在磨合过程中缓慢发展。

在永不分梨酒业所在地邯郸，本地的区域强势品牌，此时市场规模已经达到 6 亿元，是永不分梨酒业的六至七倍。此外，衡水老白干、洋河等外来品牌的表现也非常强势，优质的渠道、终端和传播资源被高度占据。一群河北汉子在一起喝酒，恐怕没有几个人会想起当地还有永不分梨酒业这样一家酒企，更不用说主动买永不分梨酒业旗下的产品了。

2014 年 9 月，永不分梨酒业"偶遇"和君咨询。我们向企业介绍了传统企业互联社区营销模式，这种模式能否帮助永不分梨酒业走出困局，谁也不知道答案，永不分梨酒业抱着"死马当活马医"的想法，决定试一试，看看互联社区营销模式，对永不分梨酒业来说是不是一剂良药。和君咨询与永不分梨酒业的合作就这样拉开序幕。谁也没有想到，双方的合作最后历经数年，创造了一个又一个令整个行业侧目的成绩。

二、主线与策略：永不分梨酒业的改造升级系统工程

永不分梨酒业的经营情况为什么不好？因为产品销售卖不出去。为什么产品卖不出去？因为企业没钱做广告投入，知道永不分梨酒业的消费者很少。为什么消费者不知道该企业？因为卖酒的渠道都被竞争对手占满了，消费者没有途径能知道企业的产品。为什么企业不做投入？因为产品卖不出去，企业没有回款没有

利润……

这个"怪圈",就是永不分梨酒业面临的问题根源,经过系统分析,项目组给出了解决方案,分为两条主线和四大策略。

第一条主线:以品牌建设为核心,灵活应用移动互联工具,坚定不移地践行"为粉丝服务"原则,用口碑提升传播广度,用信任提升认知深度。

第二条主线:以渠道深耕为重点,通过"粉丝流量"持续导入,提升合作伙伴的商业价值,在经营中秉持"关系化的交易"原则,从而通过数据化方式实现高效率的管理与对优质渠道的占据。

第一大策略是大单品策略。工业企业的互联网转型,必然是基于好产品。产品是"1",其他都是"0"。

第二大策略是产品公关策略。让产品体验替代传统的硬广告,获取更大范围消费者的真实认知。

第三大策略是新媒体策略。企业新媒体不只是具有传播价值,它还是用户的组织入口。

第四大策略是双社区运营策略。将终端按照居住社区进行分块管理,将用户流量进行有效分配,从而构建一体化利益关系;打造有温度的社群,建立深度信任,形成企业的私域流量。

上述主线与策略,是项目组与永不分梨酒业经过无数次的探讨,基于市场基础与竞争环境,最终根据市场痛点与发展方向确定下来的。总体思路是"以公关替代广告、线上线下深度融合、'社区+社群'为营销组织方式、以动销为核心,提升资金使用效率"。

所有的主线与策略,最终都落在社区营销这四个字,这也是项目组和永不分梨酒业投入力量最多、最终真正帮助永不分梨酒业走出困境的核心策略。

三、序幕战:前三项策略打底

1."高贵不贵,我买郸"的大单品策略

永不分梨酒业原来仅有小众、高端的瓶装"梨酒"产品。在常规白酒市场中,其产品消费场景和品牌基础很薄弱,无法支撑其长久发展。但在永不分梨酒业的品牌库中,我们发现了一个宝藏:具有明显区域特征的"郸酒"!这个品牌

具有很强的区位属性，具有成为超级品牌的市场基因。引爆市场，没有超级单品怎么行！项目组与企业一拍即合，明确以"郸酒"这一品牌"打天下"的超级品牌策略。对于永不分梨酒业而言，从零开始打造超级品牌，务必聚焦单品、聚焦资源，放大五粮液品牌、品质背书，同时始终跟消费者站在一起，才有可能成就奇迹。

互联网思维下的品牌建设，其本质是为用户做产品。没有用户的认知，大单品打造之路注定坎坷艰难。项目组为"郸酒"设计了以五粮液 ICON 为背书的广告语（"高贵不贵，我买郸"）和主画面形象，并在之后经过共计 3 次、样本合计数万人以上的精准调研，才最终确定。品牌做得好不好，不是企业说了算，而是消费者说了算。评判广告语的标准不是"高大上"的表述方式，而是"卖货指数与消费者自传播指数"。

在品牌打造的过程中，让消费者深度参与，是极其重要而且难能可贵的事。"郸酒"从品牌名称到产品包装设计、从度数到口感、从广告画面色调到产品价值体系，始终坚持和消费者站在一起，利用调研、访谈等多种手段听取用户的意见和想法，让数以万计的消费者深度参与产品研发和品牌创意的过程中，彻底摆脱打造常规品牌的经验主义陷阱中，让品牌价值脱颖而出，出现在消费者面前时自带光芒。

2. 全城品鉴，活动代广告的产品公关策略

大单品方向确定了，但问题随即出现：作为一个新产品，在没有任何渠道基础的情况下，进入终端渠道困难重重。邯郸终端渠道数量有近 4000 家，经过企业 3 个月的努力，也只有 300 家终端店愿意尝试性售卖该产品。终端商不愿意接受的主要原因是对产品动销信心不足，市场热度不足以支撑产品的销售。

从酒水行业普遍的推广经验看，将经销商、消费者组织起来召开"品鉴会"，是提升产品推广效率的最佳选择。但规模化的"品鉴会"又碍于餐饮规模、组织方式复杂、时间周期长等问题，无法帮助"郸酒"的快速引爆市场。怎么办？最终我们决定，省去餐饮环节，直接进行"全城品鉴会"！

所谓"全城品鉴会"，就是在邯郸全城进行的免费赠饮小容量"郸酒"的活动，获取消费者流量资源，让更多的消费者喝到"郸酒"，并形成口碑传播，以此作为突破口提升市场热度。互联网行业内有一个流行的说法，获得一个用

户,大约需要花费 200 元至 300 元。既然要花这么多钱,还不如我们索性把钱都用来买"郸酒",请所有的消费者来喝!就这样,整个活动秉持着"简单、直接、快"的风格,只要用户转发赠酒活动信息,并关注公众号,就可以领取品鉴酒两瓶。让每一个消费者都成为活动的参与者,让每一个消费者都成为口碑的制造者和传播者,远比为每个用户投入 200 元至 300 元的获客成本更划算!

项目组与永不分梨酒业在户外广场举行了大型产品公关活动,结果 10 天时间,关注用户超过 3 万人。现实场景中,每个人领两瓶品鉴酒,60% 的消费者在就餐时很快就喝完了。我们想象一下,几万人在一个不到 200 万人口的城市里,几天时间都在拿着"郸酒"喝,会给餐饮渠道一种什么样的感觉?"郸酒好卖,好多人都在喝",这充分激发了当地商业渠道的信心。

3 万人都在朋友圈转发一条信息,按照一个人的朋友圈能影响 30 人计算,这 3 万人有效传播次数可以达到百万次,远远超过当地任何一家媒体所能达到的传播量级和覆盖面。在当地市场中,这样的传播能引起非常大的轰动。在永不分梨酒业举办赠酒活动的几天中,电梯里、公交车上、路上到处有人在议论这件事情,"真的假的?是真的吗?在哪里?怎么领?队伍排得好长……"从某种角度来说,这不仅是一场活动,而是一次事件营销(见图 17-1)。

图 17-1 全城品鉴会

在产品公关活动中，企业并不是简单地送酒拉消费者，而是在活动现场进行了一系列的活动，让每一个参加领酒活动的消费者，都获得了超预期的感受，从而实现二次分享。

除了邀请消费者关注账号、转发信息、领酒之外，还增加了厂家现场直售的活动形式，引导消费者在现场购买产品，"郸酒"在10天时间共销售1000多件。每一个参与活动的消费者还有一次"现场转盘抽奖"的机会，很多消费者抽到奖后都主动进行了二次分享，传播量级被再次升级。

我们给每一个消费者还赠送了一张"代金券"，他们在所有售卖"郸酒"的终端渠道都可以享受"买大酒送小酒"的优惠。从跟踪数据上看，3万多张电子、纸质代金券，在4个月的时间里，大部分被兑换完毕。3万多人，在4个月的时间里，涌入300多家终端渠道，主动购买"郸酒"并使用代金券，这对于各个终端渠道而言，流量的引入不只带动了"郸酒"的销售，其他产品的销售量也在提升。从活动效果上看，消费者往往在上午参加完活动，下午就到终端渠道购买产品，相隔一两天后，终端渠道就会组织再次进货，而之前没有合作的终端渠道看到这种情况也开始尝试进货。活动带来的最大价值，是企业获得了终端渠道的信任。

在活动现场，我们向每一个消费者都发放了一张问卷，由消费者在微信公众平台上进行回复，我们承诺每天在回复的用户中抽取幸运者并提供奖品。3万多份问卷为企业制定市场策略和产品研发提供了重要的数据支撑，为企业制定用户激动和用户留存策略奠定了基础，保证新用户持续留在平台上。

产品公关活动形成了事件效应并被广泛关注。在这之后，项目组在餐饮、流通渠道组织针对性的赠酒活动，一方面找到"喝酒的用户"，一方面帮助终端渠道建立生态、引入流量、实现全面盈利。永不分梨酒业并不单纯强调"产品销售"带给终端商业的价值，而是帮助终端商业引入"人"。这种合作，不只是产品本身的售卖关系，而是建立在"以用户流量为基础的一体化合作"的生态系统中终端与厂商之间不再是博弈关系！

"郸酒全城品鉴会"成为邯郸消费者、商业热议的话题，渠道方的商业合作意愿大幅提升，永不分梨酒业的业务团队在原有铺市政策不变的情况下，用两个月时间进入终端渠道3000多家，效率之高、速度之快让很多业内人士直呼不可思议。

3. 消费者自传播的新媒体策略

在移动互联时代，每一个人都生活在"碎片化的时空"下，传统企业自媒体最大的资源来源于"产业基础"，价值效率更高。因此，项目组帮助永不分梨酒业建立新媒体，不只是建立"自传播通道"（尽管这很重要），而是建立"以产品为基础的消费者体验平台"，从而将品牌、产品与消费者进行深度连接，形成"消费者组织"入口。

我们将面向消费者的微信公众平台命名为"和你在一起"，定位为本地资讯和本地生活服务平台。去行业化、去企业化，进行内容和服务的供给，从而保证用户进入后的持续关注度和活跃度。"和你在一起"微信公众平台的内容包括本地资讯、时事文摘、名人逸事等，在这些的丰富内容中，巧妙、柔性地将产品信息和企业信息植入进去，在保证较高用户活跃度的基础上，帮助永不分梨酒业实现传播价值。

我们还与邯郸当地的众多新媒体机构合作，在内容供给、活动输出、用户福利共享等方面进行相互支持，并在运营过程中利用微博、QQ等社交媒体进行活动嫁接，最终在邯郸形成以"和你在一起"微信公众平台为核心的媒体矩阵。

这样一来，基于"命名、内容、整合"三位一体的新媒体构架就成型了。在之后的移动互联社区营销模式运营中，永不分梨酒业的新媒体价值被充分发挥，很大程度上摆脱了传统广告推广时的高成本、低效率、不精准等问题，形成了带有矩阵式、散点性、互动性特征的新型传播通道。

坚持了几年以后，永不分梨酒业微信公众平台已经累计拥有25万粉丝，截至2016年，微信公众平台发布的每篇文章中植入的产品信息，在两年时间里被邯郸的消费者看到了近5000万次。2015年1月，"和你在一起"微信公众平台开始在每篇文章最后植入"郸酒"30秒广告片，迄今为止，已被点击5019万次。而邯郸日报的日发行量为6万份，按照市场刊例价计算，我们节省了近千万元的传统媒体广告投放费用。

四、大决战：双社区运营策略

前述三大策略，帮助永不分梨酒业实现了基本的产品设计、媒体传播和用户积累。但是真正帮助永不分梨酒业实现可持续发展的,是最后的社区运营策略,而且在永不分梨酒业项目上,项目组开创式地实施了双社区模式。所谓双社区,一个是基于市场地理位置的"消费社区",一个是基于关系的"用户社区"。

1. 消费社区运营:网格式管理

我们通过大量的市场走访发现,经历了十年黄金发展期的酒水行业,其终端数量已经十分庞大,很多城市的酒水零售终端已经供大于求,餐饮终端动销量与资源投入严重不匹配。在激烈的市场竞争中,很多企业即使按照传统的营销方式,追求铺货率,也很难实现有效动销,在投入产出上获得良好收益的难度也越来越大。

邯郸市人口为 130 万,这些人群被交叉分配在两个消费场景中——居住社区与办公社区。其中居住社区的消费场景最集中,其酒水消费终端布局(零售、餐饮)也最密集。因此,项目组按照居住社区为单位,把邯郸市场分成 60 多个小块,从每个小块中寻找出满足消费者购买便利的零售终端与餐饮终端,并且企业在每个小块内联合社区物业公司,在社区里进行产品赠饮、品牌宣传、销售引导等工作,以零售终端为载体开展产品销售和用户服务工作。

在传统的模式中,企业想要覆盖拥有 1 万个消费者的几个周边社区,需要在数十个甚至更多的终端渠道完成铺货,才能形成相应的销售规模,而现在只要按需布局十几家店就可以完成对于周围 1 万个消费者的覆盖与服务(0.5~1 公里范围内)。

通过移动互联工具,将类似"酒王争霸赛""寻找郸小妹"等公关活动、促销活动植入社区,快速地将周围消费者有效沉淀在企业自媒体平台和用户群中,通过阶段性给予"一对一的优惠信息",可以将消费者与终端完全绑定。在消费额不变的情况下,减少终端渠道数量,可以大幅度降低企业在终端渠道的运营成本,更重要的是终端渠道单店盈利率获得了大幅提升,因此终端渠道的合作积极性被极大地调动起来了。大量的消费者被"引流"到终端店铺,在购买企业酒水产品的同时,往往也会购买其他品类的产品。终端店铺的老板因为与"郸酒"合作,不光提升了"郸酒"产品的销售,同时还收获了基于人流量的财务价值,合作意愿大幅加强,分销商、经销商的出货压力骤减。

与此同时,我们帮助永不分梨酒业建立了基于流通渠道、餐饮渠道的"关键人组织",重点包括终端店铺的老板、餐厅服务员等。终端店铺是永不分梨酒业产品动销的基础点,而各大餐厅的服务员,对于消费者的酒水选择有着重要的影响力,这些基层人员恰恰是产品动销环节能否实现预期的核心要素。

我们发现,终端店铺的生意属于"夫妻店"性质,其受重视程度很差,但的确是产品动销最重要的环节。因此,项目组建议对终端店铺老板开展公关活动,帮助其获取消费流量资源,"最美老板娘"评选活动应运而生。

"最美老板娘"评选活动由永不分梨酒业发起,当地主流媒体与自媒体协同举办,由各个终端店铺老板参与线上评选,得票数高的人由永不分梨酒业进行奖励。一时间,全城数千名终端店铺老板娘蜂拥而至,参与投票人次近千万,永不分梨酒业的曝光度瞬间提升。与永不分梨酒业合作的终端店铺,由永不分梨酒业出资,帮助其在店内外进行宣传,并在周围社区的产品推广活动中,进行各类展示。活动促使终端店铺的进店客流量和销售额瞬间增长,永不分梨酒业的商业信任度进一步增强。

这种基于流通渠道的"智慧店铺联盟"及基于餐饮终端的"服务员之家",将所有合作的终端店铺老板和餐厅服务员进行群组织与管理,并且基于"关键人"资源进行针对性公关与渠道政策倾斜,这样做不单是为了建立信息沟通管道,更重要的是建立一套服务终端的流程、一系列产品动销机制与一种商业组织方式,让终端店铺真切感受到厂家的资源支持,让产品动销的"关键人"发挥最大的推动价值,并能在过程中收获除了利益价值外的社会价值。

因此,和君咨询认为,消费社区的建立是基于地理位置下的"关键人"组织。其运营的核心在于三点,一是基于区域市场的网格化划店;二是基于产品政策、终端店铺数量、单店盈利率等信息进行分析,精准测算财务模型与投入产出比;三是基于本地商业资源及"关键人"的组织方式。

2. 用户社区运营

近年来,各行各业都很热衷于学习"社群营销",而和君咨询认为,营销的本质是"构建与用户一体化的信任关系"。对于酒企而言,多年来一直缺少的正是与用户"零距离"的接触与互动,缺少用户对品牌的信任和忠诚。

进入互联网时代,小米对数以千万计的粉丝进行了有效引导,以"兴趣+地域"的方式,将散落在各地的粉丝进行"规模化组织",继而形成了具有相同价值主张和生活方式的用户社区。

在"郸酒"的运营过程中,我们以建立用户社区为重要出发点,以"全心全意为用户服务"为宗旨,逐步建立起了产品与消费者的一体化信任关系。通过兴趣、爱好和相同的事为基点,对于平台用户进行以"群"为单位的组织,并建立以用户运营为核心岗位的组织,进行用户互动与点对点服务,从而实现多对多的交流,形成了众多用户与"郸酒"产品之间的紧密关系和可持续的商业价值。

永不分梨酒业通过微信公众平台建立了数十个各类群,每天的群内互动和活动组织情况十分频繁。这数以千计的用户,已经成为"郸酒"的绝对"忠粉",他们不但成为产品的义务推广员,也成为永不分梨酒业产品研发、市场监督的参与者。有些粉丝最后甚至成了永不分梨酒业的员工。正是因为有了他们,微信公众平台的高活跃度才得以保证。项目组帮助永不分梨酒业建立了基于"群主"化的管理机制,让群中活跃用户作为"群主",带领本群人员开展线上线下相关活动,企业对于众多"群主"进行资源支持与活动管理,逐渐形成用户的自组织形态。

和君咨询认为,构建一体化的用户社区,不只是建立销售网络和售卖平台,更重要的是建立一种"大家帮助大家"的群族关系,"人情原乡"将是构建用户社区的核心价值导向。

"邯郸姑娘"的围巾事件

小佳欣,年仅14岁,在与母亲外出时,脖子上的围巾意外卷入电动车轮,造成颈椎骨折,生命垂危。此事受到永不分梨酒业董事长、总经理等企业高层的高度关注。项目组第一时间确认信息真实性,并赶到小佳欣所在的医院,通过"和你在一起"平台,帮助她渡过难关。在得到小佳欣父母授权后,永不分梨酒业发出"你献爱心,我捐钱"的号召。两天时间,文章点击数累积到达40万次,涌入平台的新增粉丝3万多人,和君咨询项目组通过平台发布小佳欣父母的感谢视频和时时病情跟踪情况,利用所有平台粉丝进行"爱心传递"。在短时间里,平台上的用户找到各自的社会资源,向"小佳欣"提供力所能及的帮助,众多用户还强烈要求去医院探望,自发组织捐款活动,感人场景频现。

通过这次公关事件，当地主流电视、报纸媒体，主动要求跟"和你在一起"平台进行战略合作，在更大的资源平台上实现了"邯郸姑娘，邯郸帮"的愿望。一个成立不到百日的线上社区和"邯郸姑娘"就这样关联在一起，"人情原乡"的力量被注入心田。

这就是我们理解的社区——一群人在一起，形成彼此依存、相互帮助的关系，因为我的存在，让你渡过难关；因为你的存在，助我梦想成真！这才是移动互联的实质和要义。

通过类似事件，企业品牌和自媒体平台的社会价值被充分放大，并得到用户的极大拥护，确立了和用户间的深度关系。在移动互联时代，缺少的不是商业模式的创新，而是"对人的真正尊重和发自内心的爱"。

有了这样的群众基础，剩下的事情就顺理成章了。用户社区的组织最终要形成规模化，组织形式要节日化。2016年8月，五粮液收购永不分梨酒业三周年，按照一般情况，周年庆典会办成一场"演出+宴请"的庆功会。而永不分梨酒业的周年庆典别具一格，在项目组与企业的共同组织下，举办了"第一届郸酒粉丝节"。这也是迄今为止，酒水企业第一次真正意义上的"粉丝节"（见图17-2）。

图17-2 第一届郸酒粉丝节

粉丝全程参与"粉丝节"的策划、节目海选、节目编排、现场活动组织与传播等全部环节。活动当天，邯郸大剧院上千人的剧场座无虚席，永不分梨酒业的高管们也在现场表演，与所有粉丝玩在一起。

从当天采集的数据看，几万人的朋友圈被"粉丝节"刷屏，线上线下活动同时参与人数达到数万人，经销商、分销商、终端商信心爆棚，"郸酒"在业内的口碑直线上升。而此次活动投入的费用远远低于一般意义上的周年庆典。

企业一旦建立了用户社区，就意味着构建了极高的"消费者竞争壁垒"，这才是真正意义上的"抢夺心智资源"。

用户社区建立与运营的四个基本原则

（1）线上线下活动一体化，周周有主题，天天有活动。让更多的粉丝参与其中，利用事情和粉丝爱好进行组织管理。

（2）有温度、有情感。建立信任的关键是"利他"，一切以用户的需求为出发点，寻找正能量，发挥正能量，企业在开始作为主导，后续不断引导"大家帮助大家"。

（3）选择活跃用户，建立"自组织"。从不同的群中选择活跃的积极分子和意见领袖，由企业给予支持，鼓励其组织各类活动，持续保持社区活跃度。

（4）建立群体化的节日和规模性的"组织方式＋区域生态"。

五、满满的收获：永不分梨酒业的崛起与背后的理论支持

实施以上四大策略，奠定了永不分梨酒业的超常规销售业绩，但在这个业绩的背后，永不分梨酒业还有更多收获：

1. 品牌影响：企业被社会群体高度接受；
2. 产品动销：新品上市后能实现快速动销，后劲强大；
3. 商业反应：当地商业团体纷纷谋求合作；
4. 员工士气：上下同欲，信心满满；
5. 股东评价：五粮液集团领导班子开会时专门研讨学习，在五粮液内部全面推进移动互联社区营销模式实施。

永不分梨酒业实践移动互联社区营销模式，其成功背后有着明确的理论依据。从百年工业史上看，成功的企业从来都是产业链中关键资源的有效组织者，而不只是产业链的生产者或者销售者。从某种意义上来说，我们面临的经济不应该被理解为计划经济或者市场经济，而应该理解为组织经济。组织要解决的是企业间相互依存和相互作用的关系，而这种关系一旦被简单化为交易关系，后果可能会很疯狂，甚至走向崩溃。2000年之前中国白酒行业频频出现"一年喝倒一个牌子"的现象，就是因为价值链条中只有交易关系而少有组织关系。

企业的成长需要特定的理论支撑，以使其始终处于持续成长和发展的路上。基于社会价值和顾客价值对产业关键资源进行再组织，是企业持续创新的源泉和持续发展的力量支点。钱德勒说："企业只有有效协调外部的商业企业、零售企业乃至消费者之间的关系，才可以获得持续的发展。"事实证明，凡是能把产品协调到客户端的企业，在历史上都成为持续发展的大企业，例如可口可乐、迪士尼等。

历史上，只有直销模式可以帮助企业做到对用户进行有效组织。时至今日，我们遇到了移动互联网，它让企业可以绕开直销模式，直接对用户进行有效组织。我们认为，这种组织模式将很快在酒企和其他行业的传统企业中验证其重要价值。

六、启示与思考

（1）企业通过互联网发展的本质是对于入口资源的抢夺，到目前为止，经历了两个阶段：第一个阶段以"效率"为核心抢夺入口资源，获取广泛的流量，京东、天猫都是如此，将渠道效率发挥到最大化；第二个阶段是以"效率＋服务"为核心抢夺入口资源，将线上线下进行有效协同，众多团购网站和点评网站均是如此。但对于酒企而言，这两个阶段都不足以使其转型顺利，其既有渠道利益分配等线下包袱重。因此，酒企和众多传统企业将面临第三阶段的入口资源抢夺——"用户服务升级＋传统渠道互联网化"。

（2）酒企的互联网化转型一定是在"好产品"的基础上进行的渠道模式升级。如果从表象上看，这似乎是一个商业模式的变革，但实质上，基于酒企的传统运营思维和操作方法的定式，这对于所有酒企而言是一场组织模式变革和人才争夺的挑战。

（3）所有的成功营销策略都是有节奏性的，永不分梨酒业在产品上市之后，向消费者赠酒（公关行为）—渠道铺货（渠道渗透）—在社区赠酒（公关行为）—在终端做促销（渠道渗透）—最美老板娘评选（公关行为）……始终秉持着"一轮公关引导＋一轮渠道渗透"的节奏，避免了推广导向的无利益性，也避免了纯渠道利益化的价值透支，每一项工作都是在为下一项工作做准备。

（4）一事精致，即可动人。永不分梨酒业的营销，按照传统模式，可能需要考虑产品、渠道、促销、价格等要素，不一定能取得这么好的成绩。但我们选择了社区营销方向突破，把社区营销做到极致，做单品以适应社区运营，渠道、宣传都以社区运营为核心目标。终端配置、消费者活动等结合互联网特点，目标都指向社区运营。最终结果表明，在城市范围内，企业做社区营销是完全可行的。

（5）任何一次升级改造，都是企业战略"换道"的过程。因此，企业"一把手"的决策与坚持至关重要。回想永不分梨酒业的案例，如果没有时任董事长、总经理的快速决策与坚持，也很难在如此艰难的竞争环境下形成突围并夺取胜利；如果不是企业持续地进行理念、方法的培训，也很难上下一心形成合力。

文化与人才篇

现代企业越来越重视"人"的价值,"人"成为企业管理的中心,轰轰烈烈的转型变革需要人的力量,而这种力量的产生必须有强大的思想助力。只有统一思想,员工才能主动投入变革的洪流。本篇为读者介绍两个企业文化建设案例以及一个企业大学建设案例,希望引发读者思考:企业文化与人才建设,于企业发展而言,究竟能起到多么重要的作用?

第十八章
制造业地方国企集团的企业文化建设
——陕鼓集团

作者：郝继涛

2019年8月5日，由中国企业联合会、中国企业家协会主办，主题为"把握新时代文化脉搏，促进企业高质量发展"的"全国企业文化年会（2019）"在北京召开。陕西鼓风机（集团）有限公司（以下简称：陕鼓集团或陕鼓）以"向上向善，优良风气创未来"的核心价值观为导向，以战略文化引领企业高质量发展的实践成果，荣获了"2019全国企业文化优秀成果一等奖"。

央广网等权威媒体这样报道了陕鼓集团取得的文化成绩：在"战略文化引领、市场开拓为纲、能力建设为基、打造一机两翼（以'体制机制改革'为发动机，以'智能制造和资本金融'为两翼）、实现千亿市值"的陕鼓集团新时代发展总路径指引下，在企业战略文化的引领下，陕鼓集团通过持续创新驱动构筑技术新高地，抢占制高点，培育发展新动能，并在"为人类文明创造智慧绿色能源"的企业使命召唤下，形成了具有自身特色的六大文化体系（以客户为中心的奋斗者文化、诚信文化、责任文化、规则文化、创新文化、感恩文化），通过文化制度机制保障、文化管理、文化审计纠偏等有效路径推动优秀企业文化落地，使企业高质量发展软实力进一步增强。

2019年1月27日，陕西省十三届人大二次会议上，陕西省省长刘国中在政府工作报告中指出："要推动先进制造业与生产性服务业深度融合，大力推广'陕鼓模式'，支持汽车、节能环保等领域企业加速由设备提供商向系统集成服务商转变。"由此，"陕鼓模式"受到社会各界越来越多的关注和推广。

"陕鼓模式"的背后，是陕鼓集团以水滴石穿的定力，大力推进、持续创新企业文化建设。和君咨询有幸在2006年、2015年，十年间两次参与陕鼓集团的文化转型与升级。两次面对不同的时代和战略命题，均推动陕鼓集团获得了全国企业文化大奖：2011年获得"全国企业文化示范基地"称号，2019年获得"全国企业文化优秀成果一等奖"。上述媒体报道的 2019 年获奖成果，正是和君咨询为陕鼓集团开展第二次企业文化咨询的核心内容。

那么，我们究竟是如何将看似虚无缥缈的"企业文化"，打造成陕鼓集团发展的核心动力呢？十年间，陕鼓集团又分别面临什么样的时代命题，并如何在文化上给出对策的呢？让我们跨越时空长河，来回顾一下这一经典案例吧！

一、第一次结缘，文化推进企业战略转型

1. 一个传统制造企业战略转型背景下的文化命题

陕鼓集团始建于 1968 年，在 1975 年建成投产，企业在 1996 年由陕西鼓风机厂改制为陕西鼓风机（集团）公司。陕鼓集团的主要产品是冶金、石化、煤化工、电力、环保等行业需要的鼓风机，属于以空气动力学为基础的透平行业。

中国鼓风机行业有千余家厂商，竞争激烈。在国内大型企业中，处于相对领先地位的是沈阳鼓风机集团（简称：沈鼓集团）。沈鼓集团利用东北老工业基地的振兴大势，努力建造具有世界级规模的、中国最大的通用装备制造基地。同时，与国际同业巨头合资结盟，获取先进技术，提高产品的技术含量和技术性能，增加附加值。通过大规模制造取得的规模经济，沈鼓集团降低了成本，并且以成本优势占领市场，在同业中遥遥领先。沈鼓集团的成功是传统制造业的典型扩张路线，优秀的管理、雄厚的资金帮助它们取得了成功。

反观陕鼓集团，地处闭塞的西部三线城市，人才、信息、市场区位都没有优势，在规模上拼不过沈鼓集团，在机制上拼不过民营企业。假如陕鼓集团走与沈鼓集团相同的发展路径，两家行业巨头势必会陷入激烈的红海竞争。怎么办？在各种因素的交织下，陕鼓集团选择了另一条发展道路。

陕鼓集团深入研究发现，发达国家以第三产业为经济主体，而企业以服务经济为收入主体。例如 GE（通用电气公司），在 20 世纪 80 年代，其传统制造的份额占到企业总产值的 80% 以上，而在 2004 年，这一比例已经锐减到 30%，而其余份额都由服务经济构成。也就是说，像 GE 这种世界级的优秀企业，用了 20 年的时间，将传统制造的份额大大缩减，选择服务经济来赚取利润。同样，IBM 在 2004 年将个人电脑业务卖给联想，甩掉硬件的包袱轻装上阵，专注于卖系统解决方案、卖服务，市值不降反升。

陕鼓集团的转型，还有另外一个小插曲。陕鼓集团前董事长印建安在当技术员时，在一次竞争中失利，但对方让陕鼓的研究所帮着做配套的控制系统，合同额只有 20 多万元。第二年，他被调去做营销，当年最大的订单就是来自于那个客户。客户需要系统服务，连主机设备带系统都交由陕鼓集团做。这次的订单金额是 2000 多万元。这件事给了印建安很大的启发，他开始思考主机、配套与系统方案的关系。

最终，陕鼓集团借鉴先进企业转型服务业的经验，在不断探索的基础上，于 2005 年确立了"两个转变"战略：从出售单一产品向出售解决方案和出售服务转变，从产品经营向品牌经营转变。

就是在这样的背景下，和君咨询受邀为陕鼓集团提供企业文化咨询服务。

2005 年 8 月，项目组初进陕鼓集团。很快我们就发现，这是一家优秀的企业：蒸蒸日上的业绩，文明有礼的干部员工，厂区里无人违规的斑马线，工间休息时整齐的广播操，客人进厂后就收到遵守禁烟规则的提醒……

在欣欣向荣的景象下，陕鼓集团的企业文化也正在迸发出蓬勃的生命力。2003 年，陕鼓集团就已经请西安当地的一家咨询公司编制过一版企业文化大纲了。经过多年的建设，陕鼓集团的文化已经足以成为很多企业学习的榜样。套路式的企业文化咨询，显然无法满足陕鼓集团的要求。项目组还有多大的操作空间？难道我们只能帮助陕鼓集团梳理一下文化理念，编个文化手册吗？很显然，表面的文化活力并不是陕鼓集团力邀项目组进驻的目的，那么如何破题呢？一个咨询项目，如何找到其价值和意义，找到这个项目的"魂"？

2. 帮助陕鼓实现战略转型为文化建设的突破口

经过反复讨论，项目组将目光从文化调研、文化大纲、制定落地计划这些套路中抽离出来，更多地开始思考陕鼓战略转型的命题。陕鼓战略转型，对员工提出了哪些新要求？全员如何统一思想？应当建立哪些新思维？各个模块面对陕鼓战略转型应树立哪些新理念？战略转型对文化的要求，才是项目的重点。项目一下子有了突破口，有了核心主线。

陕鼓将战略创新的目光从传统的技术和产品，转向了更为重要的经营模式，包括升级产业格局、拓展资源网络以及科学规划流程等。在传统制造业的经营模式下，员工做好本职工作即可，不用考虑太多发展的问题，这些自然有公司的高管们来操心。两个转变为企业换了一种发展思维，如果员工仍然停留在过去的思维模式和工作状态下，就无法完成战略要求的转变。怎样加深员工的理解，并让员工积极地参与这种转变呢？这成了关键的问题。战略的制定和实施不再是领导人的事情，员工的理解及运用成为战略落地的关键所在。

陕鼓就遇到了集体智慧跟不上战略发展、战略思维不能在公司内迅速普及等问题。为了此次战略转型，陕鼓发布了一个小册子，介绍了此次转型的背景和标杆研究，还在组织、业务方面进行了探索，取得了突出的成绩，但没有制定落地方案以明确各个领域、部门如何实施新战略。战略转型只能从高层的角度推动，员工自觉的认识和行动方面则开展非常缓慢。

所有高层努力推动的领域，成绩均比较显著。但领导无法过问的地方，一定会出问题。这造成了领导的亲力亲为和为琐事困扰。因为中层无法理解高层的思路，所以高层只能插手具体事务，甚至高管兼职中层，衍生出一系列的问题。不少高层忙于处理琐事，无法对所负责的领域形成工作思路。

高层如此，中基层的状态更加可想而知。大部分员工只是满足于完成本职工作，没有深入理解两个转变的思想，更无法应用于实践中。因此，集体思维的转变、工作原则的确立，是帮助战略进行落地的首要任务，这成为此次文化建设的突破口。

就此，项目组明确提出，两个转变的本质是思维和行为转变，也就是每一位员工能够自觉抛弃原来单线程、局部化的思维模式，按照立体化、系统化的新模式思考问题、解决问题，让新的思维和行为成为集体意识。项目组建议，把两个转变，贯彻到日常工作中，开放视野，用系统化创新思维指导行动。

工作时，把眼光只集中在任务本身，站在本部门、本岗位的立场上，以交差为标准，这就是单线程思维。现在公司鼓励大家从全局协作和内外部需求出发，站在服务对象的角度寻找任务背后的真正意义，客户和下序都是需要提前要考虑的对象，以赋予工作更丰富的内涵。

小案例 接待中的客户反馈及制度创新

陕鼓有一批专业的讲解员，专门负责为客户、来访人员等进行公司介绍、接待等工作。在普通的接待工作中，讲解员认识到，要机智、灵活地配合销售人员、技术人员来完成销售、服务过程，将企业全面地展示给用户。

有位钢铁厂的运行工人在参观过程中,向讲解员反映设备运行中的问题。办公室的负责人对此并不是简单地处理了事,而是就此建立了接待中心客户问题反馈表的制度,并协助技术服务部门,千方百计找到了这位工人,由技术部门解决了问题。用户感受到了陕鼓对问题的重视和积极的态度,也感到不管通过什么渠道来反映问题,都会得到解决,增进了合作信心。

项目组与陕鼓共同发掘和总结了大量思维转换产生优秀效果的案例,编写了案例集。通过这种方式,陕鼓树立了标杆,提供了思考问题的新模式。逐渐地,很多部门改变了单线程思维,建立了系统化、立体化、多视角思维和工作模式,超越了旧有的工作定义。

3.细化两个转变思想的内涵和要求

两个转变是一种高价值空间的蓝海战略,这种竞争对员工层面的要求也非常高。员工无法自觉实践新战略,一个重要的原因是不知道怎样做。因此,还需要对两个转变战略的落地系统等进行完善和细化。

首先是,如何"从出售单一产品向出售解决方案和出售服务转变"?这一转变明晰为:从自己有什么就卖什么的传统模式,转向根据客户需求提供方案和服务的新模式;改变以产品为核心的运营模式,转向"市场+技术+管理"的高端高效运营模式。通过战略研讨和培训,项目组总结了系统方案、整合资源、金融服务、后续服务、价值链延伸、产品创新、高端品牌等七种盈利空间,并纳入文化读本中。

有什么就卖什么,是一种很难改变的传统思维。原来的陕鼓是按部就班地生产产品,然后想方设法地卖给用户。企业转变思路,商业逻辑展开为"锁定客户关注要点—寻求关键技术—进行技术整合—自制或虚拟制造"。关键技术是具有高附加值的部分,低附加值的鼓风机是不是自己造,已经不是关键。思维一旦转变了,面对的客户和市场就更加广阔了。

"从产品经营向品牌经营转变"也逐渐明晰化:遵循品牌经营的规律,以解决方案与服务质量为基础,从产品、服务、员工、文化等方面构建完整的品牌体系。在这一思维的指导下,陕鼓建立起品牌员工制度,各部门的优秀员工突破了原有的等级工资限制,成为收入比部长还高的明星员工。依靠文化传播,提升品牌价值,陕鼓共获得了2个中国名牌、4个陕西名牌、4个西安名牌,品牌价值接近 200 亿元，在中国品牌 500 强中位居前列。

两个转变的战略还进一步分解为结构效率（结构效率大于运营效率）、模式创新（摆脱拼体力、拼设备的制造业旧模式）、价值链成长（市场竞争体现为价值链与价值链之间的竞争）、产业成长（把领导产业结构变迁当作未来阶段的主要成长方式）等几个发展思维，并明确了经营管理各个板块的工作重点。

其中，模式创新为陕鼓拓展了巨大的空间，2005 年陕鼓传统的自制加工完成产值不足 44%，其余的 56% 都靠"技术＋管理＋服务"、靠整合资源的新思路完成（其中，配套部分占 45% 以上，外协、外扩部分占 11%）。

2006 年，陕西省政府将陕鼓作为冲击百亿元规模的重点企业之一。当时陕鼓的产值尚不足 30 亿元，怎样在有限的时间内完成目标呢？2007 年，和君多年来倡导的资本经营观点与两个转变碰撞出了火花，第二个转变正式调整为"从产品经营向品牌经营、资本经营转变"。为了向品牌经营和资本运作转变，满足市场更高的要求，陕鼓设立了供应链融资服务平台，与技术协作网共同发挥作用，使得陕鼓、用户、金融银行、配套企业，形成利益共同体。

通过几年的努力，陕鼓的品牌形象、营销能力和资本运作能力得到了显著的提升。与此同时，陕鼓加大资本经营力度，与西安仪表厂、西安锅炉厂等企业合并，引入复兴集团、联想控股作为战略投资者。2010 年，陕鼓动力（601369）成功登陆国内 A 股资本市场，上市之后对新兴产业、参股控股公司等多元化投资更加长袖善舞，陕鼓打开了壮阔的发展格局！

4．构建战略导向的业务运营理念

在清晰了两个转变的内涵之后，最关键的内容是各业务、职能部门如何将自身的工作理念与战略统一起来，或者说，建立一个战略引领的运营理念体系，避免出现战略只是战略，各项业务仍然自行其是的现象。

陕鼓两个转变的战略新模式必然带来经营管理各领域的全面变革。文化工作组带领各业务领域的负责人和业务骨干，进行了多次研讨，深入分析了这种变革对原有业务产生了哪些冲击，提出了什么新的要求，带来了怎样的工作新局面。工作组还到市场上去了解客户对陕鼓的期望和要求，并将这些要求反映到工作理念中。几乎全部管理人员都参与了大讨论，对应公司战略的要求，重新梳理了工作指导原则，并固化为运营理念。

2006年初秋，为了确定两个转变战略在客户端的影响以及客户提出了哪些新要求，文化工作组特意安排了"云桂川"之行，对陕鼓的客户——柳钢、柳化、昆钢、云峰化工、攀枝花钢铁等公司的设备管理、车间工作人员进行访问。在访问过程中我们发现，他们面临的问题，主要表现在两方面：一是系统集成中包括的大量非陕鼓生产的配套产品出现问题，陕鼓的质量部门要不要负责；二是设备和机组真正的问题不是来自于产品质量，而是运行过程中的维护、设备之间的协调。

带着客户的反馈，通过与质量管理部门进行讨论，陕鼓提出了"以功能为目标，延伸质量体系"的理念：质量管理目标要针对客户的功能需求，延伸质量管理体系，上游到系统集成方案涉及的一切配套范围，下游到为用户提供的一切服务。这样，质量管理的外延已经远远超越本企业产品和出厂检验的范畴，在大力开展服务经济的形势下，拓展并覆盖到了整个解决方案系统。与此理念相对应，借助物联网和互联网技术，陕鼓开发了远程在线诊断系统。

小案例　理念拓展与云化服务

陕鼓强调树立系统服务理念，延伸服务领域，为用户提供值得信赖的一站式增值服务，建立"技术+管理+服务"的新型、全方位的服务模式。2006年挂牌的大型能源动力设备远程监测及故障诊断中心被誉为制造业服务水平的里程碑。截止到2010年11月，总网可对582家用户、228台套机组进行24小时在线监测及故障诊断工作，为客户提供精准的机组运行月诊断报告、各类故障分析报告，发送诊断报告数百份，解决重大运行故障百余起，各类维护检修故障数百次。近年来，该系统进一步扩展为陕鼓云服务，引入AR工业运营服务支持系统，成为陕鼓全面进入数字化时代的核心支撑。

在项目进行期间，所有重要的业务和职能部门，都分别组织了战略统领下的运营理念研讨，按照两个转变的战略要求，建立新的指导思想。通过大讨论，两个转变在一系列业务、职能领域得到了体现，大部分部门重新思考了自身的业务方向和工作原则，我们称之为三定：定位（本业务领域在公司战略中的位置）、定则（战略目标要求的工作原则）和定调（本部门文化氛围），围绕战略转变，形成了一个文化理念群。

"向上向善、优良风气创未来"的核心价值观，就是在三定的过程中，从人力资源部的部门文化中提炼出来的，而后创造、升华为集团的价值理念。如今，这一理念得到广泛的认可，甚至成为西安街头的宣传语。

经过2006~2007年的企业文化建设咨询项目，陕鼓全面焕发了文化激情，各项文化工作突飞猛进。2010年年底，和君咨询帮助陕鼓梳理了文化建设的路径和成果，系统研究了文化对战略转型起到的巨大推动作用。2011年1月，陕鼓获得"全国企业文化示范基地"称号，2013年，陕鼓获得"陕西省文化示范基地"称号。和君咨询与陕鼓的第一次结缘，取得了丰硕的成果。

二、第二次结缘，文化管理打造企业持续进化能力

从2006年和君咨询帮助陕鼓建立企业文化体系，到2015年，已经历时十年。十年间，市场发生了巨大的变化，国内经济增速放缓，冶金、石化、煤化工、制药等传统市场需求下降，西门子等国际行业巨头的本土化进程加快，国内同行杀向彼此的核心市场，新兴技术发展、制造业转移进一步对行业形成冲击，陕鼓也在这个阶段走向集团化、多元化发展。陕鼓需要突破、需要持续进化，原有的文化体系、文化管理模式也同样需要进化。

时任陕鼓董事长印建安将陕鼓存在的问题总结为：市场意识不到位、产业板块需要优化、赛马机制（集团所属不同业务板块之间的竞赛机制）动力要加强，最大的问题还是文化问题，缺乏激情和动力，经济转型造成的全行业困境中存在很多机遇，但组织内部跟不上，发展步伐慢，领导层虽然有很强的紧迫感和危机感，但青年员工群体追求个性的思想与陕鼓的传统文化发生了冲突；青年员工群体的数量越来越大，且将担负起陕鼓的未来，我们需要他们认同陕鼓文化，"怀揣子弹上战场"。

出于信任，陕鼓带着这些问题再次找到了和君咨询。很多陕鼓人都说，和君最懂陕鼓，和君最实在，和君的成果最符合陕鼓。在陕鼓与和君的再次研讨中，双方均判断陕鼓已经进入文化管理时期，对"文化建设"与"文化管理"这两个概念取得了共识——文化管理，要让文化成为管理常态，而不是运动式文化。文化建设时期，是探索，要快见效；文化管理阶段，是建构，要花慢功夫。公司存在两张皮现象，最急迫的事情就是要将文化管理切实纳入组织体系中，让文化工作伴随生产经营。

就这样，和君咨询的文化管理理论与陕鼓新时代的需求再次融合，双方达成文化重塑与文化管理的合作意向。项目从2015年5月开始，到2017年1月正式结束，历时一年半，搭建了陕鼓面向未来的文化管理体系。

1. 文化管理的总体思路

文化管理的出发点是对陕鼓文化进行理念升级，在此基础上设计文化管理模式。和君文化管理理论，将基于个体"知信行"的文化落地，上升到组织文化的管理模式层面。因此，本次项目沿组织、员工两条主线展开：在组织上健全母子管控体系（以亚文化管理或示范工程为主要方式），在员工方面完善行为体系（以驱动力模型为主要方式）。基于文化管理模式，明确各层级的工作职责，细化其在文化建设中承担的制度建设、文化专项要求，使各部门、各层级相互配合的流程和工作节点清晰化，构成联动共建机制。根据以上主要工作，进一步确立各项工作的目标、责任，产生考核项（见图18-1）。

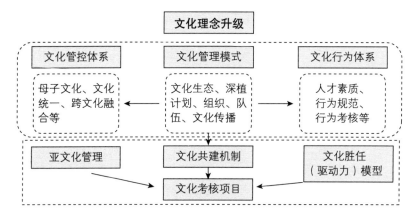

图18-1　文化管理项目的总体思路

与传统文化项目以文化理念为核心不同，文化理念仍是文化管理的工作起点，但围绕文化管理的模式打造，重在机制、重在体系、重在制度。

2. 陕鼓二次战略转型背景下的文化理念升级

2015年，陕鼓模式经中央电视台《大国重器》及各类媒体的介绍和推广，获得了较大范围的公众认知。在2015年行业下行期，公司利润甚至为全行业其他企业之和。但鼓风机天然是一个小行业，陕鼓全年营业收入最高为2013年的

73亿元，到2015年下降至48亿元，这样的规模并不令人满意。陕鼓在部分人均指标上超过了GE、西门子，但是在总体规模上，只相当于国际巨头的三四级子公司。这个问题，同样萦绕在陕鼓人心头。

2016年，基于多年来在流程工业领域积累的经验，以及在废水处理、固废处理、余热回收、能量转换等方面具有的技术优势，陕鼓决定重新排兵布阵，从300亿元市场空间的风机行业，进入万亿元市场空间的分布式能源行业。项目组意识到，这次重大的战略决策，将对整个项目带来深远影响。尽管按照工作计划，项目周期已经接近后半程，文化管理的核心框架已经搭建完成，但项目组秉持对客户负责任的心态，立刻组织力量，深入研究分布式能源课题，对陕鼓原有文化理念体系进行重构（见图18-2）。

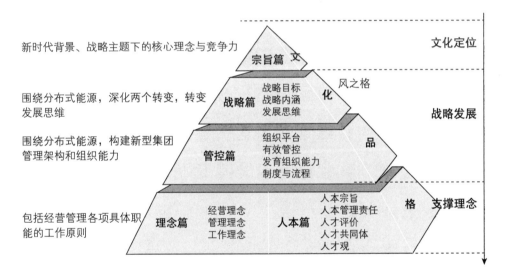

图18-2 以战略转型"分布式能源"为导向、以"客户需求为中心"的文化金字塔

新文化理念体系是一个客户导向、战略统领、富含时代精神的文化纲领，具有如下特征：

（1）客户深度驱动并参与、实现跨界与融合新平台的经济新形态正在形成，新文化以客户为导向，打造全员全面转身面向客户、创造价值的市场化组织。

（2）以分布式能源战略为统领，在战略层面对智能制造、数字化、"互联网+"、宏观经济转型的机遇进行融合。

（3）实现"专业化+一体化"互为支持的良性循环，以智慧和绿色推动陕鼓从硬件向软件、从产品向服务、从本地向云端三种至关重要的转变，成为围绕客户需求的动态资源配置的绿色生态圈和共同事业平台。

（4）在风格上抓住年轻一代员工的心，深入研究新时代员工的诉求和适合的管理模式，在员工中激发创业精神、工匠精神、赛马精神，唤起"合伙人"责任，明确对自我管理、自我激励、自我发展的要求。

3. 布局文化管理全局，构建集团文化管理模式

受陕鼓进军分布式能源行业的启发，项目组创造性地提出了"分布式＋一体化"的文化管理原则，聚焦陕鼓文化管理模式的核心问题：陕鼓品牌文化部从原来单体企业（原来的分子公司基本上都是生产鼓风机或配套产品的同质企业）的文化实施部门，转变为具有战略视野、推动文化变革的文化管理部门，同时提供文化工具、文化分析，开展文化专项行动，将文化实施工作下移到分子公司，同时进行文化规范和指导，形成"一个陕鼓"的优秀文化。

该模式要求品牌文化部门转变管理职能，从"我要做"变成"我来管"，加强对分公司和子公司（赛马团队）的管理、监督、指导，并从分公司和子公司、职能领域、专项文化等三个方面推进亚文化建设。分布式能源战略将催生更多新的业务领域，文化管理也将呈现分布式特征，业务单元的文化工作者要深度理解经营需求，以文化服务来支撑业务单元的增长和战略落地（见图18-3）。

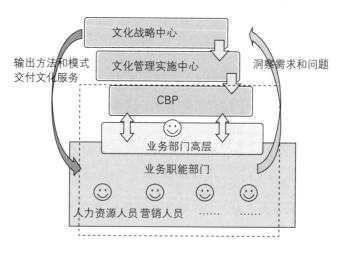

图18-3 借鉴"HR铁三角"思路的陕鼓文化管理模式

为了陕鼓新的文化管理体系顺利落地，项目组编制了文化管理手册，明确了各部门的职责、相互关系、流程和操作节点，包括对文化工作者的素质要求。通

过体系化的管理，让文化管理可持续、不间断、成体系，帮助品牌文化部熟练应用、维护、更新文化管理系统。

4. 全面开展亚文化及文化示范工程

亚文化建设是整个文化管理中的重头戏，实施主体是各业务单元。项目组将现有三个维度的亚文化，包括：①赛马团队和部门文化；②安全、生产、质量等由相关部门主管但面向全局的专项文化；③文化核心理念派生出来的感恩、责任、创新等子文化，纳入系统管理，建立亚文化管理的方法论体系。

借鉴陕鼓被评为全国、省示范基地的办法，陕鼓集团对亚文化也进行了示范工程管理，建立"多级联动、分层管理"机制。示范工程是承接组织文化落地到基层的重要环节，是企业文化建设和管理的优秀典范和排头兵。对亚文化的评估、考核和经验推广有助于陕鼓文化管理模式的成型。

示范点管理是一种以点带面的改进方式，关键是树立典型并交流各自经验。随后，文化管理部门要能够在企业整体层面上对各个散落的点进行消化吸收，并进行贯彻推广，推动优秀示范点的亚文化交流。

多年来实行的赛马机制促进了竞争，减少了协作，强化了原来就存在的部门墙。有些部门开展专项文化工作的时候，存在过于依赖品牌文化部门的情况。因此，开展亚文化建设，对亚文化进行系统管理、纳入集团一盘棋是非常重要的举措。项目组在实践中，协助陕鼓开展了研发团队亚文化、廉政亚文化的示范点建设。亚文化工作产生了良好效果，在产业团队中营造团队文化氛围，激发了业务团队的工作激情，增强了集团产业发展的协同度。

亚文化还有两项延伸工作，一是结合巡回检查制度，项目组帮助陕鼓完善了文化考评制度、确定文化监测指标、规范考评流程，对现有文化审计制度也进行了完善，开展文化检查，并建立沟通机制和申述制度；二是对陕鼓收购国内外公司的文化融合、社会招聘员工的文化融合，进行了工作规范。

5. 创建陕鼓文化驱动模型，建立以人为本的管理体系

在2016年更新的文化体系中，文化管理体系建设要解决的一个关键问题就是：新战略、新智慧、新能力，如何固化为员工素质的提升？项目组以分布式能源战略、核心价值观、高端能力为基础，构建了陕鼓文化驱动力模型，将战略与

文化的要求细化为对员工素质、能力和行为的要求，建立价值观－岗位素质－员工行为一体的机制，把文化细化为具体工作、让员工真正认同和自觉践行价值观，推动文化真正落地。

陕鼓文化驱动力模型以市场和客户为导向，贯彻客户第一的理念，强调组织能力建设，适应员工群体的时代特征，将个人成长与组织成长、客户成长融为一体，并突出干事创业的高端能力建设。该模型共有四类素质族群（见图18－4）。

成就客户	成就组织	成就事业	成就个人
·关注客户 ·优质服务 ·创造价值	·绩效驱动 ·协作共赢 ·学习变革	·策划能力 ·资源整合 ·创业精神	·责任担当 ·自我驱动 ·工匠精神

图18－4　陕鼓文化驱动力模型

四大类素质，细分为十二种核心能力，各种驱动因素有五个层级的具体表现用以量化考察公司员工的素质、表现、发展情况。

文化驱动力模型的评估结果可用于价值观管理、高端能力发展提升、培训与发展、招聘与选拔、绩效提升等。公司根据这些模型建立标准化的员工培养团队，树立榜样角色，为员工的学习与成长提供标准化服务。各级部门和员工均可参考《陕鼓文化驱动力素质提升指南》，用于战略文化导向的能力提升。

三、启示：文化管理模式的创新与探索

我国有相当数量的企业，其文化面临着共同的难题：企业建立了文化体系，开展了一定程度的文化实施和落地工作，但是仍然呈现文化与管理两张皮的现象。文化以各种形式的活动和理念的形式存在，更像一种运动，做完了文化体系、文化活动，不知道接下来该干什么。企业文化也就失去对员工的号召力。

企业文化可以划分为三个阶段：第一个阶段是文化建设阶段，通常要花一到

两年的时间形成文化理念和组织体系；第二个阶段是文化实施和落地的阶段，需要花三到五年的时间，让员工认同、熟知文化；第三个阶段是长期的、潜移默化的文化管理阶段，将文化有机融入经营管理当中。

由于不少企业没有能够坚持开展文化工作，或者不得其法，所以很多人认为文化就是口号、活动。文化被迫停留在前两个阶段，甚至不断循环。假如文化文本确实不好，或者新阶段、新领导带来或需要新理念，那么我们可以进行完善。但是，企业如果反复地提炼企业文化，做文化落地，员工会感到折腾。

治大国若烹小鲜，组织一定要考虑怎样让文化和管理相结合。这个文化管理，是狭义的文化管理，指将企业文化的理念渗透到各项管理职能中，让企业成员自觉地按照企业文化的指引从事经营管理活动。它有两个前提：第一，企业有成熟的文化体系；第二，企业大部分成员能够了解企业文化的理念。

那么，企业文化落地与企业文化管理是不是一回事呢？理论上是一回事，但实际上这两个阶段被人为分开了。大部分专家和管理人员认为：文化落地的基础理论是脱胎于组织行为学中态度理论的"知信行"模型——员工知道、相信再遵从文化理念。其核心是个体，就是让人执行企业文化。但仅仅停留在人的层面是不够的，所以我们就要将文化从个人层面转移到组织层面，形成整个公司的组织能力，并进而以自身的经营成果与社会环境形成良好互动，即实践中文化管理的本质在于通过价值观在管理领域的应用产生良好的社会影响，实现人、组织、社会的和谐统一和全面发展（见图18-5）。

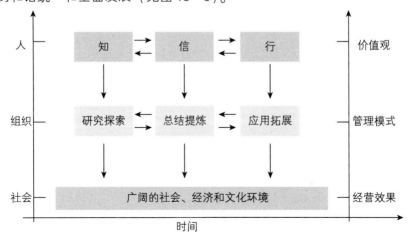

图18-5　文化管理中人、组织、社会三个层面

此外，文化管理还要将文化从文化活动转移到管理层面，文化工作者不能只做文化的事情。企业文化是观察企业的一个窗口，所有企业中的问题，都能通过企业文化反映出来。企业文化工作者要习惯，企业无论发生什么事情，都从文化的角度去剖析，分析文化出了什么问题，文化的四个层面出现了什么问题，四个层次之间出现了哪些矛盾。我们把文化还原到管理本身就是做这些工作，把文化真正当成管理的一个帮手。

文化管理，是和君在 2010 年提出的理论和概念。陕鼓文化管理项目，是我们首次长时间、深度扎根企业完成文化管理产品的构建项目，这个项目的成果，对于文化咨询来说，具有划时代的理论和产品创新意义，彻底将企业文化咨询与文学创作、文化活动划清了界限，让文化回归于管理的一种手段、一项职能。

第十九章
全国性著名公司的企业文化建设
——华润雪花啤酒

作者：李岩

啤酒是人类历史上最古老的酒精饮料之一，其历史可以追溯到公元前3000年。19世纪末期，啤酒被引入中国，如今我国已经成为最大的啤酒消费国，2018年总消费量为488亿升，平均每人消费约35升。

小小的啤酒，其实蕴含了大大的学问。啤酒的生产原料是麦芽、水、啤酒花、酵母，这些并不复杂的原料却能变成各种美味的啤酒。啤酒的几种典型风味包括纯正、柔和、醇厚、爽口、杀口等，好啤酒应具有的风味特点包括色泽、泡沫、香气、口味、口感，啤酒品评酒温为 10～12℃ 为宜，建议日常饮用时也在此温度。啤酒按生产方式可以分为鲜啤酒，生啤酒，熟啤酒；按啤酒颜色可以分为淡色啤酒，浓色啤酒，黑色啤酒；按口味可以分为淡爽啤酒（雪花、青岛、燕京、百威），醇厚啤酒（喜力）；按包装容器可以分为瓶装啤酒，罐装啤酒，桶装啤酒；按发酵方式可以分为上发酵啤酒（艾尔啤酒Ale），下发酵啤酒（拉格啤酒Lager）和混合啤酒（结合了前两种酿造工艺的Hybrid Beer）。除此之外，还有几种特殊啤酒，包括：干啤酒（干啤）、冰啤酒（冰啤）、低醇啤酒（或无醇啤酒）、小麦啤酒（白啤酒）、浑浊啤酒、果味啤酒（果啤）等。

啤酒在我国属于舶来品，我国的啤酒产业是从二十世纪80年代开始迅速发展的。1993年，我国的啤酒产量超过德国，2002年，我国啤酒销量达到2347万千升，超过美国成为全球最大的啤酒生产国。拉格啤酒（即工业啤酒，可提升生产效率、口味）是我国啤酒市场的主要销售类型，因此吨酒价格会大大低于其他国家。由于相当长一段时间里清爽型啤酒占据主流，导致我国国民饮用啤酒普遍浓度较低。

啤酒制造业有以下几个典型特点。

第一，啤酒制造业是较为传统的行业，从全球范围看已有近五百年历史。

第二，行业有明显的规模经济特点，生产规模越大，协同效应随之增加，生产和营销成本就会降低，竞争能力也就越强，获利水平越高。

第三，啤酒制造业是资本和劳动力密集型行业。

第四，啤酒是低酒精饮料，有保质期和保鲜（新鲜度）要求，口味和口感是重要的质量标准，不适宜远距离运输，运输半径受限。

第五，啤酒是快速消费品，消费者众多，饮用频次高，饮用量大，产品价格相对低廉。

以上特点，再加上我国啤酒行业销量大、利润低的特点，最终决定了这个行业竞争激烈！

本案例讲述的就是在这样的竞争环境中，雪花啤酒如何进行企业文化重塑，借助文化的力量，在一片红海中突围的故事（见图19-1）。

图19-1　华润雪花啤酒企业文化重塑项目

一、项目背景

华润雪花啤酒（中国）有限公司自1994年成立，通过一系列收购兼并，以及大力拓展市场，到2006年已经成为全国销量第一的啤酒品牌，根据Euromonitor的统计，2017年雪花啤酒销量在全球啤酒行业排名第四，市值在全球排名第九（截至2018年5月11日），位列中国第一。2018年，雪花啤酒收购喜力在华业务，全面进军高端啤酒市场。

然而全国销量第一并不意味着可以稳坐钓鱼台，在行业早期，大家通常以"资本+并购+整合+地面"的"快速推进+大一统"的品牌模式来发展，发展模式比较粗放。这种模式发生的基础建立在经济和行业快速发展的基础上，但是从 2012 年开始，中国啤酒行业就进入了另外一个阶段，重视产品品质、品牌、消费场景等要素，开始呈现年轻化、个性化、线上化、网络化的趋势，这些成为市场的主流。

在雪花啤酒的发展史中有一个说法：雪花啤酒是靠并购起家的，雪花啤酒的发展就是"买买买"。事实上，并购只是雪花啤酒扩大产能的方式之一。开始时，并购能带来一个新的市场、一个快速扩张的产能、一个不错的团队。然而随着企业的不断发展，并购不再是最好的办法。可收购对象越来越少，收购成本越来越高，收购对象带来的优质资源越来越少，潜在问题越来越多。在这种情况下，雪花啤酒逐渐增加新建市场的比例，承继销量比例约 37%，开发市场增加销量比例达到了 63%。

中国的啤酒企业，做大之后如何做强是大家都非常关注的问题。面对外资啤酒品牌不断涌入，中国本土市场的品牌竞争日益激烈。作为一个央企控股企业，在啤酒这个完全竞争性的行业，尤其当这个完全竞争市场里的很多玩家来自世界各地的时候，竞争就已经不是当初雪花啤酒和青岛、燕京啤酒之间的竞争，而是百威、嘉士伯等外资品牌与本土品牌的竞争。

我国前五大酿酒商市场占有率达到七成，龙头企业间竞争处于白热化状态，排在第一的雪花啤酒和排在第二的青岛啤酒两者市场占有率之和不到四成，在如此胶着的市场环境下，即使是头部公司短期内也很难获得主动定价权。如果未来的 5~7 年，雪花、青岛啤酒在高档酒市场上发展不起来的话，大家都将面临衰落的危险，行业就会变成被百威这种外资巨头独霸的局面。雪花、青岛啤酒都会变成"小"企业，一千多万千升产能将来可能只有六七百万千升产能能够释放，到那时，像百威这样的巨头盈利水平可以达到百亿元级别，而雪花啤酒只有十亿元级别。

面临如此严峻的形势，如果不转变，雪花啤酒很可能丢失现在的行业地位，更不用谈什么美好的未来。因此在啤酒行业的转型期，雪花啤酒重新进行了定位：雪花啤酒应该成为啤酒行业的领导者，引领啤酒行业的发展，雪花啤酒必须以行业领袖的定位来规划公司的发展，这是雪花啤酒在新时代的重要转折点。

2018 年 3 月 18 日，在勇闯天涯 SuperX 发布会上，总经理侯孝海说："啤酒行业未来的趋势是品牌价值化、产能集中化、产品升级化、运营数字化。企业发展的动能从并购整合、规模扩张、品牌统一、管理改进，彻底转变为消费升级下的大品牌群、个性化价值化的单品群、大工厂下极致化的生产效率和智能制造、移动互联网下全方位信息化的管理。"

就在这一天，雪花啤酒"二次创业"之战打响了。除品牌重塑外，雪花啤酒组织再造、产能优化、营运变革、渠道改造、玻瓶管理、精益销售、企业文化重塑、信息化升级等八大重点战略举措陆续推进，希望用 3~5 年的时间，在行业的"最后一战"中取得理想的成绩，占领有利的"制高点"，将雪花啤酒建设成为国际一流的啤酒公司。

雪花啤酒一路拼杀，过关斩将，超越了青岛、燕京等老牌啤酒企业。在这个过程中，始终贯穿着一种精神，一种实实在在地融入"雪花人"骨子里的精神。面临"二次创业"，这种精神能不能支撑雪花啤酒再一次地创造奇迹呢？强大的"企业文化和团队建设"是战胜一切的力量，雪花啤酒的管理团队深谙此道。因此，经过慎重选择，雪花啤酒决定与和君咨询联手，开启企业文化重塑的征程，用文化的力量，助力雪花啤酒成长。

二、发展中的问题梳理

雪花啤酒成长的过程可谓异彩纷呈、惊心动魄，和君咨询的项目组刚开始做项目时，就被雪花的故事深深地吸引了。

1993 年 12 月 1 日，在时任华润创业总经理宁高宁、执行董事黄铁鹰的运作下，华润创业收购沈阳啤酒厂，成立沈阳华润雪花啤酒有限公司。进入啤酒行业之初，华润虽然并不能预知日后的雪花啤酒会成为中国最大的啤酒公司，但已经提出了"在啤酒业占领一强之地"的奋斗目标。雪花啤酒成立时订立了三项基本制度：在没有董事会的同意下不许给别人担保，不许借钱给别人，不许做啤酒之外的生意——也正是这三条原则让华润认认真真开始了啤酒生意的经营。

雪花啤酒最初的业务扩张靠的是并购，依靠"蘑菇战略、沿江沿海战略、全国布局战略"迅速扩张。然而在并购扩张的过程中，以被并购企业老班底为主的管理团队屡屡出现问题，最后华润创业董事会不得不采取壮士断腕式的手段来解决问题。以大连工厂为例，原管理团队最终只留下了一个 30 岁左右的、酿造专业的大学生，一时间，老工厂的员工们突然觉得自己"不会玩儿"了——做啤酒不是按经验而是得按流程一步一步走，投料不能"差不多就行"而是要称重，做销售的员工不只要会卖酒还要看得懂报表……就这样，奠定了雪花啤酒凡事较真讲理务实的风格。

随着并购扩张，企业不断拓展，雪花啤酒的管理者们以东北为根据地，转战四川、天津、安徽，直至全国……不知从哪一天起，雪花啤酒开始流行一句话——打起背包就出发。雪花啤酒的管理者们经常会遇到这种情况，第一天被领导叫到办公室安排了新的工作，第二天一早就在新的省市进入了工作状态，此后的十几年再也没有回到家所在的地方工作。一个数据可以说明他们的敬业程度、职业程度：雪花啤酒的高层管理者异地工作率在90%以上。

"每一个人都不简单，每一瓶酒才放光彩"，侯孝海总经理曾在谈及这句话时感慨："这句话特别好，真正解决了人与企业的关系，解决了人的问题，文化最终都要解决人的问题。这句话说了二十多年，从一两个人说到每个雪花人都在说、在做，这已经成为雪花的精神。"

采用与中国传统文化有密切关联的元素是雪花啤酒容易被识别的一大特色。雪花啤酒的LOGO采用中国独特的剪纸艺术风格，并将天然"雪花瓣"图案植入汉字"雪花"中。戏剧脸谱、中国印章、书法笔触、古建窗洞等独一无二的中国元素出现在不同档次的产品包装上，将啤酒这种舶来品与中国传统文化完美结合，雪花啤酒成为具有浓浓中国传统文化情结的啤酒品牌（见图19-2）。

图19-2 与中国传统文化密切关联

这样一家优秀的企业，值得每一个咨询师尊敬，更值得每一个咨询师为解决其问题而全力付出。和君咨询的项目组进场后，本着对客户负责任及尊敬的态度，对雪花啤酒进行了系统调研，走访了10个省，回收了4万多份问卷，形成了几十万字的访谈笔录，最终梳理出发展中的5个主要问题。

1. 历史文化与"二次创业"的匹配问题

雪花啤酒在 20 年多年的发展历程中，在各个区域公司、各个管理组织、各个发展阶段都形成了很多、很好的企业文化，这些文化是推动雪花在过去三四个战略阶段取得胜利最重要的内部推动因素。这些文化也许是散落的、片段式的，甚至是语言式的、口头式的，却在历史中承担了很重要的任务。但是"二次创业"的雪花啤酒需要思考的一个问题是，这些文化是否能继续支撑雪花啤酒进入新的阶段？哪些需要传承？哪些需要放弃？

雪花啤酒形成的文化积淀建立在规模化发展的基础上，面对激烈竞争与规模的快速扩大，形成了简单务实、结果导向的特征，但不足以支撑未来的高质量发展，在高端化、互联网化、国际化方面明显乏力。以国际化为例，作为一家央企，华润集团始终将雪花啤酒作为一个市场化的公司来打造，希望雪花啤酒能够代表中国啤酒品牌走出去，到国外市场去历练，不断加快华润的国际化步伐。雪花啤酒也进行了国际化的尝试，但并不成功。一方面，中国的啤酒文化对国际的啤酒文化来讲，是一个"弱啤酒文化"，要想用一个"弱啤酒文化"去影响国外的"强啤酒文化"，难度非常大；另一方面，管理团队的国际化探索能力不足，雪花啤酒的管理团队过去都在深耕中国市场，对国际市场不了解、对国际市场的消费习惯不了解、对国际市场的行业不了解，背后的管理文化、管理的体系不支持国际化管理的要求。

2. 人才问题

在过去的发展过程中，雪花啤酒的人力资源系统取得了一定的工作成绩，也在相当程度上有力地支撑了雪花啤酒的业务发展和战略达成。雪花啤酒对人才一直秉持开放的态度，不唯学历和资历，注重能力和潜力，并且包容离开企业后又返回工作的员工。在人力资源培训开发方面，雪花啤酒也进行了大量投入，在内部建立起适合企业特点的分层分类的人力资源开发、培训体系，如"三级领导"培训班、"三个驱动轮"培训班、HR 培训班等。

2017 年，雪花啤酒全面开启了公司有质量增长、转型升级、创新发展的篇章，完成了"五年战略发展纲要"和"各区域五年战略规划"，但一些工作推进过程并不简单，比如组织再造、产能优化，这些都是涉及员工利益的大事，处不好会产生不良的影响。哪些人是企业该留住的？怎样实现人员减少但效益增加？"二次创业"的雪花啤酒需要什么样的人？价值创造、价值评价、价值分配的依据是什么？

啤酒行业是以绩效论英雄的行业，销售业绩是公认的评价标准。雪花啤酒正在低端竞争的泥沼中向中高端市场发力，向国际市场竞争发力，其人才的定义就必然要赋予新的内涵。

3. 沟通问题

雪花啤酒业务覆盖全国，从地域上分为 17 个区域，从业务上分为大区职能管理、工厂、营销中心，从发展历史上分为被收购的老厂和新建厂，亚文化差异明显。

雪花啤酒业务覆盖除台湾省外全部的省级行政区，尽管高层领导可能来自异地，但中层以下基本以本地员工为主，受地域文化、本地营商环境等因素影响，各区域的管理风格、组织氛围也存在差别。

从业务来看，工厂更强调流程、秩序、执行力，强调质量与效率；营销则注重人际影响与应变能力，强调业绩。

从成立历史来看，有些酒厂已经有八十多年历史，其历史文化成为雪花啤酒现有的企业文化因子；有些刚刚被收购，还带有原股东的文化烙印，与雪花啤酒现有文化存在相融的问题；有些是雪花啤酒新建的厂，从成立之初就带有鲜明的雪花啤酒风格。

从员工构成来看，有些处于生产一线的员工文化素质较低，而很多处于管理岗的员工具有很高的教育水平；有些员工是雪花啤酒培养出来的，有些员工是社会招聘来的，受原企业的影响很深。

从层级来看，随着管理链条的增长，高层领导与基层员工接触的机会在减少，层级之间的距离越来越远，高层领导无法及时了解基层员工的想法，员工也越来越难以领会高层的意图，全体员工对企业未来的发展前途、价值取向等方面达成共识的难度越来越高。

亚文化的复杂性导致了沟通障碍，无法统一思想、统一声音，这种现象在雪花啤酒身上也开始显现了。

4. 成长问题

2006 年至 2016 年是雪花啤酒收获的十年，雪花啤酒逐渐拉大与竞争对手的差距，完成了全国布局。2017年，雪花啤酒总销量达到1182万千升，较去年同期上升0.9%；全年实现营业收入297亿元，较上一年度增长3.6%，连续12年销量排名国内第一。完成全国布局后，雪花啤酒基本完成了对中国内地的并购扩张，具备了放眼世界市场的资本。

与此同时，啤酒行业已经进入了一个新时代，消费升级为产品升级提供了上升空间，行业发展的方式正在发生巨变。在品牌提升方面，随着消费升级的提速，用户对高档啤酒的消费需求越来越大，品牌重塑也成为重要课题。

销量已经成为全国第一的雪花啤酒，在这种大环境下，下一步也必须实现高质量增长与国际化发展。那么如何重新定义企业的使命？如何给全体员工描绘一个新的蓝图？发展中要坚持的原则是什么？如何让企业在做大的同时还能保持小企业的灵活性？如何从思想上与国际化相匹配……

种种问题都表明，雪花啤酒的文化重塑，不是一件简单的事情！

三、对企业文化及雪花问题的思考

和君咨询对企业文化建设一直都有深度的研究，根据研究成果，项目组把中国的企业文化建设大体总结为三个阶段。

第一个阶段是文化1.0时代，始于二十世纪80年代。CIS的概念传入中国大陆，成为企业形象系统化建设的理论体系。在当时企业的概念中，CIS等同于企业文化，但由于引进CIS的过程是以视觉识别（VI）为主，理念识别（MI）和行为识别（BI）相对弱化，CIS在品牌形象建设中的作用大于内塑人心的企业文化，导致出现外强中干的情况。

从二十一世纪初期开始，文化进入2.0时代。此时，越来越多的企业家认识到，企业文化不应该只是喊喊口号，文化只有真正影响到员工的行为，并转变为生产力，才能真正产生作用。CIS的"视觉型企业文化"热潮逐渐降温，企业开始思考如何由内而外建设真正有生命力、有竞争力的企业文化。随着中国企业对西方管理理论的接受程度加大与实践逐渐深入，埃德加·沙因的文化层次理论、彼得·圣吉的组织文化模型等科学系统的企业文化理论被引入中国，带来了中国企业的又一次企业文化建设浪潮，企业文化建设的第二阶段到来。这一阶段企业文化工作的特点是以组织行为打造为主的"文化管理"。运用企业文化诊断工具，对组织氛围、员工诉求进行科学的、可量化的测评后，给出文化转变方向，并提供系统的方法论和工具进行组织文化变革。

随着互联网时代的到来，企业文化开始进入3.0时代，以西方管理理论为主的企业文化体系受到了冲击。西方管理理论脱胎于工业革命，主要解决工业化大生产中人机配合的效率问题，而互联网时代更加强调人的主体作用。在东西方文化基础与文化信仰的巨大差异、互联网时代企业文化稳定性与延续性变弱、中国的"独生子女"成长过程中接受的价值导向等各种因素的综合作用下，西方管理的经验已经无法为中国企业提供借鉴作用。在这种情况下，中国企业需要探索出属于自己的企业文化管理之路，企业文化建设的第三阶段到来了。

很显然，雪花啤酒对企业文化咨询的需求是如何适应未来、拥抱世界，也就是我们所说的文化3.0时代，这一阶段的企业文化工作最大的特点是匹配战略、服务业务，从形而上的企业哲学，落实到实实在在的管理中。而这个阶段，还没有成型的方法论或模型可以用，也没有匹配的标杆可以借鉴，每家企业的文化基于解决当下的问题，都极具个性。

四、雪花啤酒企业文化内容总览

雪花啤酒原有企业文化以及企业文化的建设模式，均不足以支持"二次创业"，项目组建议雪花啤酒首先确立基本的规则，也就是解决共同的核心价值观问题。

彼得·德鲁克对企业管理的定义是：企业管理就是界定企业的使命，并激励和组织人力资源去实现这个使命。界定使命是企业家的任务，而激励与组织人力资源是领导力的范畴，两者的结合就是企业管理。他提出了企业管理的三大任务。

1. 设定企业组织机构的特定目标和使命。
2. 确保工作富有生产力，并且使员工有所成就，产生效益。
3. 企业管理组织机构产生的社会影响和应承担的社会责任。

在这个理论基础上，项目组认为雪花啤酒的企业文化要阐释以下三个基本命题。

1. 雪花啤酒是做什么的？
2. 雪花啤酒要做什么？

3. 雪花啤酒应该怎么做？

结合行业分析的内容、雪花啤酒面临的现实问题以及过去的文化基因和底子，最终，项目组确定了雪花啤酒企业文化的四个基本命题。

1. **追求命题**。一直以来，支撑雪花啤酒发展的根本动力是什么？这种动力来自于华润集团文化的传承，也来自于"雪花人"的使命感。

2. **员工价值命题**。雪花啤酒对员工的评价标准是什么？企业所处的行业是一个既需要吃苦，又需要快速成长与适应的行业，有价值的员工应该兼具勤奋、专业、成长的特质。

3. **组织氛围命题**。雪花啤酒要打造一个什么样的组织？这个组织在应对未来的发展环境时，要如何拥有海纳百川的包容、学习反思的能力、简单坦诚的沟通氛围。

4. **经营理念命题**。雪花啤酒未来经营的原则是什么？把客户先落到实处，具有持续进步的能力，围绕能够创造价值的事开展工作。

围绕这四个基本命题，项目组与客户展开了一轮又一轮的探讨。首先是联合项目组进行探讨：咨询公司有理论基础、案例经验，客户了解自己的实际，有解决问题的经验。按理说这样的合作应该是非常完美的，但面对这样四个全新命题的时候，双方经常陷入争吵甚至僵持状态。项目组前后两次把雪花啤酒的高层领导集中到一起，采取工作坊的形式，进行了累计5天的封闭研讨，让每位领导在畅所欲言的同时，倾听他人的意见。就是在这样的吵吵闹闹中，客户方尊重咨询公司专业意见，咨询公司本着尊重客户实践经验的原则，大家最终达成了一致，形成了文化核心的初稿（见图19-3）。

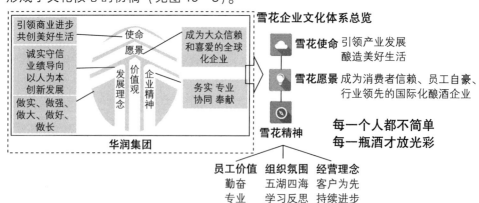

图19-3　雪花文化的核心内容

五、文化建设的过程，就是落地的过程

对于企业文化咨询而言，咨询的过程就是企业文化落地的过程。企业文化咨询项目的产出成果，绝对不是一堆简单的报告，而是通过对整个咨询过程的有效控制，把文化的提炼与落地完美地结合起来。因此，在雪花啤酒企业文化重塑的项目中，从启动阶段开始，项目组就明确了一个基本原则：企业文化必须来自于企业，回归于企业，和君咨询坚决不做卖报告式的企业文化咨询。

企业文化落地必须要经过"软性"的宣传和"硬性"的管理才能真正产生实效，一方面通过文化氛围的建设，提升企业人文气息，增强凝聚力；另一方面通过将企业文化与经营管理体系相互融合，促进企业管理质量与效率的提升。企业文化落地工作二者缺一不可，而具体的工作方法则依靠和君咨询独特的落地工具及方法论体系（见图19-4）。

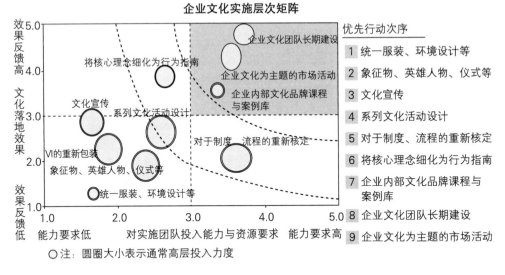

图19-4 企业文化实施层次矩阵

1. 培养了一批企业文化"火种"

文化落地，显然不能仅仅依靠现场的咨询顾问。咨询项目是有周期的，项目结束以后，顾问就会逐步离场，后期落地谁来负责？最终还是要客户的员工深度参与、理解整个文化的建设过程。但是要求全员都达到同一水平，都能实现对企

业文化的深度理解并支持，这显然是不现实的。让一部分优秀的员工先参与进来，成为火种，再把这些火种散出去，实现文化的大范围、大面积传播，直到最后全员认同，这才是可行的做法。

因此，从项目启动开始，直至项目结束，始终有一大批雪花啤酒优秀员工及基层管理干部与项目组共同工作，开展了按层级、职系、区域等划分的二十多场次工作坊，参与了问题梳理、解决思路、文化体系研讨及修订、文化践行等各个环节的研讨。当项目结束时，这批参加工作坊的员工已经成为宣传和践行雪花啤酒文化的骨干。

难能可贵的是，雪花啤酒长期以来形成了务实的工作作风，全体高层领导能够放下繁忙的工作，通过前后累计五天的封闭研讨，使雪花啤酒的文化理念与行为要求在高层中达成了高度共识（见图19-5）。

图19-5 封闭研讨

在文化成果形成后，和君咨询为雪花啤酒开展了赋能培训及认证，培养了101名文化宣贯师（见图19-6）。

图 19-6 文化宣贯师

2. 形成了一批企业文化故事

企业文化落地很重要的一个举措就是讲好文化故事,用发生在员工身边的故事诠释企业文化。雪花啤酒企业文化故事采用征集模式展开,征集故事的过程,本身也是宣传、提炼企业文化的过程,许多感人故事在这个过程中被一一发现。

在为雪花啤酒培训及考核企业文化内训师的过程中,有一个来自一线的员工,在第一次考核中没有通过。我们很清楚,在我们设计的培训课件中有一些理论知识是一线员工从没有接触过的,也很难讲明白,我们就要求他讲讲身边的故事,这时候他一改紧张的状态,声情并茂地讲述了在他同事身上发生的一段故事。

有一次这个同事要给经销商送酒,但是早晨出门的时候看到大雪已经封路了,车子根本没法开,但是他答应经销商当天要把酒送到。于是他借了个爬犁装上酒,自己拖着它,早晨出门,走到晚上九点终于把酒送到了经销商那里。

这样的故事还有很多,这些让我们看到了一个优秀的企业成功背后的文化力量。

结合雪花啤酒的企业文化体系,在文化的每个维度上,我们都找到了具有典型行为特征的故事,让企业文化更加鲜活(见图 19-7)。

勤奋的故事——
《疏通送酒线》

五湖四海的故事——
《融合》

专业的故事——
《花甲之年，初心依旧》

成长的故事——
《多了一个"服务员"》

学习反思的故事——
《发票的问题》

简单坦诚的故事——
《冒犯专家》

图 19-7　企业文化故事

3．雪娃与答题系统的乐趣

在文化落地的过程中，项目组为雪花啤酒规划了一系列企业文化载体，其中最吸引年轻员工的要数吉祥物雪娃和企业文化答题系统。

企业文化生动化的载体就是吉祥物，用拟人的形象设计一个"企业文化大使"，让它随时出现在员工的工作、生活环境中。雪花啤酒的吉祥物经过设计、征名、周边产品开发的过程，已经成为员工身边的一个"特殊同事"。雪花啤酒还开发了动画版的企业文化课程，并给雪娃搭配了一个同伴麦芽。麦芽是刚毕业的大学生，刚刚走上工作岗位，雪娃向麦芽讲述了雪花啤酒的发展历程和企业文化，发生了一系列有趣的事情（见图19-8）。

雪娃诞生记

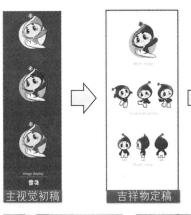

"雪娃讲文化"微课

《什么是雪花文化》　《雪花使命》　《雪花愿景》

《雪花精神》　《员工价值》　《组织氛围》　《经营理念》

图19-8　雪娃诞生

另一个应用广泛的载体是企业文化答题系统。在项目组的建议下，雪花啤酒的企业文化题库，除了文化的基本内容，还延展到雪花的历史、产品、制度等多个维度，甚至开发了一套手游闯关系统，包括"个人闯关""百秒答题"等，并有相应的排名及积分奖励，很快就有一万多员工在上面答题刷分。有一段时间，雪花啤酒的同事聚到一起就互相问："你现在排多少名了？"游戏的形式不仅让员工轻松地学到了企业文化及知识，并通过反复刷分使知识更巩固。在雪花啤酒一些内部的选拔工作中，如"文化大家谈"引导师，也会对积分或排名有一定要求（见图19-9）。

4. 文化管理，实践中出真知

企业文化工作必须要融入管理中，也就是我们前文提到的文化落地的硬性内容。在企业文化被重塑后的2019年，我们与雪花啤酒一起开展了企业文化管理实践，具体包括以下四项主要工作。

图19-9 手游闯关系统

（1）企业文化大家谈

以往的企业文化落地工作，更多是由外而内的"宣贯""灌输"，很少有由内而外的思考和反馈，因此企业文化融入管理的第一步就是开展"企业文化大家谈"工作。"大家谈"包括两个维度：组织和个人。组织层面的"大家谈"是从总部到区域、大区、销售中心、工厂、部门，最后一直到班组，覆盖所有组织；个人层面的"大家谈"是从高层领导，到二级单位领导、部门负责人、班组长，最后一直到基层员工，覆盖每个人。"大家谈"的内容包括针对企业文化的每一条内容，详细描述自己所在的组织以及个人做得好与不好的方面，讨论企业文化每个要素如何具体体现在中心、部门工作中？如何具体体现在岗位工作中？目前自己所在的组织以及自己的差距在哪里？行动计划是什么？打算什么时候完成？而2020年度的企业文化考核就是针对组织及个人改进计划完成情况进行考核。

2019年全年，我们在试点区域江苏进行了两轮完整的"大家谈"工作，并对试点单位的引导师进行了赋能，又面向来自不同区域的销售管理人员开展了有针对性的"大家谈"工作坊，并在新冠肺炎疫情期间尝试了开展线上工作坊。针对实际操作中存在的问题，项目组反复修订操作手册及引导文件，最终形成了可以向全国推广的包括工作指引、引导师手册、研讨会课件、讨论表、填写说明、引导师计划等一系列方便操作的指导文件。

（2）企业文化与制度匹配性审核

企业文化与管理制度应该是高度契合的，当文化与制度不匹配时，文化就是一纸空谈。雪花啤酒已经形成了较为完善的制度体系，属于先有制度后有文化，其中必然存在不一致的方面，因此要对制度进行匹配性审查。

我们把制度分成专业制度和通用制度。

专业制度指研发、酿造、财务等专业性较强的管理制度，这类制度通常以行业要求为基础，具有较高专业性，这部分制度不作为审核内容。在通用制度中，我们要找出需要审计的制度和需要设计的制度两类。需要审计的制度是指与企业文化要求不匹配的制度；需要设计的制度是指没有违背企业文化的要求，但也没有体现企业文化的要求。

这项工作在试点单位天津公司展开，最终形成系统的文化制度匹配工具及样例，下发各区域对制度进行自查。

（3）企业文化绩效考核

企业文化为企业发展提供导向作用，其中最直接的就是为人力资源管理提供导向。在员工考核与评价体系中，将企业文化注入，成为考核指标的一部分，才能有效影响及改变员工行为，实现文化践行。

在雪花啤酒的年度绩效考核中拿出一定比例进行企业文化方面的考核，这个工作非常重要，同时难度也非常大，因为企业文化很多内容是难以用量化指标进行衡量的。项目组专门配备了人力资源老师，对试点单位上海公司的不同序列、不同职级进行详细调研，找出典型通过自评和他评，进行企业文化践行的"行为标准"和"行为表现"的信息采集和提炼，建立了绩效考核指标。

（4）企业文化岗位践行

在同样的要求、同样的制度、同样的考核之下，不同的单位、不同的岗位却表现出不同的结果，甚至换个领导都可能会发生大的变化，这是为什么呢？从企业文化的角度来讲就是缺乏一套统一的践行标准，如果我们能做到每个岗位都清楚企业文化对本岗位工作的要求，这样就具备了文化管理的基础，就可以从依赖人力转变为依赖文化力。

雪花啤酒企业文化落地工作的第四件事就是明确企业文化对各个岗位的要求，确定岗位的践行标准。通过对试点单位四川区域各岗位的调研、讨论，形成一套基于企业文化要求的岗位践行标准，包括符合文化要求的行为，以及高于文化要求的行为，让员工清楚自己应该如何做好工作，如果想做得更好还有哪些方法，知晓文化践行提升方向，结合岗位实践提升文化，达成向"杰出雪花人"

的转变。

以上四项工作在四个试点单位分别开展，形成工作指引后再向全国推广。这是一项周期长的工作，目前雪花啤酒已经制定了持续到 2022 年的工作计划，将这四项工作持续深入地开展下去。

六、思考与启示

从 2018 年 3 月雪花啤酒企业文化重塑项目启动至今，和君咨询已经陪伴雪花啤酒走过了两年的时光，从文化重塑到文化管理，企业文化逐步深入业务层。

截至 2019 年 12 月 31 日，雪花啤酒综合营业额为 332 亿元，按年增长 4.2%，股东应占综合溢利大幅增长 34.3% 至 13 亿元，未计利息及税项前盈利按年增长 47.6% 至 22 亿元。2019 年，企业毛利（进销差价）为 122 亿元，较上一年度增长 9.2%。雪花啤酒正在转型变革的道路上大步前进。

从雪花啤酒企业文化建设工作可以看出，当企业发展到一定阶段的时候，管理滞后于业务，并开始制约业务的发展，这时候企业就需要重新审视未来的发展目标与价值导向的关系，对管理进行全面升级，支持业务的持续发展。

这个阶段的企业文化工作会面临发展问题、人才问题、新老文化冲突问题、业务与文化匹配度问题、组织变化问题等，这些问题往往是相互交织、相互作用的。因此这个阶段的企业文化工作必须以解决问题为目的，以最终实现业务发展为目的，这是文化变革的过程，需要管理变革的跟进，需要打破以往的惯性，乃至于抛弃过去的部分关键成功因素，重塑企业的价值系统。

这里就要提到企业的价值观（由于华润集团对下属单位的企业文化管理要求，下属单位的价值观必须与集团统一，因此雪花啤酒没有提炼价值观，而是用雪花精神"每一个人都不简单，每一瓶酒才放光彩"作为企业文化核心）。价值观一直是企业中最重要的命题，是决定企业一切行动的基本命题，但是很多人却并不清楚什么是价值观，也不知该如何界定企业的价值观。

企业从创立之初起就在两难选择中前行：犯了错误的员工该严惩不贷还是给一次机会？资源不足的情况下先保质量还是先保产量？一个做成大事的人和一些默默无闻坚持把普通工作做好做久的人，该奖励谁……每一个决定都体现着企业深层次的价值取向，那些多次被选择而达成的共识就形成了价值观，即"在两难选择中，我们认为更有价值的那一个决定"。所以反观之，价值观也意味着"当必须要做决定的时候，我们宁愿牺牲掉哪一个"。使自己的文化有别于其他企业，具有自身个性的，是那些在两难选择中，最终能够让企业下定决心做出决定的那一部分价值观。价值观的底线不是能不能做，而是值不值得牺牲其他去维护。

雪花啤酒的企业文化重塑就处于这样一个阶段：强大的文化积淀与同样强大的变革需求产生碰撞，认识不同、工作侧重点不同就会产生不同的结果：可能维持原状、可能遭遇挫折、可能渐进转变、可能出现混乱，也可能变革成功。雪花啤酒加大力度进行了文化重塑的投入，大胆克服转变中的阻力，铺设了一条通往变革成功的道路。

由此可见，企业文化的重塑并不像大多数人想象的那样，提炼一些美好的词汇，弘扬一些优秀的品质就行了。没有经过痛苦抉择的价值观往往是不深刻的，甚至是无力的，没有带领大家打破习惯的企业文化是空洞的、无法服务业务发展的。这也就是为什么很多企业会觉得自己的企业文化是贴在墙上的纸，而不是刻在心里的话。

企业往往会高度认同我们在文化变革中的方法论与经验，但在实际执行时，会停留在宣传推广的阶段，而不敢轻易对管理入手，怕困难、怕听到太多反对的声音。只有有决心、敢于打破惯性的企业才能够实现真正的变革。我们相信，这些企业必然会像雪花啤酒一样赢得市场先机，实现飞跃。

第二十章
上市公司人才培养体系设计与运营
——新开普

作者：林子力

很多企业，在从诞生到发展的过程中，随着外部形势的变化、发展阶段的不同，都会遇到许多必须面对和回答的命题。这些命题表面上常常体现为战略、组织与流程等，但实质上往往是组织与人才的问题：倘若组织和人才到位，那么更明智的战略、更高效的组织与流程就能自然浮现。反之，调整与优化的过程就变得障碍重重、无法闭合。事实上，很多企业就在某个发展阶段纠结于此，甚至因此出现了企业发展停滞、倒退的现象。那么，如何解决组织与人才的问题呢？搭建系统性的人才培养体系的方式值得大家关注。

全球意义上的人才培养体系诞生，要追溯到通用汽车在1927年建立的GM学院、迪士尼在1950年建立的迪士尼大学与通用电气在1956年建立的克劳顿培训中心。谈起中国的人才培养体系，要从摩托罗拉谈起。1993年，摩托罗拉将1974年就在美国芝加哥总部建立的摩托罗拉大学引入中国。

1993年，摩托罗拉给中国带来企业大学这一全新的企业培训理念和模式之后，跨国公司纷纷在中国建立起自己的企业大学。1997年，西门子成立西门子管理学院，2001年，惠普成立惠普商学院。同时，中国本土企业建立企业大学的热情也渐涨，金蝶大学、保诚大学、联想学院、春兰大学、海尔大学、四川新希望大学、伊利集团商学院等国内知名企业的企业大学也如雨后春笋般不断涌现。但从质量上看，各家参差不齐。

本章介绍的这个案例，讲述了一个公司如何在短时间内打造一个广受赞誉的人才培养体系。这家企业如何通过此举激活了组织、解决了问题、力促企业业绩增长，并且成为众多公司、机构竞相拜访学习的样本。这个案例的价值在于给大家提供了一个经营与管理企业的全新思路。它的逻辑和做法，具有广泛的适用性，有助于大家理解、运用人才培养体系构建这一方式，为企业发展找到一个新的工具。

一、案例背景：一批高校教师与新开普的创业故事

1984年，年轻的杨维国从郑州工学院（现已并入郑州大学）电机系毕业后开始留校任教。1992年，响应国家鼓励大学"推倒围墙办企业"的号召，包括杨维国在内的一批老师选择了进入当时的校办企业——郑州工学院开普电子公司（简称：新开普）工作。杨维国担任起这家公司的"掌门人"，迈出了从学校老师向企业经营者的重要一步，也开始了新开普在商海中的启航之旅。

新开普创立之初，公司的主营业务是电脑贸易，但该业务利润率低，库存与应收款高，竞争又十分激烈，公司经营很快陷入困境，并欠下一大笔债务。"低附加值的业务受制于人，没有前途。我们作为一群大学出来的高级知识分子，应当做一些有技术含量的业务。"经营团队事后总结道。

此时，正值各个高校都计划启用大学食堂的售饭系统，从校园走出来的经营团队敏锐地感知到了机会，并果断自主研发了售饭系统，进入了教育信息化领域。这一系统大获成功，新开普的发展也从此一发不可收拾，跟随着学校的需求，产品线由售饭系统，延伸至一卡通、教务系统、数字化校园平台及应用等领域，并不断升级。市场也由校园延伸到城市和企业，由区域逐步延伸至整个中国。在大学的细分市场中，新开普的市场占有率超过了40%，客户包括北京大学、清华大学、复旦大学、中国科技大学、中国人民大学、兰州大学、郑州大学等。

2011年，已经成为高校教育信息化细分领域龙头的新开普在深交所创业板上市（股票代码：300248），正式登陆资本市场。成功上市后，公司坚持双轮驱动的经营方针，一手抓产品经营，做好研供产销；一手抓资本经营，进行产业链上下游的并购。两手抓的模式让公司保持了良好的增长势头，2017年，公司营收为7.7亿元，较上一年度增长12.6%；净利润为1.2亿元，较上一年度增长41%；2019年，公司实现营业收入9.6亿元，较上一年度增长15.1%，净利润为1.6亿元，较上一年度增长64.1%。2020年一季度，虽然受新冠肺炎疫情影响，公司依然保持了较快的增长速度，一季报业绩预告显示，净利润较上一年度同期上升100%~130%。

二、成长中的诸多烦恼：需要解决的问题

然而，在公司不断发展的过程中，新开普也感受到了"成长之痛"。

新开普创立之初，只有一个简单的产品售饭系统，发展到现在，除了由售饭系统进化而来的一卡通产品，公司已经转型为智慧校园综合云平台服务商，业务范围包括数字化校园平台与应用、教务管理系统、综合缴费云服务、大数据服务平台、就业管理系统、移动互联网服务、多场景物联网智能终端等。同时，公司布局的职业教育、校企合作及专业共建等业务也为智慧校园战略的实施落地，提供了强有力的支持。整个公司的营收从几百万元，增长到目前的近10亿元量级。

原有业务的基数越来越大，每年还要保持高速增长，这让新开普的压力越来越大，毕竟新开普的市场占有率已经非常高了。在这种局面下，新开普不得不考虑大力拓展新业务。按照新开普的总体规划，新业务开拓包括职业教育、数字化智慧政企、智慧水利、智能电力、智能燃气等，这些业务具备良好的发展前景，但也需要富有竞争力的业务能力和对应的资源投入。作为一个新进入者，新开普在新业务拓展方面的能力与资源匹配也频频遇到挑战。

规模的增长以及新业务的开拓，同时又带来了一系列管理上的问题。新开普发展之初只有几十个人，用新开普员工自己的说法，就是"在公司里吼一嗓子大家都能听得见"。现在新开普员工规模已达2000人，子公司就有8个，原来的"吼一嗓子"管理模式显然已经不再适用，那么新开普的决策层怎样才能有效地驾驭庞大的组织，做出正确的决策呢？规模的扩张也带来了部门与部门间的协作难度增大的问题。原来的几十个人对相互之间的工作内容、工作习惯都非常熟悉，配合起来也都得心应手。现在规模越来越大，部门之间的工作内容变化快，职能被越来越细分，相互之间的配合度反而降低了。

同时，随着企业规模的不断扩大，加上公司优秀的管理人员承载力不足，大量的老员工，通常是业务线的能手，被快速提拔进入管理者角色。但这种快速提拔显然存在弊端，"做业务"和"管业务"是两回事，以往自己做业务得心应手，可是管几十个人就手忙脚乱状况频发。不少被提拔的员工觉得还不如回去接着做业务。如何让这些人适应管理者的角色，从业务能手转变成为组织高手呢？

在资本运营策略下，新开普也并购了不少优质的企业。并购容易，管理好这

些公司就不容易了。双方的企业文化有差异，组织模式有差异，发展上处于不同的阶段，业务上处于产业链的不同位置。新开普需要强大的整合能力，才能够有效消化这些新并购的公司，这对于新开普的管理能力无疑是巨大的挑战。

快速发展、规模扩张、并购整合等又触发了企业文化的问题。老员工与新员工、原有企业员工与新并购进入企业的员工等不同性质、不同理念、不同背景的人交织在一起，大家如何遵循新开普共同的企业文化呢？自高层开始，越是基层员工，越是异地距离远的员工，对文化的理解偏差越大，行为举措离公司的要求就越远，怎么办？员工觉得工作忙碌，但是又没有进步，职业发展看不到希望，又该如何解决呢？

大量成长中的烦恼表明，新开普需要开始着手调整，建立良好的管理体系，适应企业的快速发展。就在这种背景下，和君咨询团队进入了新开普，开启了又一次与客户共同进步、升级的旅程。

三、分析与诊断：以企业经营的眼光

问题看起来错综复杂，如何解决？我们不断反问自己："如果我们是经营者，我们能提出什么解决思路？"几经探讨，我们提出了两种解决新开普问题的思路。

第一种是传统的解决思路，即从上到下，系统展开解决问题。在这种思路下，我们首先需要梳理公司战略，紧接着优化公司组织，而后强化公司的人力资源管理等，整体遵循战略－组织－人力资源的传统模式。这种思路关注顶层设计，强调运用专业的力量谋定而后动。但在与董事长交流时，董事长说："战略已经被梳理过多次，我在大方向上的观点与和君咨询'英雄所见略同'，当前环境还在迅速变动，我不建议你们在此方面做得太细，更建议下一步和一线人员紧密配合，落地实施，所谓方向大致正确，组织要充满活力。"董事长对实施传统模式有担忧，新开普的组织与人力资源的变革正在进行尝试，由于组织惯性，各类方案在落地过程中都遇到了不小的阻力。

第二种是创新的解决思路，我们建议通过搭建系统的人才培养体系，激活组织、赋能于人。这种思路关注组织与人才的激活、赋能，认为如果解决了组织与人才的问题，就能使人才奔腾、群智显现，自己找到更优质的方案，并且灵活机动，能不断适应变化的环境。与第一种解决思路的直接出方案相比，这种思路更

着重于构筑平台,通过引导来解决问题。这个思路很快与董事长达成了共识,他嘱咐道:"这个思路正确,而且很有创新性,我们马上就办!"

四、解决问题方案

与董事长达成了共识之后,围绕人才培养体系搭建的一系列举措被迅速实施。

1. 创建学习型组织活动的发起

首先,由董事长发起创建学习型组织的活动,并顺势进行相应的人员任命。在董事长的指挥下,公司通过内部文件发起了学习型组织的创建活动。

创建学习型组织活动的使命被确定为:

(1) 提升生产力;
(2) 促进同事间交流,增进理解,共同进步;
(3) 构建学习型组织。

愿景为:

(1) 公司的黄埔军校,人才生产线;
(2) 国内一流、国际领先的人才培养体系。

在组织保障上,公司成立了由公司创始人、高管任成员的理事会,负责把控重大方向。董事长任总负责人,和君咨询委派合伙人任执行负责人,并且成立了由人力资源部部长及各中心核心人员构成的工作小组。

2. 常规学习项目

创建学习型组织活动发起后,和君咨询与新开普一起设计了一套覆盖公司普通员工、管理人员职业生命周期的常规学习项目。常规学习项目,是伴随公司员工从入职到成为高管的全程关键节点的一系列课程及学习项目,包括以下几个方面。

(1) 帮助员工尽快融入新开普的"新锐计划"(入职培训):包括校招员工

的入职培训、普通社招员工的入职培训、管培生的入职培训等。

（2）针对有潜力的员工的"飞翔计划"：遴选优秀的员工，通过精心设计的成长加速班进行"培优"，帮助他们夯实基础的职业素养，实现更快的成长。

（3）针对管理人员的"飞跃计划"：针对新任经理人的"新任经理人启动营"，帮助他们完成角色、心态、知识和能力的转变，顺利由个人贡献者转变为一名合格的管理人员。胜任管理工作后，管理提升特训营将会协助这些管理者继续提升。

（4）针对高层管理人员的"巅峰计划"：专门为高管定制，协助他们不断提升，通过导师制（业内领袖或公司创始人担任导师）、访学打开视野等方式，不断提升高管的管理水平。

上述常规项目构筑起整个公司顶梁柱般的基础学习项目，在职业生涯各个阶段伴随新开普员工成长（见图20-1）。

图20-1 常规培养项目

基于分步实施的原则，在系统方案设计后，工作组首期先重点打造了针对中高管人员的管理提升特训营与针对潜力员工的成长加速班两个学习项目。为了挑选真正愿意改变的人，公司专门举办了首期项目招生宣讲会。学习项目采用申请考核制，报名者必须要经过层层选拔才能进入。整个申请过程异常激烈，不但考核员工基础素质，更看重业绩能力、业务规划能力，堪称是一次核心人才盘点，这也让最后被选拔出来的学员额外珍惜学习机会。

首期项目报名人数占公司总人数的1/5。通过层层选拔，管理特训营淘汰了30%的申请者，共有56位学员入选；成长加速班淘汰了67%的申请者，共有108名学员入选。入选学员中包括公司创始人、总部核心高管、被并购公司的管理人员，以及一大批毕业于名校的员工。

常规项目实施过程强调量体裁衣。我们根据公司的情况，针对不同岗位的任职资格要求定制了相应的课程体系，并进行适配式的课程设计与开发。课程设置凝结着我们对于公司发展及人才胜任力的独特理解。如管理特训营的目的是系统提升管理者的管理能力，其中个人效率提升课程的结构中专门设置了培养自身职业定力的"自我认知及职业生涯"、增强任务理解与向上管理能力的"高效理解"、增强方案制定能力的"解决问题的方法——方案制定"等课程。针对管理能力与组织效率提升，又专门设计了提升开会技能的"高效会议"、提升员工对话技能的"业务对话"、提升领导力的"个人领导力提升"等课程。除了个人效率与提升的课程以外，整个课程体系还匹配了文化与精神系列课程（董事长亲授的新开普企业文化课极受欢迎），保证核心干部的文化认同度。匹配的内容与训战结合的学习方式全面促进了核心管理干部的行为改变和生产力提升。

每一节课，工作组都精心准备，坚持高标准、严要求的实施。工作组要求每一节课都必须紧贴战略意图，紧贴实际应用场景，见利见效。比如由财务总监主讲的"财务思维"，在讲完基础框架后，直接讲在签订业务协议的过程中，如何利用国家软件退税的优惠政策，优化协议签订内容，帮助公司降本增效；"一切皆有可能"专题课程，针对年初签订进取性指标的畏难情绪，通过课程让大家认识到自己超乎想象的潜能，面对指标，更应该做的是客观评估，找到解决方案，而不是一味抗拒，推迟行动等。

在学员的学习过程中，我们特意将各个学员混编进不同的学习小组。混编小组模式在帮助公司各部门及被并购公司的融合方面取得了不错的效果。比如我们特意将被并购公司的高管与总部各主要职能部门的负责人混编成组，通过例行及非例行交流消除他们之间的各种隔阂，并通过独特的课题任务，找到切实可行的、更优的协同整合方案。例如安排他们专题讨论企业融合中流程不畅的问题等，最终促使大家相互理解、提出解决方案，解决工作中的实际问题。精心设计的匿名或非匿名的"互赠反馈活动"让大家敞开心扉，相互说出对方优点和需要改进之处，在帮助彼此认识自我的同时，也让大家更加熟悉彼此，不断产生化学反应。

结束环节的"毕业大比武"，更是用群策群力的方式，推动了一系列制约公司发展的重大问题被解决。在此环节中，为了帮助大家学以致用，我们特别设计了"堡垒问题"任务，规定每人必须带着一个工作里面最亟待解决的问题进入此环节。比如贵州销售大区的问题就是，如何使新年的销量实现翻一番？如何让项目实施费用大幅下降？这些问题都是学员们在现实工作中必须攻克的难关。这些"堡垒问题"由学员提出来后，工作组和公司领导层还要进行重要性和相关度评定，如果觉得不妥，还会退回去，并辅导其重新选定问题，确保其选择的问题是其所在岗位重要且紧急的问题，确保精力用在刀刃上。

在"毕业大比武"的准备环节，工作组组织大家通过小组私董会等方式协助大家不断完善解决方案。在最后的打擂大赛环节，大家更是通过讲述、攻防、打擂的方式陈述观点、接受质疑。最后由高管现场点评，一些不错的方案甚至直接就被拍板实施了，整个氛围极其热烈，犹如过节。许多制约公司发展的问题在这个过程中被切实解决。结束之时，很多同学都交口称赞："在毕业大比武过程中，在打擂现场眼看着问题被逐个解决，感觉真好"。

在项目运营、举办正式活动的同时，工作组鼓励大家自己组织各种社团、读书会，更鼓励大家将所学内容带回自己所在的部门里，和部门的同事共同进步。一时间，学员将学习的火种带到了公司的各个角落，大家的学习激情蔓延到了整个公司。大家都相信，"我们无法用相同的自己，去赢得不一样的明天"，如果要承担公司越来越高的要求，就必须修炼成为更好的自己。

3. 战略性攻关项目

除了常规项目以外，工作组还设置了很多战略性攻关项目，这也是本次人才培养体系搭建的特色之一。相比稳定的常规项目，战略性项目更加强调解决制约公司发展的战略性关键问题。

比如我们通过"计算机语言升级学习项目"解决了"新计算机编程语言"人才缺乏的问题。众所周知，作为一家 IT 企业，保持自己所用的语言先进性非常重要。当时，公司正在招聘能熟练应用新计算机编程语言的人才，但是长时间没有结果，反而工作组设计的"计算机语言升级学习项目"成功解决了这个问题。由于新的计算机编程语言刚出来，市场上人才极为缺乏，招募一个合适的人才成本、代价都很高。而且这种新的计算机编程语言在经过一段时间后，市场供给会逐步成熟，编程人员的工资又会开始下浮，这时候原来高薪招募的人才又开始暴露成本缺陷。在这种情况下，我们设计了一个学习项目，在公司现有技术人员当中招生，通过指定参考书、聘请讲师的方式帮助入选学习项目的技术人员学习新的技能，最后以实际课题项目作为考核，通过考核且排名靠前的同事可以获得"新岗位+对应加薪"。此项目在解决专门人才缺乏的同时,也给善于学习的同事提供了一种晋升及加薪的方式。

比如设计"卓越项目实施营"来达成降本的效果。"卓越项目实施营"主要是针对公司交付项目实施环节成本增长过快而专设的项目。项目通过深度访谈、现场观察等方式萃取"绩优项目实施小组"的宝贵经验(如项目交付施工队的选择标准和方法、有决策权关键人物的拜访时间及关键话术等),再结合业内先进的方法论等形成学习项目的内容,通过"课程讲授+专题项目训练+项目考核",协助项目实施团队过关,毕业考核内容就是对学习成果的现场应用,通过数据反馈最终的成效。

此外,卓越供应链营、卓越办事处经理训练营、卓越运营专员特训营、卓越软件架构师培养计划……一系列项目紧紧围绕战略差距展开,从切实的工作场景出发,解决新开普特定作业场景下效率提升、成本降低、人才培养、组织建设等一系列问题。人才培养体系搭建的一系列及时动作,响应了战略实施的需求。

4. 团队建设及机制设计

对于人才培养体系搭建工作来说,关键团队(运营团队、内训师、项目班委建设)建设与机制的打造(章程、积分制度等)是运营的基石。

可持续的人才培养体系运作,毫无疑问需要组织与团队的保障。在人才培养体系创建和运营的过程中,理事会需要决策高效,执行负责人需要抓住关键节点。此外,专业运营团队要负责搭场子、控进度、保障成果输出质量与人才培养体系整体高效运作,内训师团队要负责开发内部课程并进行授课,项目班委要负责平日的班级管理……这些关键团队的建设是一项重要工作,也是工作组在团队建设方面一直在着力做的,也因此沉淀下来了一支能打硬仗的人才培养体系队伍。

机制打造也是工作中的重中之重。新开普商学院设计了运作章程、积分制度、毕业打擂答辩办法等机制,从制度层面上为企业大学顺畅运营保驾护航。例如积分制度,目的在于帮助学员记录学习行为轨迹,进行学员学习表现评估,以及公平公正的奖优罚劣,激励学员积极深度参与学习,使学习的收益最大化。积分不仅注重个人得分还关注团队得分,涉及多项公司要求或鼓励学员参与的、能够促进学员进步的各种学习活动,包括课堂出勤、课后作业、预习及复习、中期总结、毕业设计、互赠反馈、干部担当、讲座参与、授课及分享、活动组织及其他公共贡献等。积分将用于毕业评定、中期排名、先进学员评选等。

五、实施效果

人改变了，很多地方都会随之发生改变，人才培养体系搭建项目给新开普带来了诸多的改变。

短期效果：

（1）两个学习项目夯实了潜力员工的职业素养、中高管人员的管理素养，形成了针对性的管理人员管理意识、方法、技能等提升培养计划，特别是帮助了一批业务能手转型成为组织领导型干部。

（2）通过常规项目中匠心独具的群策群力、集思广益的"堡垒问题"，以及战略性攻关项目中场景化经验萃取、知识传授、训战结合等方式，解决了一些具体的业务问题，比如人员流失率如何降低，管培生项目如何落地等。

（3）通过混编组的方式，加强了各部门管理干部之间的沟通，对打破公司"部门墙"现象起到了良好的效果，对被并购企业的融入起到了积极作用。一位被并购企业的管理干部说："以前有很多误会和冲突，包括分公司与子公司之间的、与总部之间的，都和平日交流不畅有关系，有了人才培养体系，大家有了相互理解的平台，沟通和工作推进都要比之前顺畅很多。"

长期效果：

（1）站在战略实现的高度，为新开普建立了一套完整的学习体系，改善了以往新开普在人员培养方面散乱、不系统的缺陷，建立起了员工赋能、企业文化宣导与战略落地的有力抓手。

（2）使新开普沉淀了一整套量身定做的、针对多层级人才培养的、完整的、全面的、系统的课程体系。尤其是常规项目（如管理特训营）的实施，让新开普从此对怎么高效培养管理人员有了更加系统的、更有针对性的方法。

（3）能够让新开普的知识管理更加有效。有了人才培养体系的平台，有了分享和学习机制，大家能够基于公司业务场景下的商业实践进行不断总结和分享，实现对实践过程中总结出的各种知识的沉淀和管理。

（4）建立了一个相互沟通的平台和机制，为打破"部门墙"、母子公司沟通障碍、增进相互了解奠定了更好的机制基础。

（5）通过氛围的营造、学习积极分子的引导和带动激发了大家学习的激情，建设了学习型组织。"以前一到下班时间，很多人都走了，现在有很多人留下来开读书会、复盘会、经验交流分享会。办了企业大学之后，整个公司的学习氛围就不一样了。"一位员工说道。

学员评价道："这重新唤起了我对知识、对生活的热爱与渴望，帮我解决了很多问题，不只是与工作相关的，也包含生活上的问题。"

董事长说："在整个公司历史上，这绝对可以算是一项具有开创性的奠基工程，有短期效果，更有长期意义，可堪当和君咨询团队的优秀的代表作。"

本案例也频频受到业内各大媒体、各个榜单评委的青睐，如获评新华报业传媒集团旗下《培训》杂志评选的"优秀学习项目"等。大家一致评价认为："方案设计富有针对性、与业务结合紧、氛围调动佳、效果好，通过学习项目给企业带来了切实的变化。"

项目的成绩也吸引了业内知名上市公司、"双一流"大学等一批批团队的考察。人才培养体系成为公司的一大亮点，频频在公司年报中得以提及。我们相信，在不久的将来，公司的人才培养体系，将成为新开普的核心竞争力之一。

六、思考与启示

（1）很多公司真正的问题，其实都来自于组织与人，组织与人对了，公司一切就都对了。管理经验丰富的人会深刻意识到，组织与人是企业中能动性最强的因素，只要解决了组织与人的问题，就可以解决其他问题，无论这些问题是战略、组织还是人力资源。日本经营之神、松下电器创始人松下幸之助曾富有洞见地指出："造物先造人。"

（2）人才培养体系的搭建不是单纯的培训，本质上是站在公司战略高度上，基于公司实际状况与战略绩效要求之间的差距而设计的一整套绩效干预体系（很多企业大学项目也被称为绩效改进项目）。要做好此项工作，首先要熟悉企业经营和业务，能进行诊断，有的放矢；其次，需要懂教育学（成人学习规律、教学设计）、心理学（团体动力学等），要熟知发展人的各种技术（经验萃取、学习地图、项目评估、绩效改进、课程开发等），才能提高学习针对性，才能对需要解决的问题提出适配性的解决方案。

（3）人才培养体系真正的意义不仅在于发展个人，更在于通过发展个人的各种方式形成富有力量的组织氛围，实现从"要我干"到"我要干"的动力转变。

（4）人才培养体系项目设计得再好，没有有效的实施也是零。德鲁克曾说："再伟大的智慧，如果不能应用在行动上，也将是毫无意义的资料"。对于人才培养而言，方案好固然重要，但是如何在落地阶段抓住重点，实施到位更关键。实施过程中的每一步都要做好，赢得信任才能有下一步。整个过程不但考验我们的专业能力，更考验人情练达。如果一旦陷入困境，容易引发恶性循环，将极难回转。对于执行这项工作的人来说，这就是一场修炼。

我们可以自豪地说："这场修炼，炼身炼体炼心。作为一个咨询公司，我们熬过了难关，取得了相当不错的成果！"

附 录

附录 1　和君原创思想 ECIRM 模型：
　　　如何思考中国企业的战略问题

和君在基于中国商业原生态下对各类企业进行系统研究和咨询服务的基础上，总结提炼出分析中国企业的"ECIRM 模型"，这一模型具有下述四个层面的核心内涵。

一、ECIRM 模型的五个核心要素

ECIRM 模型的构成包括五个核心要素：一是 E，代表企业家要素；二是 C，代表资本要素；三是 I，代表产业要素；四是 R，代表资源要素；五是 M，代表管理要素。五个核心要素共同耦合成一个以企业家精神和企业家能力为核心的公司战略模型，构成从战略上系统解析一家企业的五个基本维度。

这是一个在中国商业原生态下如何造就大公司的基本框架，是致力于长远发展的企业必须确立的系统经营思维。持续地致力于五个维度均衡发育和发展并且能够做到五者之间功能耦合和系统协同的企业，才有真正的未来。反之，五个维度之中任何一个维度或多个维度的发展受到制约或者出现问题，企业发展就会遇到瓶颈。

二、ECIRM 模型下的四类公司

根据 ECIRM 模型，可以将各类企业分为四个基本类型。

一是产业型公司。产业型公司以产业为立足点，基于产业链整合或产业生态打造而制定实施战略和发育组织功能，以通过产业整合创造价值作为核心逻辑。

二是资本型公司。资本型公司以资本为立足点，基于金融理念、投资运作和并购整合而制定实施战略和发育组织功能，以通过资本运作创造价值作为核心逻辑。

三是资源型公司。资源型公司以资源为立足点,基于资源的获取、占有和运营而获得成长,以形成特定的资源优势作为核心逻辑。绝大多数企业都属于资源型公司,依托某个或某些方面的资源优势而获得一时成长,但基于特定资源的不可持续性,企业在后期发展上遇到瓶颈。

四是管理型公司。管理型公司以管理为立足点,基于商业模式创新和管理体系打造而制定实施战略和发育组织功能,以通过组织和管理创新创造价值作为核心逻辑。

三、不同类型公司的不同成长路径

四类公司在 ECIRM 模型下呈现出不同的成长路径:产业型公司和资本型公司呈现"顺时针"的成长路径,而资源型公司和管理型公司则呈现"逆时针"的成长路径(见图 A-1)。

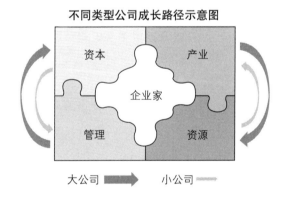

图 A-1 不同类型公司成长路径示意图

产业型公司呈现"产业—资源—管理—资本"的战略逻辑和成长路径:由产业出发,基于清晰的产业定位开展产业资源获取、重组和整合,进而在产业整合和产业创新的基础上发育管理体系和组织能力,最终嫁接资本市场、放大资本功能、形成产融互动。如此形成一个正向闭环,循环往复,生生不息。

资本型公司呈现"资本—产业—资源—管理"的战略逻辑和成长路径:由资本出发,首先需要研究、分析、找到和确立所投资的产业谱系,进而基于产业谱系开展产业资源获取、重组和整合,最终在融资模式创新和产业投资能力的导向下发育管理体系和组织能力。如此同样形成一个正向闭环,循环往复,生生不息。

资源型公司呈现"资源—产业—资本—管理"的战略逻辑和成长路径：资源型公司应该由资源出发，首先分析、研究、找到和确立自己的产业方向和产业定位，致力形成在特定产业内的优势地位，进而以此嫁接资本市场、放大资本功能、创造合理市值，而最终必须落在构建和发育自身独特的管理体系和组织能力上。如此一来，资源型公司方能实现战略成长和突破，走出更大的格局和循环。

管理型公司呈现"管理—资源—产业—资本"的战略逻辑和成长路径：管理型公司应该由管理出发，基于独特的商业模式创新和组织管理能力，首先致力获取和形成自己的资源优势（包括显性资源和隐性资源），进而在占有和掌握资源的基础上强化产业地位、凸显产业价值，最终凭借产业优势嫁接资本市场、放大资本功能、创造合理市值、实现管理归位。如此一来，管理型公司才能实现战略成长和突破，走出更大的格局和循环。

四、不同类型公司的核心风险分析

ECIRM 模型清晰地揭示了产业型、资本型、资源型、管理型公司各自所面临的真正瓶颈与核心风险：模型框架中的每一类型公司所处对角线的要素即该类型公司所面临的真正瓶颈与核心风险。

产业型公司成长壮大和持续经营所面临的真正瓶颈与核心风险在于管理要素。管理不过关，产业型公司难有未来。企业如果想着眼长远造就产业巨头，需要构建体制基础、系统发育组织和管理能力。

资本型公司成长壮大和持续经营所面临的真正瓶颈与核心风险在于资源要素。从长期来看，决定资本型公司生存与发展的是其所拥有的资源质量和所存在的资源风险。

资源型公司成长壮大和持续经营所面临的真正瓶颈与核心风险在于资本要素。如果资源型公司最终不能获得资本认同、嫁接资本力量、走向资本市场，在现代市场经济和商业环境下很难拥有真正的未来。

管理型公司成长壮大和持续经营所面临的真正瓶颈与核心风险在于产业要素。考察一家管理型公司，最根本的还是要看其能够创造什么样的产业地位和产业价值。换言之，产业要素是管理型公司战略突破的难点和风险所在。

附录2　和君原创思想 FLA 模型：
解读产融互动的完美范例

如果要找到产融互动的完美范例，思科与红杉的案例绝对是首选。虽然这个案例已经存在了多年，但它们之间演绎的产业与资本完美融合的逻辑和商业实践到今天依然具有标杆意义。在复盘这个案例的同时，我们也提炼出了产融互动的 FLA 模型，在这个模型中，我们可以读懂创业者、上市公司、产业基金的成长之道。

一、从思科与红杉看产业与资本的互动

思科的创始人是一对夫妇，一个是斯坦福商学院的计算机中心主任，一个是斯坦福大学的计算机系主任。最初，他们只是想让两个计算机中心能够联网，结果做出一个叫路由器的东西。这就是1986年生产的世界上第一台路由器，它让不同类型的计算机可以相互连接，由此掀起了一场互联网革命。思科在1999年上市，市值一度达到5500亿美元，曾超过了微软。

要谈思科，就不能不谈红杉资本。红杉资本创始于1972年，是全球最大的风险投资机构之一，曾成功投资了苹果、思科、甲骨文、雅虎、谷歌、PayPal 等著名公司。红杉累计投资了数百家公司，其投资的公司，累计总市值超过纳斯达克市场总价值的10%。红杉资本早期投资了思科，在很长时间里是思科的大股东，而被称为"互联网之王"的思科 CEO 钱伯斯便是当时红杉委派的。

思科强势崛起是在上市之后，并购重组是它崛起的基本路线，思科的整个发展成长过程就是并购的过程。每年少则并购几十家企业，多则并购上百家企业。思科利用自己的上市地位，把行业内中小企业全部收入自己的囊中。

思科知道，这个行业的技术创新日新月异，作为全球领先的网络硬件公司，思科最担心的并不是朗讯、贝尔、华为、中兴、北电、新桥、阿尔卡特的正面竞争，而是颠覆性网络技术的出现。颠覆性技术一旦出现，自己的商业帝国就会在一夜之间土崩瓦解。因此，思科必须建立自己的行业雷达和风险投资功能，在全

球范围内准确扫描新技术、新人才,通过风险孵化、并购整合将这些新技术、新人才纳入到自己的体系里面。但是思科是上市公司,不适合扮演风险投资机构的角色,因为上市公司的决策慢、保密问题、风险承受问题、财务审计问题都是运营的障碍,因此思科需要一家风险投资机构配合。红杉资本就扮演了这个角色。思科利用自己的技术眼光、产业眼光和全球网络,扫描市场发现新技术公司,对项目进行技术上和产业上的判断,之后把项目推荐给红杉,由红杉进行风险投资并在投资后联手思科对项目进行孵化培育,如果孵化成功了,企业成长到一定阶段,就溢价卖给思科,变现收回投资,或换成思科的股票,让投资变相"上市"。这个过程是常态性进行的,于是思科就成了"并购大王"(见图B-1)。

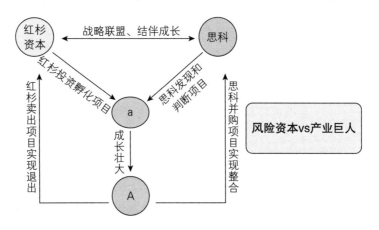

图B-1 思科与红杉演绎产业与资本的完美互动

这一模式的运作机理和成功逻辑是什么?就是"资本市场机制+产业整合效率"!

其资本市场机制是:一个项目成长为A的时候,说明这个项目能长大,这时被思科并购,思科就能成长。思科能被预期成长,股价就能涨,意味着思科可以进行更大规模的融资,或者以股票来支付,从而有更强的支付能力去不断收购新企业。这就形成了一个良性循环,你预期公司成长,给予公司高估值,公司的股票涨了,市值更大了,结果公司的股票更加值钱,就有能力去并购更多的企业。并购之后公司的竞争力更强了、规模更大了、行业地位更高了,公司就会变得更值钱……这就等于拥有了"发钞权",其竞争力是别人难以企及的。这种资本运营模式是资本的重要逻辑和玩法,理解到位了就能出奇迹。

但这只是其中一个逻辑,还有另一个逻辑是产业整合效率在发挥作用。并购进来的项目,被镶嵌到思科的系统平台中,强化了系统的整体效益和竞争力。整合出效果了，华尔街给予更多的资本供应。有了资本供应，才能开展下一轮并购。通过并购形成了更强的技术垄断能力，公司的价值就越高。

在交易过程中，各方各得其利，十分满意。

新技术公司：获得了风险投资，赢得了成长的机会；被思科并购后，创业者不仅能挣钱，还能利用思科的大平台推动技术的创新。

红杉：依靠思科的技术眼光、产业眼光和全球网络，源源不断地发现并投资好项目。项目一旦被孵化成功，就高价卖出，从而获得高额回报，消化投资风险。

思科：充分利用自己的上市地位，利用现金或股票在全社会范围整合技术和人才，强化了自己的技术领先优势，造就了产业上和市值上的"王者地位"。

华尔街：思科的技术领先和高速成长，成了明星股，拉动了外部资金的流入和交易市场的活跃，促进了纳斯达克市场的繁荣。红杉的选项和投资管理能力得到了业绩的证明，资本市场持续地向红杉供给资本。

思科与红杉的故事虽然已经过去了多年，但它们之间演绎的产业与资本完美融合的逻辑和商业实践到今天依然具备标杆意义。

二、从思科与红杉到企业成长的 FLA 模型

我们对思科与红杉的故事进行抽象复盘，于是就有了这张图，这张图表示在资本视角下，创业者、上市公司、产业基金的成长之道（见图 B-2）。

和君商学原创思想与方法论：创业企业成长的FLA模型

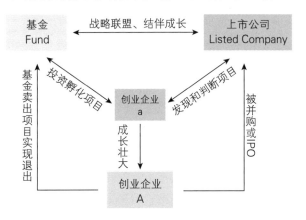

图 B-2　和君商学原创思想与方法论：FLA 模型

假如你是一位创业者，你创立了一个公司，这个公司刚起步的时候规模很小，是"小a"。这时候你需要寻找天使投资，经过A轮、B轮、C轮的投资后，由基金投资孵化你，你会慢慢成长壮大，成为一个"大A"。这个时候，对于创业企业来说，未来的出路有两条，一是走向IPO，就是图中后侧的上市公司，另外也有可能被上市公司收购，实现创业的价值，或者加盟上市公司的平台。对基金公司而言，它投资你，让你壮大以后，以合适的方式退出从而实现投资收益。

在这个过程中，上市公司扮演什么角色呢？它们是行业中的"过来人"，比较了解公司在经营管理上会碰到哪些问题，而基金公司只会给钱以及提供一些其他方面的指导。你的具体问题，上市公司比较熟，如果它能介入，一起孵化你的成长，对你从"小a"长成"大A"是有帮助的，所以说创业者如果能有上市公司的关系是比较好的。所以，我们从上文分析思科与红杉产融互动案例中可以提炼出这个图，称为FLA模型，F代表基金（Fund），L代表上市公司（Listed Company），A则代表创业企业。

对于创业公司

你的使命是去经营这个公司，最后赢得基金对你的青睐，它一轮轮给你钱，让你的公司在"烧钱"的情况下成长壮大。而深谙经营管理的"过来人"能够了解你、帮助你，如果创业公司能赢得这两方面的青睐，成功概率就更大。FIA模型告诉我们，创业公司的盈利模式出路，就是从小公司成长为一个有相当规模的公司，或者实现IPO，或者被并购。

在这个过程中，我们给创业者的建议是，不要仅仅清楚自己产品的商业模式，一定要读懂基金有什么诉求、会怎么和你沟通、怎么跟你博弈。同时，你也要读懂那些上市公司的诉求，因为你的公司在若干年后将与那个上市公司产生关系，所以你要根据它的战略要求选择你的产品、目标客户以及运作模式，而成果恰恰是上市公司求之不得的，这个时候你能以高价卖给它，你创业成功的概率就高。

对于上市公司

这张图告诉上市公司什么呢？当前，很多上市公司面临的战略命题是：公司传统业务增长乏力，应对市场上的挑战时显得办法不多甚至手足无措。比如像新东方这样的企业，如果还停留在产品经营型的内生性增长的平台是不行的，一定要转型生态化、平台化公司，按投资控股的模式，在教育行业完成整合，就像腾讯、阿里巴巴在互联网领域所做的整合一样。对于很多上市公司而言，未来的成长空间（即内涵式增长的空间）越来越小下一轮增长方式一定是投资、并购、孵化，然后整合做大。在这个过程中，上市公司一定要结合一只基金，与它结伴成长。

为什么要这样成立一支行业基金呢？回到FLA模型，有很多的"小a"创业公司，它们的生存概率是非常低的。因此，上市公司要找到风险基金对这些创业公司做早期孵化。另外作为一个上市公司，投资一个项目后有披露信息的义务，方方面面都会受到监管和制约，这个时候可以联手产业基金，然后用风险基金去孵化一系列公司，当"小a"长到"大A"的时候，公司再进入这个目标领域时将会是里程碑式的事件。

无论是投资方、上市公司，还是从"小a"到"大A"发展中的公司，要把整个战略思维放到FLA模型里去思考。否则公司的战略思维是片面的。根据我们在一线的商业实践观察，在上市公司并购投资及与产业基金模式的互动策略上率先布局者，将率先走向未来。